边缘计算驱动的工业大数据分析
——理论、技术及应用

高 聪 马立川 陈彦萍 冯 杰 著

科学出版社

北 京

内 容 简 介

本书针对边缘计算驱动的工业大数据的数据分析理论及应用进行研究。第 1~2 章介绍工业大数据与边缘计算的研究背景，通过对德国工业 4.0、信息物理系统、大数据及边缘计算的发展历程、关键技术等进行归纳总结，分析当前面临的挑战，给出一个完备的综述。第 3 章介绍无线传感器网络中边缘数据的采集与传输方案。第 4~6 章研究边云协同的数据异常值检测和模式异常检测，给出基于支持向量机、局部敏感哈希以及高维特征表示的解决方案。第 7 章提出面向移动边缘计算环境的服务质量预测方案。第 8 章对未来世界工业发展方向进行展望，给出未来的研究方向。

本书内容深入浅出、理论与实际相结合，适用于在相关领域开展研究的在读硕士研究生、博士研究生以及其他科研工作者。

图书在版编目(CIP)数据

边缘计算驱动的工业大数据分析：理论、技术及应用 / 高聪等著.—北京：科学出版社，2023.12
ISBN 978-7-03-077152-0

Ⅰ. ①边… Ⅱ. ①高… Ⅲ. ①制造工业–数据处理–研究 Ⅳ. ①F407.4

中国国家版本馆 CIP 数据核字（2023）第 233216 号

责任编辑：赵丽欣 王会明 / 责任校对：赵丽杰
责任印制：吕春珉 / 封面设计：东方人华平面设计部

科 学 出 版 社 出版
北京东黄城根北街 16 号
邮政编码：100717
http://www.sciencep.com

北京中科印刷有限公司 印刷
科学出版社发行 各地新华书店经销
*
2023 年 12 月第 一 版 开本：787×1092 1/16
2023 年 12 月第一次印刷 印张：15 1/4
字数：361 000
定价：160.00 元
（如有印装质量问题，我社负责调换〈中科〉）
销售部电话 010-62136230 编辑部电话 010-62134021

前　　言

　　1947 年，美国数学家约翰·图基（John Tukey）在与匈牙利裔美籍计算机科学家约翰·冯·诺依曼（John von Neumann）合作进行早期计算机设计时，发明了术语"位"（bit），它是计算机系统所能处理的最小数据单位。1962 年，约翰·图基在论文《数据分析的未来》①中正式提出数据分析这一学科。1974 年，丹麦计算机科学家、图灵奖得主彼得·诺尔在《计算机方法的简明综述》②一书中首次提出"数据学"和"数据科学"的概念，他指出数据学是计算机科学的延伸，并将数据科学定义为一门研究数据处理的科学。在数据科学创立之初，数据与它所表示的事物之间的关系属于其他学科领域的范畴。后来，数据科学的概念逐渐融合了统计学、数据分析、机器学习等相关方法，以便于借助数据理解和分析客观世界的各种现象。在数据科学经历了半个世纪的发展之后，人类的生活越来越依赖于数字领域的变革，数据已经成为科技变迁作用于人类社会的基石。当前，针对数据的分析与大数据密切相关，研究者们致力于通过先进的理论和技术从海量的结构化、非结构化和半结构化数据中提取尽可能多的价值。

　　随着物联网、边缘计算和人工智能等信息通信技术的发展和普及，各类互联系统的物理资源和计算能力显著增长。作为第四次工业革命的先驱，德国于 2013 年 4 月正式发布"工业 4.0"实施建议，旨在充分利用信息化技术促进产业变革，提高德国工业的竞争力，在新一轮工业革命中占领先机。我国具有完备的工业体系和巨大的市场，在两化融合的进程中，工业制造领域的数字化转型与互联互通持续促进着相关产业的建设和发展，以信息化为支撑的新型工业化发展战略逐步形成了高效、环保的可持续发展模式。2015 年 5 月，国务院部署全面推进实施制造强国战略，制定了中国制造业的顶层规划和发展路线图，旨在强化工业基础能力，促进产业转型升级。同年 10 月，中德两国宣布进行对接与合作，共同推动新工业革命和业态。2021 年 12 月，工业和信息化部等八部门联合印发《"十四五"智能制造发展规划》，强调智能制造是制造强国建设的主攻方向，其发展程度直接关乎我国制造业质量水平。发展智能制造对于巩固实体经济根基、建成现代产业体系、实现新型工业化具有重要作用。到 2025 年，规模以上制造业企业大部分实现数字化网络化，重点行业骨干企业初步应用智能化；到 2035 年，规模以上制造业企业全面普及数字化网络化，重点行业骨干企业基本实现智能化。

　　由于工业领域行业自身的特殊性，工业供应链体系高度复杂，需要更加合理与高效的产业协同和资源配置，来维护产业链的安全与稳定。基于以工业互联网平台为载体的数字化技术与服务产品，实施国家制造业创新中心建设、智能制造、工业强基、绿色制造、高端装备创新五项重大工程，实现长期制约我国制造业发展的关键共性技术的突

---

　　① John W Tukey. The future of data analysis[J]. The Annals of Mathematical Statistics, 1962, 33(1): 1–67.
　　② Peter Naur. Concise Survey of Computer Methods[M]. New York: Petrocelli Books, 1974.

破，加快我国从制造业大国向制造业强国的转变。在工业制造环境中，基于物理空间与网络空间中包含的信息，网络化的设备之间能够形成高效的协同，各类生产线和生产过程持续不断地产生着大量的数据。为了能够更好地对海量数据进行管理和利用，传统的工厂需要被转化成工业 4.0 环境下的智能工厂。智能工厂作为承载工业 4.0 的最主要的应用实体，能够对现代化的生产线和生产过程中产生的数据进行采集与分析，对制造过程进行实时监控和调整，进而实现提高生产效率、降低生产成本的目标。由于信息流在多种不同的信息物理子系统之间存在流通不畅的问题，需要研究智能工厂中海量多源异构数据的智能采集、异常检测和信息融合方案，使得制造网络中的所有设备形成一个自组织的、具有高度灵活性和可重配置性的制造系统。此外，工业 4.0 时代网络边缘的设备数量和产生的数据规模都呈现爆炸式增长，传统的云计算模型的集中式处理模式无法高效地处理网络边缘侧产生的海量数据。作为与云计算互补的计算范式，边缘计算弥补了云计算固有的缺陷，将算力部署在网络边缘的数据产生侧，能够显著减少传输时延和缓解网络带宽压力，避免了集中式处理的瓶颈。此外，用户隐私数据的存储和处理都在边缘设备上，无须上传云端，确保了数据的安全与隐私。

本书研究边缘计算驱动的工业大数据数据分析理论及应用。首先从工业 4.0、信息物理系统以及大数据三个方面介绍工业大数据的研究背景，详细阐述工业领域的基本原则和核心构件，从大数据的定义、来源、类型以及面临的挑战切入，详细论述大数据的技术和管理；然后基于对边缘计算和传统云计算的对比分析，阐述边缘计算的整体架构和独特优势，结合典型的应用场景对边缘计算的关键技术以及发展趋势进行论述，并给出边缘计算面临的挑战，提出面向无线传感器网络的边缘数据采集方案；接着针对分布式环境下边云协同的数据异常值检测和数据模式异常检测，详细分析现有方法的利弊，分析存在的问题，基于支持向量机、局部敏感哈希以及高维特征表示三个基本构件分别设计新型的算法，提出创新的解决方案；针对移动边缘计算环境下海量同质化服务的评估和选择问题，设计时间感知的张量模型，提出基于时序正则化张量分解的服务质量数据预测方案。最后对工业 5.0 进行展望，给出未来的研究方向。全书分为八章，具体内容如下。

第 1 章 介绍工业大数据的研究背景。首先介绍工业 4.0 的发展历程、设计原则和成熟度模型，通过对工业 4.0 中的三类重要集成进行分析，阐述智能工厂的概念、特点和相关技术，并详细阐述无线传感器网络在工业 4.0 中的作用和地位；然后分析信息物理系统的发展阶段、体系结构和关键技术，给出信息物理系统的体系结构、传统云计算的体系结构以及物联网的技术栈；最后从定义、来源、类型和面临的挑战对大数据进行介绍，通过大数据的技术和管理对大数据的发展现状和产业化应用情况进行详尽的阐述。

第 2 章 介绍边缘计算的发展与挑战。针对信息和通信领域的三个重要发展趋势，结合 5G 网络技术分析边缘计算在工业物联网、车联网、智慧城市、智慧医疗等经典应用场景中的优势、赋能方式和可行性。从核心技术问题、发展的关键要素和发展趋势三个方面阐述边缘计算领域关键技术的发展现状。针对边缘计算促进产业变革所面临的挑战，从安全与隐私、服务发现、用户切换、可编程性、异构性、任务分发与调度六个方面分析关键技术的研发，阐述现有标准与法律法规的不足。构建涵盖创新、协调、绿色、开放、共享五个方面的产业发展评价体系，提出包含政府、企业、用户三者自反馈以及互相反馈的六种反馈机制。针对边缘计算领域的发展前景，从推动因素、技术难点以及外部挑战三个方面做出了总结，指出未来需要重点攻克的技术瓶颈问题。

第 3 章 介绍面向无线传感器网络的边缘数据采集。针对智能工厂中各类生产线和生产过程，基于无线传感器网络节点的两跳区域模型提出可扩展的两跳多汇聚无线传感器网络数据采集方案。首先介绍统一的数据描述和管理框架，根据人类的认知过程对数据的度量类型进行阐述。对于已知和未知两类不同的数据类型，设计可扩展的数据描述模型。该模型能够很好地应对未知数据类型，并且为数据挖掘提供灵活高效的功能接口。然后面向汇聚节点网络和移动传感器网络，构建网络的一维连通性模型。在网络的一维连通性模型的基础上，基于节点的两跳区域模型构建网络的二维连通性模型，设计汇聚节点网络中的 r-Kruskal 路由算法，并提出面向整个无线传感器网络的两跳多汇聚路由机制。最后针对消息开销和数据可获得性两个关键性能指标，将本章提出的方案与多移动汇聚路由方案进行比较与分析。

第 4 章 介绍基于支持向量机的移动边云协同数据异常值检测。针对无线传感器网络中传统的数据异常值检测方案延迟大、能量消耗多的问题，提出面向无线传感器节点的边云协同异常值检测方案，该方案包含基于角度的快速异常值检测、支持向量机数据描述、在线学习模型优化三个主要构件。首先基于加权余弦方差获得节点基于角度的异常值因子，从低维空间的角度快速地给出移动边缘节点上的数据异常值检测结果，进而得到训练集。接着基于支持向量机数据描述，通过非线性变换将待测的原始数据映射至高维特征空间，得到封闭的超球体。以超球体的边界作为决策边界，利用高斯核函数在大样本空间和大特征空间内对数据进行分析，找到具有模糊约束的最小超球体，进而实现针对高维数据的异常值检测。针对检测模型的优化问题，采用增量学习的方式对决策函数进行在线更新。此外，基于真实数据集对本章提出的方案与三个流行的方案进行实验，在不同的数据维度、数据规模、异常值占比以及可运行节点占比下，从数据异常值检测的延迟和能量消耗两个方面对四个方案的性能进行评估与对比。最后，基于本章提出的方案，面向工业制造领域的生产线和生产过程研发基于边云协同的移动边缘节点数据异常检测软件。

第 5 章 介绍基于局部敏感哈希的分布式边缘数据异常值检测。针对智能工厂中海量数据的数据异常值检测问题，提出包含 k 最近邻算法、局部敏感哈希和余弦相似度三个主要构件的分布式边缘数据异常值检测方案。首先将 k 最近邻算法和局部敏感哈希进行结合，实现对传统的 k 最近邻算法的改进。传统的 k 最近邻算法在处理海量数据时具有过高的时间复杂度，通过引入局部敏感哈希将寻找近邻数据样本的问题从较大的样本空间转化至较小的样本空间内，进而实现降低算法时间复杂度的目标。然而，上述过程给出的数据异常值检测结果的性能在实际生产环境中依赖于参数 k 的取值。因此，引入余弦相似度对前述的结果进行二次检测，进一步确保异常值检测的准确性。最后基于两个著名的真实数据集对本章提出的方案与五个流行的方案进行实验,从异常值检测的精确率、召回率、F1 分数、准确率、延迟和能量消耗等方面对六个方案的性能进行对比和分析。

第 6 章 介绍基于特征表示的边云协同数据模式异常检测。针对时间序列数据中的模式异常检测,提出包含任务迁移、多维特征表示和核密度估计三个主要构件的边云协同数据模式异常检测方案。首先介绍时间序列数据中的异常分类,阐述点异常、模式异常和序列异常的联系与区别。通过对基于原始时间序列和基于不同特征表示机制的模式异常检测方法的优缺点进行详细分析,提出包含四个层次的新型边云协同架构。基于该架构设计任务迁移算法,将长期相关性和短期相关性的模式异常检测任务高效合理地分配到云和边缘。针对时间序列数据的高维性,设计基于滑动窗口的多维特征表示方法,达到数据降维的目标。通过特征空间的映射,基于核密度估计方法实现模式异常检测。最后基于合成数据集和真实数据集对本章提出的方案和两个流行的方案进行实验,从精确率、召回率和 F1 分数三个方面对三个方案的性能进行评估与比较。

第 7 章 介绍面向移动边缘计算的服务质量数据预测。针对移动边缘计算环境中同质化服务的质量评价问题,提出包含时间感知的张量模型和基于时序正则化张量分解的服务质量预测模型两个构件的服务质量数据预测方案。移动边缘计算环境下的服务质量数据通常具有高维稀疏性和动态性两个显著特征。细分领域服务数量的爆炸式增长使得服务个数远远大于用户的个数,这导致服务质量数据的高维稀疏性。服务本身的更新升级以及网络环境的持续变化,使得不同时刻的服务质量数据往往是迥异的。本章使用三阶张量对过往服务质量数据的结构进行建模,针对数据的时间序列特征在张量分解中引入时序正则项。通过自回归模型获得因子矩阵,使用交替最小二乘法对张量进行迭代优化,基于低秩近似方法来精准地预测缺失的服务质量数据。最后基于真实数据集对本章提出的方案和九个流行的方案进行实验,基于平均绝对误差和均方根误差两个指标,从响应时间和吞吐量两个方面详细分析潜在因子矩阵维数的变化和张量密度的变化对数据预测的准确率的影响机理。

第 8 章 介绍未来世界的工业发展方向,通过将以往工业战略与当今世界上提出的发展战略进行对比,阐述未来工业方向的理念、技术以及面临的挑战,给出未来的研究方向。

本书由高聪、马立川、陈彦萍和冯杰合作完成,共 36.1 万字。其中,高聪负责全书统稿及大部分内容的撰写工作,完成 30.1 万字;马立川参与第 3 章和第 4 章的撰写,完成 2 万字;陈彦萍参与第 7 章和第 8 章的撰写,完成 2 万字;冯杰参与第 5 章和第 6 章的撰写,完成 2 万字。

本书的出版工作得到国家自然科学基金项目(项目批准号:62132013、62102297)、陕西省重点研发计划项目(项目编号:2023-YBGY-211、2021ZDLGY06-03)、陕西省教育厅青年创新团队建设科研计划项目(项目编号:21JP115)、西安市科学技术局高校院所科技人员服务企业项目(项目编号:22GXFW0129)、榆林市科学技术局产学研项目(项目编号:CXY-2022-162)的资助和支持。针对本书的选题策划、章节拟定、文献调研、内容撰写、图表绘制以及文字勘误等环节，作者与若干位计算机科学领域内的专家学者进行了多次讨论与修改，感谢西安邮电大学计算机学院、西安电子科技大学通信工程学院、陕西省网络数据分析与智能处理重点实验室、陕西省区块链与安全计算重点实验室和西安市大数据与智能计算重点实验室为本书的创作提供了良好的科研环境与学术研讨场所。

　　本书内容循序渐进、深入浅出，注重理论与实际应用紧密结合。围绕相关问题、理论方法、技术实现、解决方案等方面对面向边缘计算的工业大数据分析领域的核心知识进行详细的论述。各章内容既独成体系，又相辅相成。为了确保各章内容的完备性，若干重要内容在相关章节均有提及。因此，读者可以根据个人兴趣进行选择性的阅读。本书的各部分内容都向西安邮电大学和西安电子科技大学的理工类硕士研究生讲授过，其中绝大部分是作者新近完成的科研成果。由于数据科学领域的学术研究十分活跃，新兴的概念、理论和技术层出不穷，相关内容与其他科学领域广泛交叉，其艰深程度可想而知。

　　受限于作者浅陋的学术积累，虽严谨治学，但书中疏漏和把握不当之处在所难免，恳请广大读者批评指正。

作　者

2023 年 10 月

目　录

第 1 章　工业大数据

工业大数据的概念是随着德国提出的工业 4.0 而产生的。一般来说，工业大数据是指多样化的生产线和生产过程产生的海量数据。2020 年 4 月发布的《工业和信息化部关于工业大数据发展的指导意见》指出，工业大数据是工业领域产品和服务全生命周期数据的总称，包括工业企业在研发设计、生产制造、经营管理、运维服务等环节中生成和使用的数据，以及工业互联网平台中的数据等。

1.1　工业 4.0

随着信息技术的发展，制造企业在诸多新型概念的应用上面临较大的挑战。工业 4.0 涵盖了物联网（Internet of things，IoT）、信息物理系统（cyber-physical systems，CPS）和基于云的制造（cloud-based manufacturing），上述概念给所有实业层面的组织能力与技术能力都带来了很大的不确定性。

近年来，学术界和产业界对信息物理系统的研究与应用如火如荼，各类信息物理系统在工业制造领域进行了大量的部署[1]。文献 [2] 将信息物理系统定义为管理（regulate）互联系统中物理资产和计算能力的一系列创新性的技术。一般来说，来自物理车间和网络空间的信息是被密切监控和协调的。通过引入先进的信息分析方法，互联的机械设备能够协同和高效地运行。上述模式极大地促进了工业制造的第四次革命，称为工业 4.0[3]。

随着传感器、数据获取设备、计算机网络等技术的迭代升级，越来越多的企业投入大量资金部署传感器和互联的机械设备来提升企业的核心竞争力[4]。结果，这些高度数智化的工厂持续不断地产生大量的数据，即工业领域的大数据[5]。在上述情境下，信息物理系统进一步发展的一个必要前提是对大数据的高效管理[6]。利用机械设备的互联性（interconnectivity），设计并实现智能的、可重配置的、自适应的制造系统在理论上是可行的[7]。通过将信息物理系统与当前工业过程中的生产、物流以及服务进行集成，现有的传统工厂能够转化成一类新型的工厂，即智能工厂[8-9]。

1.1.1　发展历程

工业 4.0 即第四次工业革命。文献 [10] 对工业革命的发展历程以及信息物理系统的发展阶段进行了论述。第一次工业革命始于 18 世纪后半叶，在 19 世纪有了长足的发展，第一次工业革命的标志是机械生产设施（mechanical production facility）的引入。第二次工业革命从 19 世纪 70 年代开始，电气化（electrification）和劳动力分工（division of labor）引发了第二次工业革命，其中"泰勒主义"（Taylorism）是劳动力分工的典型代表。第三次工业革命始于 20 世纪 70 年代，其特征是高新电子和信息技术的发展大大驱动了生产过程的自动化[11]。

工业 4.0 为公众所熟知是在 2011 年，德国为了加强其在工业制造领域的全球竞争力，由商界、政界和学界代表组成的协会提出了工业 4.0 的概念[12]。工业 4.0 的倡导者期望其能够给制造产业、工程技术、材料使用、供应链以及生命周期管理中涉及的工业过程带来本质上的改进[13]。

作为德国政府发布的"德国高新技术战略 2020"的重要组成部分，工业 4.0 旨在引领德国经济的技术创新。政府机构目前已经向该领域的研究项目提供了多达 2 亿欧元的科研经费[11]。工业 4.0 工作组（Industrie 4.0 Working Group）于 2013 年 4 月发布了实施建议（recommendations for implementation）的第一版，该文档中指出了工业 4.0 的三个关键构件：物联网、信息物理系统和智能工厂。工业 4.0 工作组认为将物联网集成到工业过程中是第四次工业革命的关键使能（key enabler）步骤[13]。物联网使得"事"与"物"能够基于特定的寻址机制，通过与近邻的智能构件进行交互和协作来达到一定的目标，这些交互的"事"与"物"包括射频识别（radio frequency identification, RFID）、传感器、执行器和移动电话等[14]。除了物联网，物理世界与虚拟世界的融合是工业 4.0 的另外一个重要构件[15]。信息物理系统使得上述融合成为可能，即计算与物理过程的集成。嵌入式设备构成的网络监测并控制各个物理过程，由于反馈环路的存在，物理过程与计算之间互相影响[16]。综上所述，智能工厂能够实现万物互联（Internet of everything, IoE）：通过连接人、物（机器和产品）和数据，来生成组织和实施工业过程的新方式。

1.1.2 设计原则

为了对工业 4.0 进行孵化，文献 [10] 针对工业 4.0 给出了以下四个设计原则。

1. 互联（interconnection）

机器、设备、传感器和人通过物联网和人联网（Internet of people, IoP）互相连接，进而形成万物互联。基于万物互联可以实现信息共享和联合协作，万物互联中包含有三类协作：人—人协作、人—机协作、机—机协作[17]。由于机器、设备、传感器和人员在物联网层面是密切交互的，泛在的（ubiquitous）接入需求是必须满足的[14]。目前，基于有线通信的传统链接无法给出无处不在的（omnipresent）接入支持，这使得无线通信技术备受青睐。因此，对于物联网中的连接，灵活、高效的无线通信机制是至关重要的。这些无线通信机制是设计和实现工业 4.0 的必要条件。对于来自不同制造商的不同机器，需要统一的通信标准来进行灵活的组合[18]。智能工厂中的模块化理念能够很好地适应具有波动性的市场需求以及个性化的订单。此外，随着万物互联中参与者的增加，经济和政治需求会增加针对工业 4.0 生产设施的恶意攻击，进而增加了网络安全方面的需求。

2. 信息透明（information transparency）

工业 4.0 中涉及的物理世界与虚拟世界的融合形成了信息透明的一种新形式[19]。通过将传感器数据与工厂中的数字化模型进行连接，来创建物理世界的虚拟拷贝。这样的虚拟拷贝由与物理世界中的事物相对应的虚拟网络构件组成。为了让万物互联中的参与者做出合适的决策，上下文系统是不可或缺的。上下文系统基于从物理世界和虚拟世界获得的信息来完成自身的任务。虚拟世界中的上下文信息包括电子文档、图纸、仿真模型等。物理世界中的上下文信息包括设备的位置和状态[20]。为了分析物理世界，智能工厂中广泛地部署有各类传感器，原始的传感器数据必须与上下文信息集成后才能具有较高的价值。对数据的分析结果嵌入技术协助系统中，万物互联的所有参与者都可以访问该系统，进而实现信息透明[21]。对信息透明进行良好的实现能够详尽地呈现出物理世界的运行状态。信息透明隐藏了现实世界的复杂构成以及其中包含的多源异构数据[22]。

3. 分布式决策（decentralized decision）

信息物理系统中的设备通过数字化的网络进行数据共享，通常这些设备由特定的管理机制自治地（autonomously）、同时地（simultaneously）进行监测和控制。生产设施中不仅包含人员和设备，还包含大量的制造过程。对于不同的生产任务，制造过程的细节千差万别，在万物互联的协作前提下，基于本地信息与全局信息的分布式决策能够明显地提升整个智能工厂的生产力[23]。通常，万物互联中的参与者都是尽最大可能以自治的方式完成上述任务。由特定的管理机制执行的全局性的协调工作对整个制造环境中的各项事务是至关重要的。在多数情况下，决策是在本地进行的。本地化的处理方式能够减少传输开销并充分利用边缘计算资源。当遇到异常、干扰和冲突时，需要将决策问题交由上层逻辑进行处理[24-25]。从技术角度来看，分布式决策的实现是基于信息物理系统的，该系统中的嵌入式计算机、传感器和执行器等构件为物理世界的检测和控制提供了途径。

4. 技术协助（technical assistance）

在传统工厂中，人员主要关注机器的操作。对于大多数生产任务来说，机器的运转方式是常规的例行操作（routine operation），对人员的涉及是简单明了的。然而，大量重复性的工作需要数量可观的员工。在智能工厂中，人员的主要角色从传统的操作员转变为策略性的决策者和灵活的问题解决者。人员这类资源主要用来制定宏观的规划和问题的解决方案。由于人员的角色关注技术性和战略性的问题，员工的数量显著减少。对于人员来说，智能工厂中的上述角色转变比传统工厂需要更好的专业素养。例如，随着机器人领域的发展，人员需要进行适当的培训来胜任多样化的人机协作[26]。此外，信息物理系统中海量的信息与复杂的交互流程使得技术协助系统必不可少，当万物互联的某个参与者需要特定信息来辅助决策时，需要向技术协助系统请求数据。

1.1.3　成熟度模型

在软件工程领域，衡量软件从产生、测评、改进到使用过程中各个阶段发展的模型称为软件能力成熟度模型（capability maturity model，CMM）[27]。在工业制造领域，生产线及生产过程也具有高度类似的模式，因此，对生产任务进行监控和研究，使生产系统和生产过程更加科学化、标准化是一个重要的问题。如果解决好这个问题，在面临复杂多变的生产需求时，就能够更好地降低生产成本，提高生产效率。软件能力成熟度模型将软件过程的成熟度分为五个等级：初始级（initial）、可重复级（repeatable）、已定义级（defined）、已管理级（managed）和优化级（optimizing）[28]。

一般来说，术语"成熟度"是指完善的、完美的和就绪的状态[29]。因此，其能够表征系统在开发过程中的状态。文献 [30] 指出成熟度可以定性地和定量地通过离散或连续的方式获得。在工业 4.0 领域，已有一些关于成熟度模型和工具的研究。文献 [31] 通过 6 个维度，总共 18 个项目将成熟度表示为 5 个等级，同时对通往更高阶段的障碍以及常规解决途径进行了阐述。文献 [32] 提出了基于成熟度的行动指南，该指南引入了定制化的工业 4.0 方法来设计成熟度度量的具体细则，但是没有提供克服成熟度障碍的方法。

为了评估工业 4.0 的成熟度以及制造企业的成熟度，文献 [33] 定义了 9 个维度。这 9 个维度可以分为两类：第一类用来评估基本的使能者（enabler），包括产品（product）、客户（customer）、操作（operation）和技术（technology）；第二类用来评估组织方面（organizational aspects）的能力，包括策略（strategy）、领导层（leadership）、管理（governance）、文化（culture）和人员（people）。具体来说，上述 9 个维度中包含了 62 个条目。企业成熟度的度量、判定以及表示分为三个步骤：①通过问卷调查对企业的 62 个成熟度项目进行测评；②从 9 个维度对成熟度级别进行计算；③通过成熟度报告和雷达图对成熟度进行表示和可视化。

1.1.4 智能工厂

近年来，工业制造领域的企业趋向于系统化地部署信息物理系统。信息物理系统的精髓是指运用一系列变革性的技术对若干互联系统的物理资产和计算能力进行管理[6]。在信息物理系统内，来自物理工厂车间和网络计算空间的全方位角度的信息均被严密地监控和协调。通过运用先进的信息分析方法，网络化的机器设备能够更加高效、协同地工作。上述趋势极大地推动了工业制造领域的第四代变革。随着传感器、数据获取系统及计算机网络的可获得性和可负担性的逐渐改善，当今工业界极富竞争性的本质使得越来越多的工厂广泛使用传感器和网络化的机器设备，进而导致了海量数据的持续产生，即公众所熟知的大数据[4]。在上述环境下，对信息物理系统实施进一步的开发能够实现对大数据的管理并利用机器设备的内联性，进而实现智能的、可重配置的以及自适应的制造系统[7]。通过将信息物理系统与当前工业过程中的生产、物流以及服务相集成，当今的传统工厂将被转化成工业 4.0 环境下极具经济潜力的新型工厂[34]，也称为智能工厂。由欧洲最大的应用研究机构——德国弗朗霍夫研究所（Fraunhofer Institute）与德国信息通信与新媒体协会（Bitkom）于 2014 年联合发布的研究报告显示，在引入工业 4.0 战略后，德国的累计生产性固定资产总值将于 2025 年跃升至 2670 亿欧元[35]。智能工厂作为承载工业 4.0 的最主要的应用实体，针对其现代化生产线及生产过程中的温度、压力、位移、热能、振动和噪声等数据可以实现多种形式的分析，包括设备诊断（device diagnostics）、能耗分析（energy consumption）、质量追溯（quality tracing）和产能分析（productivity analysis）等。随着大数据的分析模式在全球制造业中大量涌现，针对智能工厂中普遍存在的设备状态监测与控制、制造过程、品质保证、自动化物流等环节,跨设备的多源异构数据的智能融合成为当前的研究热点。

　　智能工厂在生产过程中对原材料和半成品进行加工和处理,在生产和管理过程中涉及多种不同的物理和信息子系统。这些子系统分别位于不同的层次,如位于传动和传感层、控制层、生产管理层、制造和执行层或协同计划层等。目前,信息流通常在上述子系统之间遭遇阻塞,导致生产过程的连续性和一致性难以得到保证。因此,工业 4.0 的实施急需在工厂中对层次化的子系统进行纵向集成,进而将传统工厂转化为具有高度灵活性和可重配置性的智能工厂。

　　传统工厂生产线的目的在于生产类型单一的产品,其通常由若干机械设备和传送带构成。传统工厂生产线的传送带不是闭合的,即一端作为输入端,另一端作为输出端,机械设备沿着生产线进行部署。未完工的产品从输入端到输出端流经生产线,每个机械设备执行预先确定的操作。一般来说,传送带是精心定制的,不存在多余的机械设备。每个机械设备都具有独立的控制器,而且设备间的交互很少发生。图 1.1 展示了传统工厂生产线的概念,产品的生产和加工过程沿着传送带顺次进行,生产流程依次由实体 $E_1 \sim E_5$ 来分别执行。

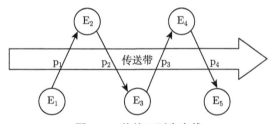

图 1.1　传统工厂生产线

　　智能工厂的生产系统旨在生产多种不同类型的产品。从单一产品类型的角度看,存在多余的机械设备。设备间通过互相协商来完成自身的重配置,以适应产品类型的变化。传送带是闭合的,用来支持多样性的生产流程,因此没有确定的输入端和输出端。图 1.2 展示了智能工厂生产系统的概念,闭合传送带中的生产和加工过程可以根据不同的产品类型进行重新配置,具有高效和灵活的特点。

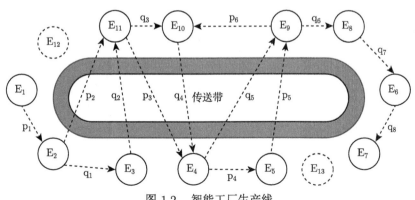

图 1.2　智能工厂生产线

图中描述了两个不同的生产流程 P 和 Q，它们的执行顺序如下。

（1）P（$E_1 \xrightarrow{p_1} E_2 \xrightarrow{p_2} E_{11} \xrightarrow{p_3} E_4 \xrightarrow{p_4} E_5 \xrightarrow{p_5} E_9 \xrightarrow{p_6} E_{10}$）。

（2）Q（$E_2 \xrightarrow{q_1} E_3 \xrightarrow{q_2} E_{11} \xrightarrow{q_3} E_{10} \xrightarrow{q_4} E_4 \xrightarrow{q_5} E_9 \xrightarrow{q_6} E_8 \xrightarrow{q_7} E_6 \xrightarrow{q_8} E_7$）。

针对不同的生产流程，与生产线和生产过程相关的机械设备可能存在冗余，如 E_{12} 与 E_{13}。智能工厂生产系统与传统工厂生产线的本质区别使其具有一些技术上的优势，表 1.1 给出了传统工厂与工业 4.0 环境下智能工厂的对比[36]。

表 1.1 传统工厂与工业 4.0 环境下智能工厂的对比

实体	数据源	传统工厂		智能工厂	
		属性	技术	属性	技术
构件	传感器	精确度	传感器智能和故障检测	自感知	衰退检测和剩余可用时间预测
				自预测	
机器设备	控制器	可生产性与性能	基于条件的检测与诊断	自感知	运行时间内预测性健康检测
				自预测	
				自比较	
生产系统	网络化系统	生产能力与设备综合效率	精益运算与节能减排	自配置	无忧生产
				自维护	
				自组织	

1.1.5 三类集成

为了更好地实现工业 4.0，除了 1.1.2 节讲述的四个设计原则外，还必须考虑三类重要的集成[13,37]。

1. 价值网络[38] 层面的横向集成

价值网络层面的横向集成不仅包含了企业内部的协同机制，而且能够增强不同企业之间的协作。在现实世界中，单个企业通常与其他多个企业同时存在竞争与合作关系。通过企业内部的横向集成，相关的企业能够形成高效的生态系统。随着信息、资本和生产资料在企业之间顺畅地流动，新型的商业模式和价值网络将逐步涌现出来。

2. 制造系统网络层面的纵向集成

纵向集成是在单个工厂内部进行的。制造系统网络层面的纵向集成是指由智能工厂内层次化的子系统来创建灵活的、可重配置的制造系统，该系统由层次化的多个子系统构成。制造工厂通常包含若干个信息物理子系统，如传动系统、信号传感器系统、控制系统、生产管理系统、机械制造系统和协同计划系统等。为了能够使工厂内的生产系统具有高度的灵活性和可重配置性，面向上述层次化子系统的纵向集成是不可或缺的。纵向集成的顶部是企业资源计划（enterprise resource planning，ERP）系统，底部是所有物理构件，中间是多元化的子系统。通过上述集成，工厂内的设备形成一个自组织的系统。适应多样化的生产任务，该系统能够动态地进行重配置来适应不同的产品类型，通过对生产线和生产过程中包含的海量数据进行采集和分析，产品的生产流程能够清晰地展示出来。

3. 价值链整体的端到端数字化工程集成

横跨整个价值链的端到端数字化工程集成提供产品定制化方面的支持。以产品为中心的价值创造过程涉及一系列的活动，如客户需求表达、产品设计和开发、服务、维护、回收与复用等。通过价值链整体的端到端数字化工程集成，能够获得连续的、一致的产品模型，该模型能够重用在每个阶段。

工业 4.0 中的三类集成及其关系如图 1.3 所示。

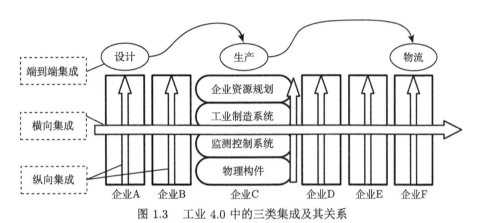

图 1.3　工业 4.0 中的三类集成及其关系

制造系统网络纵向集成的实现背景是智能工厂，其作用是使智能工厂具有高度的灵活性和可重配置性。智能工厂作为支撑工业 4.0 的最主要应用实体，其现代化生产线和制造过程包含各种各样的数据，如温度、压力、位移、热能、振动和噪声。基于上述数据能够进行多种形式的分析。智能工厂在生产出最终成品的过程中对原材料和半成品进行处理，在生产和管理过程中涉及多种不同的信息物理子系统。这些子系统分别位于不同的层次，如传动和传感层、控制层、生产管理层、制造和执行层、协同计划层等。目前，信息流通常在上述子系统之间遭遇阻塞，导致生产过程的连续性和一致性难以得到保证。因此，工业 4.0 的实施急需在工厂中对层次化的子系统进行纵向集成，进而将传统工厂转化为具有高度灵活性和可重配置性的智能工厂。此外，智能工厂也是其余两种集成的关键基础。

1.1.6　工业无线传感器网络

作为工业物联网（industrial Internet of things, IIoT）[39] 体系的基础传感层，工业无线传感器网络（industrial wireless sensor network, IWSN）[40] 是一个监测工业领域数据质量与服务可靠性的强有力工具[41]。

1. 网络优化

由于工业无线传感器网络的部署环境通常都有高温、高湿等不利因素，同时工业生产的业务流程具有多变性，本身电池能量受限的传感器节点更容易出现失效和故障，给无线传感器网络的可用性维护带来极大挑战，同时严重影响工业领域具有高实时性的数据采集需求。因此，网络的连通性维护和拓扑优化是学者们关注的热点。文献 [42] ～ 文

献 [44] 分别针对地理区域覆盖和障碍覆盖进行优化，使得无线传感器网络的节点在部署之后可以移动，上述两类覆盖的优点是没有考虑离散目标的覆盖，缺点是节点簇的覆盖区域互相之间容易产生干扰。由于工业无线传感器网络节点的电池能量受限，大多数研究都是基于互联目标覆盖（connected target coverage，CTC）进行建模的[45-48]，所涉及的算法大多引入了能量节约机制，以便维护网络的连通性。常见的一类能量节约方法通过制定位于不同簇中的节点的活跃状态和休眠状态的切换机制来实现能量节约。文献 [49] 提出了一个基于混合整数规划的最大化覆盖（maximum covers using mixed integer programming，MC-MIP）算法，该算法将节点组织成不相交集合覆盖（disjoint set cover，DSC），并实现相继活跃的功能。文献 [50] 提出了一个最大化集合覆盖的贪心算法，该算法生成的集合可以是相交的，这使得节点可以运行在不同的时间间隔。与基于混合整数规划的最大化覆盖算法相比，最大化集合覆盖的贪心算法在延长网络生存时间方面具有优势。另一类能量节约方法引入功率调控技术来调整传感器节点的传输范围和传感范围：文献 [51] 提出一种基于虚拟主干网的算法，该算法分别确定每个节点的传输范围，然后对目标覆盖性和网络连通性进行规划。文献 [52] 设计了一种可调范围的负载平衡协议，该协议将传感器节点的休眠机制与可调范围模型进行结合，达到延长网络生存时间的目的。文献 [53] 提出无线传感器网络数据的提取由五个步骤组成：定义、查找、转化、实体分辨和应答。这些概念性的步骤与传统的数据挖掘领域相关。随着工业制造领域海量多源异构数据的产生，上述概念性步骤背后的技术颠覆了传统领域的认知。可扩展的和分布式的数据采集和管理是数据科学研究领域具有关键优先级的研究热点。传统关系数据库管理系统缺乏云特性，且成本较高，因此在海量数据和云环境中的应用较少[54]。在信息化和综合自动化快速发展的背景下，提高企业综合竞争力的基础是在企业的生产过程数据和各种信息的综合基础上，采用先进的管理技术，不断实现生产流程和企业管理流程的优化。然而，由于缺乏有效的知识获取手段，尽管生产过程所产生的数据呈爆炸性增长，但从中获取的有价值信息却很少。

在工业制造领域，为了改进流程和控制成本，传统的方法是以事先知道研究对象的特性为前提，然后根据对象的特性加以闭环控制，从而使输出特性符合要求。现有的制造流程建模方法和自动控制方法都是通过这种方式，根据少量有价值的数据进行研究的。但是，现实生活中的很多系统过于复杂，没有相对应的理论知识作为支撑，其特性和行为不能被理解和掌握，因此传统的方法无法发挥作用。对于复杂的工业生产系统，典型的以数据为中心的研究方法会通过对系统的复杂行为进行信息化，来采集和保存系统运行过程中所产生的大量数据，通过研究这些数据，可以解决现有实验手段不能处理的复杂问题。

2. 信息存储

传统的数据管理分析方案利用数据仓库（data warehouse）技术为决策支持所需的联机分析、处理等做信息存储。数据仓库技术需要先将数据从数据源提取出来，通过数据清洗，将数据搬运到数据仓库中进行存储和管理，再用特定的工具从仓库中读取数据并生成数据立方体，然后进行数据的分析与挖掘。在面对工业制造领域的海量多源异构数据时，这种方式具有非常大的缺陷。首先，数据仓库面对的是存储于关系表中的关系型数据，而在工业生产过程中，数据的来源包括数据采集系统从分布在不同地理位置的各个厂区不同车间中的各种传感器、工作站以及现场生产控制系统取得的生产过程数据、监控数据、日志数据等，这些数据中包含结构化数据，同时也有大量的非结构化数据和半结构化数据。其次，数据仓库技术涉及大量的数据移动，从数据源经过抽取–转换–装载（extract transform load，ETL）操作将数据存储到数据仓库中，然后在在线分析处理（on-line analytical processing，OLAP）[55]服务器中转化为星型模型或者雪花模型。在分析时，又将数据从数据库中取出。这些操作的代价在面对 GB 级数据时还可以接受，但面对规模达到拍字节①（PetaByte，PB）级以上的大数据，其执行时间倍增，更为重要的是制造过程中的运行监测和加工过程中的故障处理等都涉及一定程度的实时性要求，所以这种模式是不可取的。因此，构建一个感知和采集生产线和生产过程中的运行数据，并最大化地挖掘生产过程中数据的隐藏价值的平台，能够推动信息驱动的战略决策和工业控制的实时改进，进而提升企业的综合竞争力。

3. 信息解释

学界和业界认为，由传感器采集到的数据除了要进行存储，与原始数据相关的上下文信息通常还需要进行注释。文献 [56] 指出，对于每个传感器所读取的上下文，通常涉及它们的度量属性、存储位置、配置信息等。在某些情况下，上下文信息也具有较强的实际意义，但是这将增加存储和查询的难度。文献 [57] 指出了传感器网络在体系结构设计上面临的挑战，其应当具有高度的灵活性，以适应不同的应用需求。此外，还对传感器网络应用所具有的多种不同体系结构进行了总结。文献 [58] 提出的 Sensor-Cloud 解决方案面向的是管理物理传感器的基础设施架构，其使用 SensorML[59] 来描述物理传感器的元数据，如传感器的描述和度量过程。SensorML 是一个标准模型，其运用 XML编码机制来描述传感器，Sensor-Cloud 不将提供传感器数据作为服务，其关注通过云来管理传感器。文献 [60] 提出传感器即服务（sensor as a service，SenaaS）来对物理和虚拟传感器进行封装，使其以服务的形式呈现在面向服务的体系结构中。SenaaS 主要关注将传感器管理作为服务来进行提供，而不是将提供传感器感知和采集到的数据作为服务，其包含三层：现实世界接入层、语义覆盖层和服务虚拟化层。现实世界接入层负责与传感器硬件进行通信；语义覆盖层对传感器的配置和运行流程加入语义注释；服务虚拟化层为用户提供便利。文献 [61] 提出一种无线传感器网络数据采集方法，其传感器层中的每个传感器内均安装有北斗模块，用于目标数据的采集，所采集到的数据依次经过噪声抑制模块和增益放大模块输出至信息融合匹配层；信息融合匹配层将每个传感器所采集到的数据用对应的北斗模块的定位数据进行标记，然后将其输出至信息处理层；信息处理层中的各个信息处理设备是相应的传感器的上级设备，用于处理传感器上传的信息，并控制传感器。该方案具有较好的鲁棒性和抗干扰性。但是，针对智能工厂中的工业制造环境，北斗模块的成本太高，且其在室内的精度和稳定性有所下降。文献 [62]

---

① 1 拍字节 = 2^{50} 字节。

提出一种无线传感器网络中基于不等中继集合的数据传输调度方法,其关键点在于依据无线传感器网络能量消耗特有的近基站能量消耗大、远基站节点能量消耗小且有大量能量剩余的特征。在该方法中,针对远基站区域传输数据的节点,为其选择数量较大的中继节点。选择的中继节点数量越大,则节点需要等待中继节点醒来的等待时间越短,数据传输延迟也就越少。与现有方法相比,该方法整体上能够在不缩短网络生存时间的情况下提高数据传输的可靠性,并减少数据的传输延迟。但是,智能工厂中的物理环境和生产环境都是复杂和多变的,对中继节点的选择虽然在表面上具有一定的合理性,但在实际操作中,传输失败后重传次数较多,会严重影响节点的剩余能量,进而缩短网络生存时间。文献 [63] 提出一种无线传感器网络节点的智能唤醒方法,具体包括:将监视区域划分网格,获取传感器位置信息;确定网格的重要程度,计算传感器节点的有效监控范围,获取属于传感器有效监控范围内的网格,计算所有网格的监测效率;计算每个节点感知区域的权重,计算每个节点的唤醒概率,依据唤醒概率对节点进行唤醒。引入"重要程度"和"有效范围"的概念,将单个传感器测量范围的重要性进行量化,唤醒概率由量化值决定。这种方式使得工作节点的数目减少,能在保证监测性能的同时节省更多的能量。但是,对于智能工厂中工业无线传感器网络的节点来说,由于生产线和生产环境中数据的产生频率很高,此外为了保证数据采集的可靠性,节点转入休眠的机会很少。针对上述情况,需要通过研发拓扑优化和功能调控算法来实现节约节点能量和延长网络生存时间的目标。

前述研究工作缺乏对工业环境特有的特殊属性的考虑,大多数方法的设计理念没有体现与实际生产环境中制造系统和生产过程特有体系结构的对应,其实用性和有效性难以令人满意。

在传感器云的概念提出之前,已经有研究工作涉猎了云计算的实时通信[64-65],且有若干研究工作专注于传感器与云框架的集成。文献 [58] 在传感器云体系结构的构建和机遇方面给出了较为清晰的论述。文献 [66] 考虑从健康监测的角度将传感器与云进行集成。为了获得健康数据传输所需的最大带宽,作者的关注点是网关的优化选择。文献 [67] 面向基础研究提出了一个发布/订阅模型,该模型基于事件通知展示了发布者与订阅者之间的交互。针对系统中互相不熟悉实体之间的数据转移,在云环境下形成集成性传感器节点。文献 [68] 列出了将无线传感器网络与云进行集成所面临的挑战,并提出了专注于软件即服务(software as a service,SaaS)应用程序的传感器云框架。此外,作者还提出了统计组索引匹配机制,并将其与已有算法进行比较评估,以实例阐明该机制的性能。文献 [69] 给出了与文献 [68] 类似的方案,作者基于对传感器云多样化特性的理解、多种可扩展功能的实现及隐私保护,给出了面临的挑战。此外,还为理解前述问题给出了基准(benchmark)条款。文献 [70] 提出了将大量传感器数据从本地存储转移至云存储的方法,且数据处理的任务也交由云网关来执行,进而获得了较好的能量节约性能。为了执行数据筛选,作者在云中使用反向传播网络对提出的算法进行训练。文献 [71] 给出了传感器云的较为详尽的综述,包括概念、固有特性以及应用优势。针对采用不同算法的方案,作者将消息流的类型进行了分析比较,此外给出了该领域的技术挑战。虚拟化方面，文献 [72] 针对水下传感器网络通过节点的自组织来实现拓扑虚拟化（topology virtualization）。

在前述研究工作中，绝大多数都列举并讨论了传感器云的裨益以及伴随而来的挑战，几乎没有关注设计面向工业领域的特定应用框架和数据分析方案的研究工作。尽管传感器云领域的研究如火如荼，但是在对基于传感器云的工业应用系统的性能及可靠性进行分析和评估时，却缺乏普适的理论模型。

4. 大数据时代的工业制造

工业制造已经进入 "大数据" 时代，企业所管理数据的规模、种类和复杂度都在以前所未有的速度呈爆炸式增长。在当前竞争激烈的工业市场环境下，各类公司和企业都具有提升生产效率、降低生产成本以及达到企业财务目标等需求。目前，随着大量陈旧工业系统的老化，企业很难应对工业制造市场的动态需求，急需引进智能的、低成本的工业自动化系统来提高上述系统的生产力和生产效率。工业无线传感器网络固有的协同性能够给传统的有线工业监控系统带来若干优势，如自组织性、快速部署性、灵活性和固有的智能处理能力等。因此，工业无线传感器网络在构建可靠度高的、自愈性强的工业系统过程中扮演着很重要的角色，这些工业系统能够迅速地对实时事件进行响应并采取合适的操作。

1.2 信息物理系统

信息物理系统的概念始于 2006 年[73]，其核心思想是将物理世界与虚拟世界通过云计算等计算应用进行集成。这种集成形成了一种物理世界与虚拟构件之间进行实时交互的新技术。信息物理系统是工程学、信息通信技术、计算机科学以及其他科学和应用的交叉领域，其主要设计目的是实现物理设施和计算设备之间的交互、集成物理构件和计算能力来完成特定的任务。

1.2.1 发展阶段

由于信息物理系统在学界、商界都受到很大关注，欧盟已经投入数十亿欧元来支持信息物理系统相关的科研和应用项目[74]。此外，美国科学咨询委员会（Scientific Advisory Council，SAC）将信息物理系统列为高优先级的投资领域。欧盟的地平线 2020 项目和美国国家科学基金委（National Science Foundation，NSF）已经启动了研究信息物理系统理论与技术的众多项目。

具体来说：信息物理系统的发展可以划分为三个阶段：在第一个阶段，信息物理系统包含了对事物进行唯一性识别的技术，如 RFID 标签，存储和分析需要作为集中式的服务来提供；在第二个阶段，信息物理系统配备了具有有限功能的传感器和执行器；在第三个阶段，信息物理系统不仅具有传感器和执行器，还能够存储和分析数据，并具有网络兼容性[75]。智能工厂通常是指能够在制造过程中协助人员和机器执行相关任务的工厂，其具有较强的上下文感知特征。在智能工厂后台运行的各类系统基于来自物理世界和虚拟世界的数据来完成各自的任务[20]。

1.2.2 体系结构

1. 信息物理系统的组成

信息物理系统通常包含若干个构件，如物联网、云计算、多代理系统等，这些元素以及它们的特性如图 1.4 所示[76]。

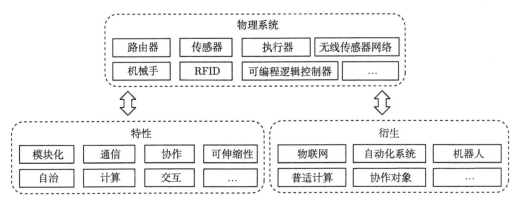

图 1.4　信息物理系统

图 1.4 中的内容分为三部分：物理系统部分、特性部分和衍生部分。物理系统部分包含常见的硬件、软件和技术，如路由器、传感器、执行器、机械手、RFID、无线传感器网络和可编程逻辑控制器等。特性部分包含传统信息系统具有的特征，如计算、通信、自治、模块化、交互、协作和可伸缩性等。衍生部分包含由物理系统部分和特性部分进行混合得到的新兴事物，根据二者混合的不同程度，所产生事物的功能与特点也不同。

当前，信息物理系统的体系结构主要还是基于传统构件和技术。未来，信息物理系统中将包含更多的智能构件。因此，信息物理系统应当具有适应内部构件和外部环境改变的能力。文献 [77] 指出信息物理系统与传统机械系统的不同点是其具有智能特性和提供跨设备信息交互的功能。此外，信息物理系统能够根据不同的环境进行动态配置，这类功能可以通过基于云计算技术的虚拟环境来实现[78]。

2. 信息物理的体系结构划分

文献 [79] 将信息物理系统的体系结构划分为五层，该体系结构为工业应用中的信息物理系统的开发提供了指引。总体上看，该体系结构由两部分组成：①高性能的连通机制，该机制确保了从物理世界到虚拟世界的实时数据流以及从虚拟世界到物理世界的反馈；②构成虚拟世界的智能化数据分析。具体来说，该体系结构包含连接（connection）层、数据–信息转换（data-to-information conversion）层、信息网络（cyber）层、认知（cognition）层和配置（configuration）层，如图 1.5 所示。

连接层由非接触式技术对数据获取系统和流线（streamline）进行管理，并将获取到的数据传输至中心服务器。本层的数据源和传输协议（如 MTConnect[80]）对整个信息物理系统至关重要，直接影响着后续层中知识发现类系统的性能。

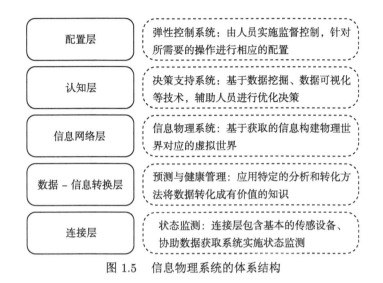

图 1.5　信息物理系统的体系结构

数据–信息转换层的核心是将数据进行分析并转换为有价值的知识。基于大量现有的智能算法和数据挖掘技术，将来自不同数据源的机械性原始数据和过程性数据转换为企业能够进行管理的商业性数据。

信息网络层是整个五层体系结构的数据交换中心。信息从众多源头推送到网络层，由网络层负责构建虚拟世界。当收集到海量信息后，需要进行特定的分析来提取能够展现当前智能工厂物理世界状态的重要信息。

认知层为信息物理系统提供了监测功能所需的所有知识。设计优良的认知层能够很好地呈现所获得的知识，为人员做出正确的决策提供支持。

配置层使用来自虚拟世界的反馈来对物理世界进行调整和优化，作为管理控制机制使机器实现自配置（self-configuration）和自适应（self-adaption）。

1.2.3　关键技术

1. 云计算

根据美国国家标准与技术研究院（National Institute of Standards and Technology，NIST）的定义[81]，云计算是指能够针对共享的可配置计算资源，按需提供方便的、泛在的网络接入模型。上述计算资源包括网络、服务器、存储、应用和服务等，这些资源不仅能够快速地提供和回收，而且所涉及的管理开销要尽可能地小。

具体来说，云模型包含五个基本特征、三个服务模型和四个部署模型。五个基本特征为按需自助服务（on-demand self-service）、广阔的互联网访问（broad network access）、资源池（resource pooling）、快速伸缩（rapid elasticity）和可度量的服务（measured service）；三个服务模型为软件即服务（SaaS）、平台即服务（platform as a service，PaaS）和基础设施即服务（infrastructure as a service，IaaS）；四个部署模型为私有云（private cloud）、社区云（community cloud）、公有云（public cloud）和混合云（hybrid cloud）。

一般来说，云计算可以被看作通过计算机通信网络（如互联网）来提供计算服务的分布式系统，其主要目标是利用分布式资源来解决大规模的计算问题。云中的资源对用户是透明的，用户无须知晓资源所在的具体位置。这些资源能够同时被大量用户共享，用户能够在任何时间、任何地点访问应用程序和相关的数据。文献 [82] 给出了云计算的体系结构，如图 1.6 所示。此外，对三个服务模型进行了阐述。

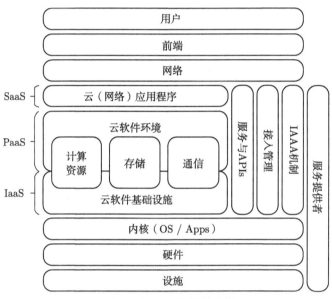

图 1.6　云计算的体系结构

基础设施即服务　这项服务是云计算提供的最简单的内容，其涉及了大规模的计算资源的交付，这些计算资源包括存储空间、运算能力和网络带宽等。基础设施即服务的主要优势是按次付费，且安全性以及可靠性有保证，因此也被称为硬件即服务（hardware as a service，HaaS）。这项服务的典型案例有亚马逊云（Amazon elastic compute cloud，EC2）、谷歌计算引擎（Google compute engine，GCE）和阿里云（Aliyun）等。

平台即服务　这项服务为云计算提供了应用程序的接口。对于云计算来说，基础设施即服务在很多应用场景下能力不足。随着网络应用程序个数的井喷式增长，平台即服务的相关研究与应用逐步涌现。很多全球性的跨国公司不约而同地寻求在云计算的平台方面称霸，就像微软在个人计算机领域所处的地位。平台即服务的典型案例有谷歌应用引擎（Google app engine，GAE）、微软云（Microsoft azure）等。

软件即服务　这项服务旨在提供终端用户可以直接使用的服务，这里的服务可以理解为部署在互联网上的软件。这样的服务模式在很大程度上替代了运行在个人计算机上的传统应用程序。软件即服务的典型案例有思科（Cisco）的思科网迅（WebEx）、软营（Salesforce）的客户关系管理（customer relationship management，CRM）系统和亚马逊网络服务（Amazon web services，AWS）。

2. 物联网

1）物联网技术栈组成

文献 [83] 指出物联网技术栈由三个核心层构成，即物/设备层、连接层和物联网云层，如图 1.7 所示。

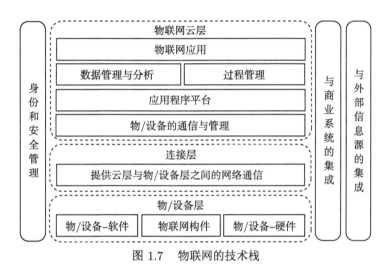

图 1.7　物联网的技术栈

在物/设备层，诸如传感器、执行器等物联网特定的硬件可以被添加至已有的核心硬件中，嵌入式的软件可以被修改或新进集成进已有的系统来管理和操作具体的设备。在连接层，由通信协议来实现单个物/设备与云之间的通信，如消息队列遥测传输（message queuing telemetry transport，MQTT）协议[84]。在物联网云层，设备通信协议和管理软件用来协调、提供和管理互相连接的物/设备，由应用平台来实现物联网应用程序的开发和执行。此外，物联网云层还引入了分析与数据管理软件来存储、处理和分析由物/设备产生的数据。针对跨物/设备、人员和系统的过程监测，引入了过程管理软件来进行定义和执行。对于给定的目的，由物联网应用程序软件协调物/设备、人员和系统之间的交互。在上述三层的全域范围内，还存在特定的软件构件来进行对物联网体系整体的身份和安全管理、提供与商业系统以及外部信息源的集成，常见的商业系统和外部信息源类型有 ERP 系统和 CRM 系统，外部信息源通常是指来自第三方的信息。

2）物联网平台

在谈论物联网技术时，物联网平台（IoT platform）是一个提及频次很高的概念。在计算领域，术语"平台"是一个相对广泛的概念，有些文献将平台定义为一组有机结合起来的技术，基于这些技术，能够开发其他的应用程序和过程。物联网平台在本质上是软件产品，其提供大量应用程序无关的功能，利用这些功能能够构建物联网应用程序。对于各种不同的物联网平台，其提供者所侧重的物联网技术不同，因此所提供的功能集合也是不同的。换言之，物联网平台的配置没有统一的标准，但是存在众多针对不同领域特定需求的物联网平台，如 ThingSpeak[85]、DeviceHive[86]、Xively[87] 和 WSO2[88]海尔 COSMOPlat[89] 等，文献 [90] 针对物联网平台的选择给出了较为详尽的阐述。

3）物联网与云计算对比

文献 [91] 将云计算与物联网进行对比分析，列出了两个技术领域的互补方面，如表 1.2 所示。

表 1.2　云计算与物联网的互补方面

对比项	物联网	云计算
部署 （displacement）	普适的 （pervasive）	集中式的 （centralized）
可达性 （reachability）	有限的 （limited）	泛在的 （ubiquitous）
构件 （components）	真实世界的事物 （real world things）	虚拟资源 （virtual resources）
计算能力 （computational capabilities）	有限的 （limited）	几乎是无限的 （virtually unlimited）
存储 （storage）	有限的或无 （limited or none）	几乎是无限的 （virtually unlimited）
互联网的角色 （role of the Internet）	收敛点 （point of convergence）	交付服务的途径 （means of delivering services）
大数据 （big data）	源 （source）	管理的对象 （management）

一般来说，物联网能够从云计算的虚拟形式的无限计算能力和资源上补偿自身的技术性限制，如存储、计算能力和通信能力等。文献 [92] 指出，云计算能够为物联网中服务的管理和组合提供高效的解决方案，同时能够实现利用物联网中产生的数据的应用程序和服务。对于物联网来说，其能够以更加分布式的、动态的方式扩展云计算能处理的真实世界中物/设备的范围，进而交付大量实际生活中的场景所需要的服务。在多数情况下，云计算能够提供物与应用程序之间的中间层，同时将实现应用程序所必需的复杂性和功能都隐藏起来，这将影响未来的应用程序开发。在未来的多云环境下，应用程序的开发面临着信息在收集、处理和传输等方面产生的新挑战[93]。

4）物联网在工业领域的应用

文献 [94] 指出物联网在工业领域的应用涵盖了众多方面，如自动化、优化、可预测制造（manufacturing）、运输（transportation）等。制造是物联网在工业领域最大的市场，涉及软件、硬件、连通性和服务等。随着物联网的引入，由原料、工件、机器、工具、库存和物流等组成的工业系统构成了实施制造过程的生产单元，上述这些构件之间可以互相通信。物联网提供的连通性驱动了各项操作技术（operational technology，OT）的实际性能的收敛性，这里的操作技术包括机械手、传送带、仪表、发电机等。在整个制造过程中，传感器、分布式控制以及安全软件发挥着"胶水"的作用。当前，工业领域有远见的企业都将生产线和生产过程构建在物联网之上[95]。运输是物联网在工业领域的第二大市场。当前，在众多城市中涌现的智能运输网络能够优化传统运输网络中的路径、生成高效安全的路线、降低基础设施的开销和缓解交通拥堵。航空、铁路、城际货运公司能够集成海量的数据来对需求进行实时分析，实现统筹规划和优化操作。

1.3　大　数　据

随着物联网和云计算技术的发展，海量的数据以前所未有的速度从异构数据源产生，这些数据源所在的领域有医疗健康、政府机构、社交网络、环境监测和金融市场等。在这些景象的幕后，存在大量强大的系统和分布式应用程序来支持与数据相关的操作，如智能电网（smart grid）系统[96]、医疗健康（healthcare）系统[97]、零售业（retailing）系统[98]和政府（government）系统[99-100]等。在大数据的变革发生之前，绝大多数机构和公司都没有能力长期保存归档数据，也无法高效地管理和利用大规模的数据集。实际上，现有的传统技术能够应对的存储和管理规模都是有限的。在大数据环境下，传统技术缺乏可扩展性和灵活性，其性能也无法令人满意。当前，针对海量的数据集，需要进行清洗、处理、分析、加载等操作的可行性方案。业界的公司越来越意识到针对大数据的处理与分析是使企业具有竞争力的重要因素。

1.3.1　大数据的定义

1. 三类定义

当前大数据在各个领域的广泛普及使得学界与业界对大数据的定义很难达成一致。有一点共识是大数据不仅仅是指大量的数据。文献 [101] 通过对现有大数据的定义进行梳理，总结出三种对大数据进行描述和理解的定义。

1）属性型定义（attributive definition）

作为大数据研究与应用的先驱，国际数据公司（International Data Corporation，IDC）在戴尔易安信（DELL EMC）公司的资助下于 2011 年提出了如下大数据的定义[102]："大数据技术描述了技术与体系结构，其设计初衷为通过实施高速的捕获、发现以及分析，来经济地提取大量具有广泛类型的数据的价值"。该定义侧面描述了大数据的四个显著特征：数量（volume）、速度（velocity）、多样化（variety）和价值（value）。Gartner 公司的分析师道格·兰尼（Doug Laney）总结的研究报告[103]中给出了与上述定义类似的描述，该研究报告指出数据的增长所带来的挑战与机遇是三个维度的，即显著增长的数量、速度和多样化。尽管 Doug Laney 关于数据在三个维度的描述最初并不是要给大数据下定义，但包括 IBM[104]、微软[105]在内的业界在其后的十年间沿用了上述 3V 模型来对大数据进行描述。

2）比较型定义（comparative definition）

麦肯锡全球研究院（McKinsey Global Institute，MGI）2011 年给出的研究报告[106]将大数据定义为"规模超出了典型数据库软件工具的捕获、存储、管理和分析能力的数据集"。尽管该定义没有在具体的度量标准方面对大数据做出定义，但其引入了一个革命性的问题，即什么样的数据集才能够被称为大数据。此外，该研究报告还指出，大数据是具有大规模、分布式、多样性和/或时效性的数据，这些特点决定了必须采用新的技术架构和分析方法才能有效地挖掘这些新资源的商业价值。

3）架构型定义（architectural definition）

NIST 对大数据的描述为"大数据是指数据的数量、获取的速度以及数据的表示限制了使用传统关系数据库方法进行有效分析的能力，需要使用具有良好的可扩展性的新型方法来对数据进行高效的处理"[107]。

2. 3V

文献 [108] 将大数据描述为具有以下特征的数据："当数据的规模成为问题的一部分，并且传统的技术已经没有能力处理这样的数据"。文献 [109] 将大数据描述为具有以下特征的数据："数据的规模迫使学界和业界不得不抛弃曾经流行的方法去寻找新的方法"。文献 [110] 认为大数据是一个囊括了对潜在的超大数据集在合理的时间内捕获、处理、分析和可视化技术的范畴，并且传统的信息技术无法胜任上述要求。文献 [111] 指出，大数据的核心必须包含三个关键的方面：数量多、速度快和多样化，即著名的 3V。

1）数量

数据的数量又称为数据的规模，是指在进行数据处理时面对超大规模的数据量。目前，每时每刻都有海量的数据持续不断地从智能设备和应用中产生，如信息通信技术、智能手机、软件代码、社交网络、传感器以及各类日志。根据 McAfee 公司在 2012 年的估算[112]：在 2012 年度的每一天中，全球都产生着 2.5 艾字节①（ExaByte，EB）的数据，并且该数值约每 40 个月实现翻倍。同年，IDC 在 DELL EMC 公司的资助下预测全球的数据量将在 2020 年增长至 40 泽字节②（ZettaByte，ZB），实现 2010 年初数据量的 50 倍的增长[113]。2017 年，IDC 在希捷（Seagate）公司的资助下预测全球的数据量将在 2025 年增长至 175ZB[114]。

2）速度

数据的速度是指在进行数据处理时面对具有高频率和高实时性的数据流。高速生成的数据应及时进行处理，以便提取有用的信息和洞察潜在的价值。文献 [115] 指出，全球知名的折扣连锁店沃尔玛（Wallmart）基于消费者的交易每小时产生 2.5PB 的数据。视频分享类网站（例如优酷、爱奇艺等）则是大数据高频率和高实时性特征的另一个例证。

3）多样化

数据的多样化是指在进行数据处理时面对的具有不同语法格式的数据类型。随着物联网技术与云计算技术的普及，海量的多源异构数据从不同的数据源以不同的数据格式持续地产生，典型的数据源有传感器、音频、视频、文档等。海量的异构数据形成各种各样的数据集，这些数据集可能包含结构化数据、半结构化数据、非结构化数据，数据集的属性可能是公开的或隐私的、共享的或机密的、完整的或不完整的等。

---

① 1 艾字节 = 2^{60} 字节。

② 1 泽字节 = 2^{70} 字节。

3. 5V

文献 [116] 和文献 [117] 指出，随着大数据理论的发展，更多的特征逐步被纳入考虑的范围进而对大数据做出更好的定义。例如，想象（vision）、验证（verification）、证实（validation）、复杂性（complexity）、不变性（immutability）等，这里想象是指一种目的，验证是指经过处理后的数据符合特定的要求，证实是指前述的想象成为现实，复杂性是指由于数据之间关系的进化，海量数据的组织和分析均很困难，不变性是指如果进行妥善的管理，经过存储的海量数据可以永久保留。文献 [118] 给出了描述大数据的五个关键特征（即 5V）：数量、速度、多样化、准确性（veracity）和价值（value）。5V 中前三特征与 3V 一致，下面介绍余下的两个特征——准确性和价值。

1）准确性

在商界，决策者通常不完全信任从大数据中提取出的信息，而是会进一步对信息进行加工和处理，然后做出更好的决策。如果决策者不信任输入数据，那么输出数据也不会获得信任，这样的数据不会参与决策过程。随着大数据日新月异的规模和多样化的形势，如何更好地度量和提升数据可信度成为一个研究热点。

2）价值

一般来说，海量的数据具有价值密度低的缺点。如果无法从数据中有效地提取出潜在的价值，那么这些数据在某种程度上就是没用的。数据的价值是决策者最关注的方面，其需要仔细、认真的研究。目前，已经有大量的人力、物力和财力投入到大数据的研究和应用中，这些投资行为都期望从海量数据中获得有价值的内容。但是，同样的数据集对于不同的机构和不同的价值提取方法，产生的价值差异可能很大，即投入与产出并不一定成正比。因此，对大数据价值的研究需要建立更加完善的体系。

1.3.2　大数据的来源

当今世界，大数据无处不在，它已经深入影响到了人们的工作、生活和学习，并会在未来持续施加更大的影响。既然大数据在人们生产和生活的各个领域均具有十分重要的地位，那么海量规模的数据的来源是什么呢？目前，最常见的来源是智能手机。随着智能手机的普及，运营商和应用软件开发商能够采集到大量的数据。文献 [119] 指出，智能手机上的应用程序通过手机的硬件平台与用户进行交互，因此具有多个传感器的智能手机是大数据的重要来源之一。此外，由于越来越多的人开始使用互联网进行信息的搜索和传递，互联网也成为大数据的一个重要来源。通过搜索引擎、社交系统和社交媒体等媒介，可以收集到来自全球各个领域的大量数据。鉴于个人移动通信设备的私密性，对于企业来说，智能手机所具有的数据在隐私性价值方面要优于互联网上的数据。在日常生活中，人们进行刷卡交易时也会产生大量交易数据。此外，各种机械设备和系统（如智能家电）也是大数据的主要来源。

绝大多数企业使用大数据的目的是进行分析。然而，在从大数据中洞察信息和获取价值之前，必须要能够访问大数据的来源或者自身拥有大数据的来源。由于大数据有多种不同的存在形式，因此对其来源的分析和研究能够避免相关处理工作中对各类资源的浪费。

1. 基于可用性和相关性的大数据来源分类

文献 [120] 从可用性（usability）和相关性（relevance）的角度出发，给出了大数据的五大主要来源，具体如下。

1）媒体（media）

由于媒体能够提供关于消费者偏好以及相关领域变革的趋势，因此通常认为媒体是最受各类企业欢迎的大数据来源。媒体的自传播性能够跨越任何物理的和逻辑的障碍，它是企业和组织获取目标用户概貌和详情的最快方式，进而能够实施用户画像来提供决策支持。媒体包含社交媒体（social media）和交互平台（interactive platform），例如国外的谷歌、脸书（Facebook）（2021 年更名为 Meta）和推特，国内的百度、人人网和微博等。此外，还有常规的传统媒体诸如图像、音频和视频等。上述媒体均能够给出关于用户交互过程的定性的和定量的价值信息。

2）云（cloud）

随着云计算的普及，绝大多数企业已经将它们所拥有的数据迁移到云平台上。由于云平台的存储空间可以很方便地进行大规模的扩容，因此对于普通用户来说，云存储的空间可以认为是足够使用的。这样的话，与企业相关的各项活动所涉及的各类数据均能够放在云端。基于云平台强大的计算能力，企业能够获得针对具体数据分析需求的实时性结果。由于云计算具有较高的灵活性和可扩展性，且数据能够存放在公有云和私有云上，那么云是一个高效而且经济性较高的大数据来源。

3）万维网（World Wide Web，WWW）

万维网贡献了分布最为广泛且最易获得访问的大数据。万维网上的数据通常都可以由个人和企业自由地获得。此外，知识仓库类的网络服务能够给所有人提供免费的和快捷的信息服务，如维基百科（Wikipedia）。万维网的巨大体量确保了其多样化的可用性，这对于初创型（start-up）企业以及中小型企业（small and medium-sized enterprise，SME）是大有裨益的。万维网使得它们无须研发和建设自有的大数据基础设施，就能够提前对大数据进行比较充分的利用。

4）物联网

机器产生的（machine-generated）内容以及由物联网生成的数据是非常有价值的大数据来源。这类数据通常都是由与电子设备相连的传感器产生的。一般来说，这类数据源提供实时的高精度数据的能力依赖于传感器的性能。物联网在大数据领域迅猛发展的势头不仅仅体现在个人计算机和智能手机上，而是几乎体现在任何能够发出数据的设备上。借助于物联网，数据能够从医疗设备、交通控制过程、音频/视频、仪器仪表、摄像头以及家用电器等众多源头产生。

5）数据库

数据库作为管理数据的经典工具，在大数据时代依然占据很重要的地位。如今的企业偏好于使用传统数据库和现代数据库的融合机制来获取感兴趣的大数据。这种融合理念推动了混合（hybrid）数据模型的构建。此外，相应的融合机制对投资和信息技术基础设施的要求较低。融合机制所对应的数据库能够为若干个商业智能（business intelligence）需求提供服务。

针对繁多大数据来源，提取和分析数据的过程可能会非常复杂。通常，这类过程的设计与实现需要投入大量的人力、物力和财力。此外，这类过程的具体执行是比较耗时的。要解决上述这些问题，企业需要将与大数据相关的事务考虑周全，将相关的数据源以符合企业既定目标的合理形式进行部署和管理。

2. 基于用户目的大数据来源分类

文献 [121] 针对社交和经济领域的大数据来源以及相关的分析方法进行了阐述。基于用户的目的，将社交和经济大数据的来源分为以下五类。

1）信息搜索（information search）

用户旨在寻找感兴趣主题的相关信息，如搜索引擎。

2）交易（transaction）

用户与人或者机器进行交互，并达成一致。由用户提出需求，通过经济交换或者非经济补偿获得产品或服务。从用户角度而言，数据的产生是主动的。

（1）金融交易（financial transaction）。用户通过支付行为来获得产品或者服务，如线上购物。

（2）非金融交易（non-financial transaction）。用户通过提供信息来获得产品或服务，如电子政务和线上招聘。

3）信息扩散（information diffusion）

用户旨在实现信息或者知识的扩散。通常涉及市场化的目的，如构建用户本人或者雇主的公众形象。

4）社会交互（social interaction）

用户想要与其他人共享信息、想法和理念，如社交网络网站和应用程序。

5）非故意的（non-deliberate）行为

用户并没有由自身的行为来产生数据的初衷，但是这些行为确实通过某些方式产生了数据。

（1）使用（usage）。使用任何设备所产生的数据，这些数据记录了设备是何时、何地以及如何使用的，如浏览网页后的缓存文件（cookie）。

（2）位置（location）。智能手机的使用通常会生成与用户位置密切相关的数据，如 GPS 坐标和 Wi-Fi 接入点。

（3）个人资料（personal profile）。姓名、年龄和性别等个人信息通常会在人们有意识的情况下生成，如填写表格来完成某项事务时。收入水平、性格类型和习惯偏好等个人信息会在人们无意识的情况下生成，如浏览在线购物网站时。

对于信息搜索、交易、信息扩散以及社会交互，从用户角度而言，数据的产生是主动的（active）。相反地，对于非故意的行为，从用户角度而言，数据的产生是被动的（passive）。

1.3.3 大数据的类型

甲骨文（Oracle）公司在文献 [122] 中从实际应用的角度给出了大数据的分类，该分类方法不仅在大数据领域的早期研究中具有重要的地位[123-126]，近年来依然有文献沿用这个分类进行相关的研究[127-128]。具体来说分为三类：传统的企业数据（traditional enterprise data）、机器产生的/传感器数据（machine-generated/sensor data）和社交数据（social data）。传统的企业数据包括客户关系管理系统中的客户数据、企业资源计划系统中的数据、线上商城的交易数据、收支账务数据以及各类库存数据等。机器和传感器产生的数据包括通话详细记录（call detail record，CDR）、仪器仪表的度数、各类传感器数据、设备日志等。社交数据包括客户反馈、公司官方渠道数据（如网站、博客和移动端应用程序等）。

从理论与技术角度来看，大数据领域的研究者近年来大多面向"结构"（structure）这个术语对大数据进行分类[129]。具体来说分为三类：结构化数据（structured data）、非结构化数据（unstructured data）和半结构化数据（semi-structured data）。这里，结构这个术语的表述和内涵是比较模糊的。所谓的结构，没有进行正式的定义，什么是结构？这个问题可以有很多种隐含的答案。对于非结构化数据这个术语来说，上述问题就更加显著。在实际场景中，即使是具有某种形式的结构化数据，依然可以被刻画为非结构化的，尤其是当它的结构对于现有的数据处理任务几乎没有任何帮助时。非结构化的信息可能具有某些结构（如半结构化），或者甚至可能是高度结构化的，但是其结构化的形式是无法预测的（unanticipated）或者是未发布的（unannounced）。此外，文献 [130] 在上述三个类别的基础上又增加了一类：准结构化数据（structure-to-be data）。这类数据带有不规则的数据格式，但是可以通过工具进行规则化（如可能包含不一致的数据值和格式的网页点击流数据）。

1. 结构化数据

结构化数据也称为关系数据或行数据[131]。这类数据具有预先定义的数据模型，可以通过二维表结构来实现逻辑表达。结构化数据通常具有清晰的格式规范，最常见的存储和管理工具是关系型数据库。因此，结构化数据通常是为了描述不同实体间的关系而存在的。现代企业管理中使用到的 ERP 系统和 CRM 系统中的数据就是结构化数据。这类数据是人们最早进行认知的，也是最为大众所熟知的。结构化数据具有良好定义的结构，可以基于字符串对其进行索引，能够方便地进行存储、访问、查找、更新和删除。使用经典的统计学方法和数据挖掘方法均可以很容易地从结构化数据中提取到知识。诸如数据仓库等的商业智能活动可以容易地实施。当数据量超出某个阈值时，数据存储的容量扩展操作能够很好地确保数据的一致性。由于结构化数据本身具有简单、清晰的逻辑结构，因此对结构化数据进行处理的理论与方法已经形成一系列完备的流程与模型。

2. 非结构化数据

非结构化数据也称为非结构化信息[132-133]。这类数据不具有预先定义的数据模型或者没有以预先定义的方式进行组织。非结构化信息通常包含较多的文本内容，但其包含的非文本内容导致的不规则性（irregularity）和歧义性（ambiguity）使得对于传统的应用程序来说，非结构化数据要比常规数据难以理解。这里常规数据可以认为是保存在数据库内区域化表格中的数据或文档中经过标记的 [具有语义标签的（semantically tagged）] 数据。

早在 1998 年，文献 [134] 就指出，非结构化数据构成了常规组织机构内的大部分数据，通常其占比高达 80%。尽管 80% 这个数据的出处无法溯源，但其被文献 [135] 认可且深入研究。此外，文献 [117]、文献 [136] 和文献 [137] 给出了类似的或者高于该数值的非结构化数据占比。

文献 [138] 指出商业智能方面的早期研究实际上是关注于非结构化文本数据的，而不是数字数据，而且早期的计算机科学家对于非结构化文本的信息提取和分类是很感兴趣的。然而，直至 21 世纪初，技术领域的发展才勉强满足了人们的研究热情。在 2004年，赛仕（Statistical Analysis System, SAS）软件公司推出了 SAS 文本挖掘器（SAS Text Miner），该软件使用奇异值分解（singular value decomposition, SVD）对高维文本空间进行降维，进而实现更高效的分析[139]。文本分析（text analytics）在数学和工程技术领域的发展使得大量的商业事务进入了研究者的视线，引发了情感分析（sentiment analysis）、客户语音数据挖掘和呼叫中心优化（call center optimization）等方面的变革[140]。文献 [141] 指出，大数据及其相关技术的出现使得研究者对非结构化数据分析的应用领域产生了浓厚的兴趣，例如预测分析（predictive analytics）和根本原因分析（root cause analysis）[142-143] 方面相继取得进展。

对于非结构化的数据，如数据挖掘（data mining）、自然语言处理（natural language processing）以及文本分析等技术提供不同的方法来寻找数据中存在的模式（pattern），或者对数据进行解释（interpret）。为文本构建结构的常见方法基于元数据（metadata）的人工标记（manual tagging）和词性标记（part-of-speech tagging）来实施进一步的基于文本数据挖掘的结构构建。非结构化信息管理体系结构（unstructured information management architecture, UIMA）标准提供了一个通用的非结构化数据处理框架，其能够提取含义和创建结构化的数据[144]。

创建机器可处理的结构的软件能够利用存在于所有人类通信形式中的语言的（linguistic）、听觉的（auditory）和视觉的（visual）结构[145]。通过检查单词的词法（morphology）、句子的语法（syntax）以及其他微小但大规模出现的模式，合适的算法能够将文本中内在的结构推断（infer）出来。非结构化的信息经过丰富和标记后能够处理歧义性。基于关联（relevancy）的技术能够为后续的查找和发现提供支持。常见的非结构化数据有著作、杂志、文档、元数据、健康记录、音频、视频、模拟（analog）数据、图像、文件以及非结构化的文本（如电子邮件正文和网页）。当需要传递的主要内容不具有预先定义的结构时，通常将其打包进对象（objects）中，如文件或者文档。由于这些对象具有预先定义的结构，这样就获得了结构化数据与非结构化数据的混合体。尽管这样的混合体能够为数据分析提供一些便利，但它们依旧被称为非结构化数据[146-147]。例如，大多数由超文本标记语言（hypertext markup language, HTML）编写的网页都是经过标记的，但是超文本标记通常仅用来在网页显示时进行渲染。因此，超文本标记无法捕获被标记元素的含义或功能，也就无法支持网页中信息的自动化处理。尽管可扩展的超文本标记语言（extensible hypertext markup language，XHTML）中的标记能够支持对元素的处理，但是可扩展的超文本标记无法捕获或者传递被标记元素的语义。对于电子文档中的非结构化数据，通常使用内容或文档管理系统对全部文档进行整理，而尽量不在文档内部进行数据转移和其他操作。上述类型的管理机制能够提供向文档传递结构的方法。例如，搜索引擎是一类对电子文档进行索引和查找的强大工具，尤其对于文本数据。

在自然语言处理研究领域，人们研发了特定的计算工作流来给文本文档中包含的非结构化数据施加一定的结构。这些工作流通常被设计为用来处理海量的（如百万量级）文档，这样规模的文档是人工标记方法无法胜任的。大多数工作流方案是基于在线分析处理（OLAP）的，或者是基于特定数据模型的 [如文本立方体（text cube）][148-149]。一旦基于数据模型获得文档的元数据，通过执行基于短语的（phrase-based）方法能够生成文档的子集 [如文本立方体中的子立方块（cell）] 的概要信息[150]。

在生物医学研究领域，从众多研究者发表的学术成果上来看，该领域的研究是非结构化数据的一个重要来源。通常，该领域内复杂难懂的专业技术词汇和学科性常识需要十分全面的上下文理解能力。尽管从该领域的文档中获取结构性元素是比较有挑战性的，但是所获得的结果能够在一定程度上反映专业技术性文档与实际应用场景的联系[151-152]。此外，能够给出一些新型疾病治疗方案的可能线索[153-154]。针对生物医学领域的文档，经典的结构构建方法有自组织映射（self-organizing map）[155]、通用的无监督算法（unsupervised algorithm）[156] 以及实例化 OLAP 工作流（case OLAP workflow）[150]。自组织映射方法能够识别不同文档中的各类主题。实例化 OLAP 工作流方法能够确定生物医学文献中蛋白质名称与心血管疾病之间的关联[157]。实例化 OLAP 以一种精确的、一致性的（高可复现的）、高效的方式识别并定义了短语类别之间的联系，该类方法提供了很强的易用性，为生物医学领域的从业者提供了短语数据挖掘工具。

3. 半结构化数据

半结构化数据是介于结构化数据与非结构化数据之间的数据类型，通常是指无法保存在关系数据库中，但又具有一定程度结构特性的数据，且这些结构特性使得对数据的分析更加容易[158]。通过对半结构化数据进行处理，能够将处理后的结果存储在关系数据库中。对于不同类型的半结构化数据，处理的难易程度有很大的差别。

4. 三类数据的区别

从结构化数据到半结构化数据，再由半结构化数据到非结构化数据，对数据进行分析越来越难，所对应的分析方法也越来越复杂。针对结构化数据的分析方法和工具十分丰富，但是研究非结构化数据的方法和工具仍然处在初期发展阶段。随着信息技术的发展，越来越多的数据难以用特定的关系展现出来。物联网技术的广泛应用使得萌芽于互联网的非结构化数据及其应用逐步成为学术界和产业界关注的首要热点，对非结构化数据的研究和应用是大数据领域的重要研究方向。基于非结构化数据产业链条上的任何一环,都能够孕育出新兴的技术与产业发展模式,进而催生出促进社会经济发展的新赛道。因此,从计算机科学的角度而言,如何对非结构化数据进行挖掘,进而最大程度地提取其中蕴含的信息,是当前亟待解决的问题。表 1.3 给出了三类数据的区别,其中 XML 和 RDF 分别指可扩展标记语言(extensible markup language)和资源描述框架(resource description framework)。

表 1.3　三类数据的区别

属性	结构化数据	半结构化数据	非结构化数据
技术	基于关系数据库表	基于 XML/RDF	基于字符和二进制数据
事务管理	成熟的事务和多样化的并发技术	由 DBMS 改编而来的不成熟的事务	没有事务管理和并发
版本管理	在元组、行、表上进行	在元组和图上进行是可能的	版本是一个整体
灵活性	是依赖于模式的(不灵活)	介于结构化数据和非结构化数据	不存在模式(最灵活)
扩展性	数据库的模式很难扩展	比结构化数据易于扩展	最容易扩展
健壮性	非常健壮	健壮性一般	健壮性最差
查询性能	允许组合的结构化查询	匿名节点的查询是可能的	只有文本查询是可能的

1.3.4　大数据带来的挑战

1. 大数据的处理及应用

大数据的处理及应用是一个庞大的系统工程,其中包含很多复杂的环节。大数据领域的很多初学者容易犯的一个错误就是把注意力仅仅集中在对数据的分析和价值提取上。尽管该步骤的重要性与研究价值不言而喻,但是没有其他环节之间的协作,数据分析和价值提取是无法进行的。

文献 [159] 将大数据的处理及应用划分为五个阶段:数据获取(data acquisition)、信息提取和清洗(information extraction and cleaning)、数据聚合与表示(data aggregation and representation)、建模与分析(modeling and analysis)和解释(interpretation)。

1)数据获取

数据不是凭空产生的,而是对研究者所感兴趣的现象的记录。例如,数据可以是人类对周围世界的感知和观察:运动员跑步时与静息状态下的心率、空气中的 $PM_{2.5}$ 指数、计算机操作系统和网站上的用户登录日志、各种各样传感器记录的信息、科学实验得到的结果等。绝大多数上述数据可以进行一定程度的过滤,过滤后的结果并不影响研究者对所感兴趣的现象的认知。在数据获取阶段,由于原始的数据量过大,如何定义过滤规则使有用的信息得以保存是一个研究热点。例如,由传感器收集的数据通常具有时空相关性,如果某个读数与其他的不同,通常可以认为这个读数是错误的,但是反过来说,如何又能确定该读数不是反映的实际情况呢?

2)信息提取和清洗

在大多数情况下,收集到的原始数据在内容和格式上都不能直接进行分析。实际生活中的数据通常都不能在抛开其格式的情况下实施有效的分析,例如病人的电子医疗档案、各类传感器的读数、音频和视频数据等。因此，需要针对所处理的数据设计信息提取的具体方法。此外，由于数据源本身可能出错，并且传输环境中不可避免地存在干扰和噪声，需要对数据中包含的错误进行分析和建模，有针对性地研发数据清洗方法。实际应用中的数据清洗方法大多与数据源和具体应用有很强的相关性。

3）数据聚合与表示

为了对采集到的数据实施有效的分析，通常需要大量来自多个数据源的异构数据。例如，对某个地区的空气质量进行综合性评估时，不仅需要收集常规的温度、湿度、风力、降水量、各类污染物指数等数据，还要获取往年的同比数据和当月或当日的环比数据。这些数据的来源不仅包括不同种类的传感器，还包括已经保存在存储介质上的数据集，因此需要专门的数据转换和聚合机制来处理各类数据在结构和语义上的异构性。解决了异构性后得到的聚合数据能够按照统一的标准进行解释，这里的标准是指符合具体应用的分析需求。

4）建模与分析

针对大数据进行查询和挖掘的方法与传统的统计分析存在本质上的不同。大数据通常都含有噪声，并且具有动态性、异构性、内联性和不可信性。尽管如此，包含噪声的大数据仍然比小样本的数据更有价值，这是因为由频繁出现的模式和相关性分析得出的统计信息通常都能够抑制单个数据的波动，并且能够更加可靠地揭示数据中潜在的模式和知识。因此，通过应用合适的统计方法，研究者能够通过近似分析（approximate analysis）获得较好的结果。

5）解释

针对已经获得的数据分析结果，决策者需要对其进行解释。一般来说，解释的过程涉及检查所有假设并跟踪分析结果。此外，由于计算机系统本身的故障、模型的前提假设等原因，不可避免地会引入错误数据。决策者不仅需要对计算机给出的分析结果进行理解，同时还需要对结果进行检验。因此，大数据处理机制的设计者需要在解释阶段给用户呈现出友好的界面。由于大数据本身具有的复杂性，如何将数据分析的结果进行友好呈现是一个研究热点。

2. 大数据研究与应用的挑战

目前，学界和业界投入了大量的资源来实现对大数据的价值提取。在对大数据进行处理和分析的过程中，研究者总结出众多具有挑战性的难点。文献 [159] 认为大数据的研究与应用面临六个方面的挑战：异构性（heterogeneity）、不一致性和不完整性（inconsistency and incompleteness）、扩展性（scale）、及时性（timeliness）、隐私与数据所有权（privacy and data ownership）和可视化与协作（visualization and collaboration）。在上述六个方面中，异构性、扩展性和及时性分别对应多样化、数量和速度这三个大数据的关键特征。

数据科学领域的研究者在研究和处理大数据的过程中面临诸多挑战，其中之一为如何以更少的软硬件需求对分布式数据源产生的海量数据进行收集、集成和存储[160-161]。文献 [162] 认为大数据的理论与技术的难点主要集中在数据的获取、存储、查找、共享、分析、管理和可视化。此外,针对数据驱动的分布式应用,数据的安全和隐私保护也是一个难点。具体来说,大数据的研究与应用面临六个方面的挑战:大数据管理(big data management)、大数据清洗(big data cleaning)、大数据聚合(big data aggregation)、非均衡的系统处理能力(imbalanced systems capacities)、非均衡的大数据(imbalanced big data)和大数据分析(big data analytics)。

1)大数据管理

为了更好地实现可靠的价值提取,需要对大数据进行高效的管理。实际上,良好的大数据管理是大数据分析的基石。常规的数据管理包含数据清洗、数据集成、多源数据的统一编码及存储。此外,大数据管理还意味着确保高效的数据存储以及基于角色的分布式端点多点接入。换言之,大数据管理的目标是确保数据以合适的方式安全地进行存储,同时方便地进行访存。

2)大数据清洗

在传统的数据管理机制中,清洗、聚合、编码、存储和访存这五个环节就已经存在了。对于海量数据来说,如何应对大数据的本质特征(3V)所带来的复杂性,并将数据在拥有多个应用程序的分布式环境下进行处理是大数据清洗所面临的挑战[163]。

3)大数据聚合

对于政府机构和商业组织而言,其内部存在特定的基础设施结构,如何将外部的各类数据源和分布式数据平台(应用程序、数据仓库、传感器和网络等)与内部的基础设施结构进行同步是一个重大挑战。在大多数情况下,仅仅分析一个组织内部产生的数据是远远不够的。为了从数据中提取到更多的价值,需要将内部数据与外部数据进行聚合。外部数据通常包含第三方数据源、金融市场的波动、天气预报、交通状况、社交网络、消费者评价和市民反馈等。对于某些特定的应用场景,上述外部数据能够提供额外的支持,如提升数据分析阶段所使用的预测模型的性能。

4)非均衡的系统处理能力

根据摩尔定律,中央处理器(central processing unit,CPU)的性能每 18 个月就实现翻倍。此外,磁盘驱动器的性能也以相同的速率增长。但遗憾的是,输入/输出(input/output,I/O)操作的性能增长并没有遵循类似的模式,例如随机的输入/输出操作在以中等的速度进行增长,而时序(sequential)输入/输出操作的速度并没有随着存储密度的增加而表现出较快的增长[164]。因此,上述非均衡的系统处理能力会降低数据访存的速度,进而影响相关应用程序的性能和可扩展性。类似地,对通信网络中的设备进行梳理,很容易发现不同的路由器、通信链路、传感器、磁盘和内存等构件均具有不同的性能,它们之间的协作在整个系统层面通常都不具有较高的性能。

5)非均衡的大数据

一般来说,真实世界中的应用程序会产生具有不同分布情况的数据。第一类为个数可以忽略的、代表性不足的样本,也称为少数类或正类(minority or positive class)。第二类为个数很多的样本,也称为多数类或负类(majority or negative class)。对少数类进行快速高效的识别在众多领域都具有十分重要的意义,如医疗诊断(medical diagnosis ）[165]、软件缺陷检测（software defects detection ）[166]、金融预测（finance pre-diction ）[167]、药品研发（drug discovery ）[168] 和生物信息学（bio-informatics ）[169] 等。

由于传统的学习方法在构造模型时是给予全局查找策略的，并没有考虑样本的个数，因此无法应用于非均衡的大数据集合。实际上，全局规则通常都比特定规则具有更高的优先级，这会导致少数类在某型的构造过程中被忽略掉。换言之，标准的学习方法没有对属于不同类的样本的个数差异进行考量[170]。然而，代表性不足的少数类可以构成进行识别的重要案例。文献 [171] 指出，实际应用场景中的很多问题通常都包含多于两个的不均匀（uneven）分布，如蛋白质折叠（protein fold）分类和焊接缺陷（weld flaw）分类。上述多类的非均衡问题引入了两类分类问题中未曾关注到的新挑战。实际上，处理多分类问题比两类分类问题要难。目前已有的方法分为两类：第一类对一些二分类问题的分类方法进行扩展，如判别（discriminant analysis）、决策树（decision trees）、k 最近邻（k-nearest neighbors）、朴素贝叶斯（naive Bayes）、神经网络（neural network）和支持向量机（support vector machine，SVM）；第二类称为分解和集成方法（decomposition and ensemble method，DEM），该类方法首先将多分类问题分解为二分类问题的集合，这些二分类问题可以通过传统的二分类器来解决，然后通过对二分类器的预测应用集成策略将新的样本进行分类[172-173]。

6）大数据分析

为了理解大数据中各项特征的内在联系，需要有针对海量数据的新型分析方法。数据分析能够提取出数据中的潜在价值，此外能够对影响决策的积极因素和消极因素实施模式监测。对于特定领域的数据驱动的应用，还需要进行实时（real-time）分析，如导航（navigation）、社交网络（social network）、金融预测、生物医学（biomedicine）、天文学（astronomy）和智能交通系统（intelligent transport system）等。因此，需要新型的算法和高效的方法来对数据实施分析，进而获得准确的结果，达到监测变化和预测未来的目的[174]。但是，由于大数据本身的复杂性以及内在特征（5V），面向海量异构数据且具有实时响应性的数据分析方法是大数据研究领域的一个难点[175]。

目前流行的数据分析技术包括数据挖掘、可视化、统计分析和机器学习。从某种角度来说，数据分析领域的研究分为两类：一类是对已有的技术进行改进，从而提出新的方法；另一类是对不同的算法和技术进行组合，进而测试其性能。大数据的出现不仅推动了系统体系结构和软硬件的发展，同时对数据分析方法也提出了新的挑战。例如，当数据量十分客观时，如何保证数据分析过程中响应的及时性。

1.3.5 大数据技术

1. 大数据处理

文献 [176] 指出，数据科学（data science）涉及了通过原理、过程以及技术理解特定现象的自动化数据分析。从某种程度上说，数据科学的终极目标是改进决策支持，这在商界通常是最重要的。随着信息通信技术的发展，普通民众对各类媒体的印象各不相同，人们通常认为的大多数的数据处理实际上并不属于数据科学的范畴。数据领域的工程（engineering）和处理（processing）是数据科学得以开展的前提。具体来说，数据领域的工程和处理包含了大量的大数据技术，这些技术的进化和相互作用充实了数据科学的内涵和外延，造就了自动化的、由数据驱动的决策。

文献 [177] 首先给出了大数据的概念，其次阐述了大数据分析以及大数据分析的有益之处，然后给出了进行成功的大数据分析的必备条件，最后讨论了大数据领域的隐私保护。要实现成功的大数据分析，首先需要获得执行支持和赞助，这与大多数常规的分析类项目相同，如商业智能[178-179]。大数据分析的前提条件与常规分析类项目的主要区别如下。

1）清晰的商业需求

众所周知，潜在的项目应当是商业性质的，而并非技术驱动的。完成一个项目就是满足具体的商业需求，如解决一个具体的问题或者尝试抓住一个机会。文献 [180] 指出，在大多数商业机构和组织中，最初的大数据分析需求关注以消费者为导向的目标，使用已有的和新近获得的内部数据来构建与消费者的良好关系，进而改进商业运行模式、改善消费者的体验。针对上述观点，文献 [181] 指出成功的大数据分析倡议应当始于具体的或严密定义的目标集合，而不应当采用边走边看的方法在构建模型的过程中逐步探索可能出现的结果。文献 [182] 对大数据分析在不同产业领域的应用案例进行了罗列，具体如下。

（1）汽车保险（automobile insurance）[183]：价格调整、客户风险分析和欺诈检测等。

（2）电信技术（telecommunications）[184]：跨社交网络的服务模式分析、消费者社交网络的盈利状况和客户流失最小化（churn minimization）。

（3）制造、分发和零售（manufacturing, distribution and retail）[185]：跟踪货架可用性，评估促销展示的影响，评估促销活动的有效性、库存管理、价格调整和点击量分析。

（4）交通和物流（transportation and logistics）[186]：实时的车队管理和 RFID 资产跟踪。

（5）公共事业（utilities）[187]：分析智能电网数据来确定可变的价格模型，分析海量智能仪表的数据来预测能源需求、定制化的资费方案。

（6）游戏行业（gaming）[188]：分析游戏体验来给游戏研发者提供反馈，游戏中的增值服务推销机遇。

（7）执法机关（law enforcement）[189]：分析人与人之间的关联来识别出潜在的、容易制造麻烦的群体，确定个体或组织的位置。

2）强大且坚定的资助

没有强大的资助，任何 IT 项目都难以获得成功，大数据分析项目也不例外。如果项目在企业中是部门级别的，那么通常由独立的部门基尼向那个资助。如果项目的战略意义重大，涉及整个企业，那么应当得到高级管理者的支持。文献 [180] 指出，在企业接纳大数据的初期，首席信息官（chief information officer，CIO）通常主导了所需的经费，随着相关技术基础设施的逐步完善，企业从上到下均认识到大数据带来的商业价值之后，资助转变由涉及特定功能需求的主管来决定，如首席营销官（chief marketing officer，CMO）、首席财务官（chief finance officer，CFO）和首席执行官（chief executive officer，CEO）。

3）商业活动与分析策略的匹配

在实施大数据分析项目前，务必要确定其所支持的商业战略。这也是绝大多数大数据分析项目是由商业决策决定，而不是由 IT 部门决定的原因。对于基于分析的商业组织来说，实际上商业活动和分析策略是相辅相成缺一不可的。如果没有分析与相应的决策，商业战略是不可能获得成功的。在这方面，在线零售商巨头是最佳的典范，如淘宝、京东、当当网和亚马逊。为众人所熟知的分析案例是产品推荐，当消费者浏览零售商的网站时，推荐引擎将消费者输入的查找关键字、历史点击情况、购物车内容分析、在其他店铺的历史消费情况和当前产品性价比等进行综合考量，然后给用户推送最容易达成交易的产品名目。不为公众所熟知的商业智能应用包括报表（reporting）、数据实时监测（dashboard）、记分卡（scorecard）、需求预测（demand forecasting）、价格调整（pricing）、产品返修分析（product return analysis）、细分市场分析（market segmentation analysis）、营销活动管理（campaign management）和搜索引擎优化（search engine optimization）。

一般来说，通过大数据分析来挖掘商业价值的方法主要有以下四种。

（1）对客户群体进行细分，基于分析结果为每个群体提供定制化的服务。

（2）对现实环境进行模拟，在发掘新需求的同时提高投资的回报率。

（3）加强不同部门之间的联系，进而提高管理链条和产业链条的效率。

（4）从多个角度降低服务成本，探寻隐藏的线索来进行产品功能的升级和服务模式的创新。

4）基于事实的决策文化

机构或者组织要从大数据分析中获益，那么其所做的决定必须基于"事实"（即由分析产生的结果）。此外，必须持续进行验证来确定怎样做才是最好的。一般来说，改变如何进行决策的文化要比解决技术问题更具有挑战性。例如，奥克兰竞技体育（Oakland Athletics）和比利·比恩（Billy Beane）经理的故事[190]，为了推行新的分析方法，比恩不得不挑战拥有多年棒球经验的反对者的权威和影响力。现在，每个竞技体育团队都依赖大数据分析来做各类决定，例如在美式足球中什么时候做出两分转换（two-point conversion）。

5）优秀且强大的数据基础设施

数据对商业智能和分析来说是至关重要的。当拥有优秀且强大的数据基础设施时，各类应用程序通常可以在数天内研发完成。相反地，缺乏良好的数据基础设施会导致应用程序的研发无法进行。一般来说，IT 部门十分清楚数据基础设施的重要性，但其他部门通常默认数据基础设施是已有的，并且不乐于协助提供需要创建和维护数据基础设施所需的各类资料。优秀且强大的数据技术设施涵盖了如下要点：技术革新（technology advance）、数据仓库（data warehouse）、数据集市应用程序（data mart application）、分析沙盒（analytical sandbox）、内存中的分析（in memory analytics）、数据库中的分析（in-database analytics）、列式数据库（columnar database）、流式处理引擎和复杂事件处理引擎（streaming and complex event processing engine）、基于云的服务（cloud-based service）、Hadoop 和 MapReduce、非关系数据库（non-relational database）以及平台的选择和集成（platform selection and integration）。

6）正确的分析工具

尽管传统的商业智能供应商宣称他们的产品支持数据挖掘和数据预测两方面的分析，但实际使用过程中的情况通常不能令人满意，例如将数据进行简单的分割、转化和可视化并不是数据挖掘。数据挖掘需要使用包含有复杂算法和过程的软件工具，这些复杂算法和过程的设计初衷就是为了寻找数据中隐藏的关系。在分析软件领域，统计分析系统（statistical analysis system，SAS）[1]和统计产品与服务解决方案（statistical product and service solutions，SPSS）[2]是这方面的先驱。统计分析系统是由多个专业模块构成的，如数据的访问、存储、分析、报表、图形、预测等。这些模块共同支持以数据为中心的四大任务：数据访问、数据管理、数据呈现和数据分析。统计产品与服务解决方案在 2000 年之前的名称为社会科学统计软件包（statistical package for the social sciences，SPSS）。目前，统计产品与服务解决方案的研发由 IBM 公司主导，其具有完善的数据输入、分析、报表等功能，具有完善的数据接口以及功能模块。同类的统计分析产品还有 RapidMiner[3]、Minitab[4]、R[5]和 GNU PSPP[6]等。

7）优秀的分析人员

尽管大数据分析的主要环节和操作目前都实现了自动化，具有扎实专业基础知识以及从业经验的分析师仍然必不可少。文献 [191] 指出，在大数据分析与应用的领域，数据科学家和终端用户之间必不可少的连接纽带就是数据分析师。一般来说，数据分析师分为两类：商业智能分析师（business intelligence analyst）和企业分析师（enterprise analyst）。商业智能分析师隶属于商业智能分析部门，其面向整个组织架构进行工作。企业分析师在各个部门从事数据分析工作，如策划与运营部、市场部和后勤部等。商业智能分析师通常对整个组织架构的数据以及相关数据分析工具的认知要优于企业分析师。例如，商业智能分析师可以设计和实现企业范畴的计分表系统，管理信息系统（management information system，MIS）专业的毕业生比较适合商业智能分析师这个职位。企业分析师对自身所在部门的数据和相关数据分析工具更加熟悉一些。例如，供应链分析师能够通过分析对供应链进行过程优化，其中包含从原材料购买和产品分发两个环节。绝大多数组织都同时拥有这两类分析师，他们在日常工作中各司其职并互相合作。

[1] https://www.sas.com。
[2] https://www.ibm.com/analytics/spss-statistics-software/。
[3] https://rapidminer.com。
[4] http://www.minitab.com/en-us/。
[5] https://www.r-project.org。
[6] http://www.gnu.org/software/pspp/。

2. 三代大数据处理技术

文献 [192] 给出了大数据处理技术发展的时间线，并将大数据处理技术的发展划分为三代：批处理（batch processing）、实时处理（real-time processing）和混合计算（hybrid computation）。

1）批处理

第一代大数据处理技术批处理始于 2003 年，彼时谷歌（Google）发表了关于谷歌文件系统（Google file system, GFS）[193] 的论文（2003 年）和分布式计算框架（MapReduce framework）[194] 的论文（2004 年）。2005 年，道格·卡廷（Doug Cutting）基于谷歌文件系统 GFS 和分布式计算框架 MapReduce 的论文研发了 Hadoop[195]。在此后的一段时间内，业界的商业巨头和各类组织均未遇到切实的大数据问题，因此可以认为第一代大数据处理实际上始于 2006 年，彼时 Hadoop[196] 刚刚诞生不久。2008 年，雅虎（Yahoo）发布了 Hadoop 的一个稳定版本，并开始着手在 MapReduce 之上的抽象层进行工作。同样是在 2008 年，雅虎发布了 Hadoop 体系结构中的一个重要组件 Pig[197]。此外，脸书在 2009 年发布了 Hadoop 体系结构中的另一个重要组件 Hive[198]。此后，Hadoop 以其可靠性和稳定性在批处理领域赢得了广泛的应用。目前，Hadoop 是批处理技术领域中的事实标准（de facto），批处理领域未见更新的研究进展。

批处理技术是用来处理海量静态（static）数据的。换言之，批处理所处理的数据是系统中已经存储过的数据。对于已经启动的批处理任务，新产生的数据不再参与处理过程。批处理技术所对应的系统的主要特点是可扩展性。为了更好地应对大数据的海量规模，进而获得高可扩展性，批处理技术大多采用并行的分布式处理架构，例如著名的 MapReduce。MapReduce 技术具有如下优点：①给出了简单的、统一的数据视图；②与生俱来的可扩展性；③针对影响分布式软件编写的诸多挑战因素（如潜在的硬件失效、网络状态的波动和设备的异质性等）。MapReduce 极大程度地屏蔽了编程的复杂性。除了上述优点，MapReduce 在特定的应用环境下还具有一些不足[199]，例如，针对大多数实时性系统和应用的数据分析事务通常都需要迭代运行若干次，这对原始的 MapReduce 来说是无法实现的。对于该问题，学界和业界已有一些相关的改进方案[200-203]。此外，对于用户日益增长的数据分析需求，如何更好地实现高效的数据处理，需要针对实时性、流计算、数据的访问与索引化等方面进行改进。总体来说，批处理技术具有良好的可靠性，但批处理的过程通常需要较长的时间来完成。因此，批处理技术无法适用于时延要求低的应用。如前所述，批处理在启动之后无法对新的数据进行处理，其不能在执行过程中被中断或者重配置。

2）实时处理

第二代大数据处理技术实时处理始于 2010 年，彼时以雅虎和推特（Twitter）为代表的全球性公司面临不仅要处理海量静态数据，还要处理海量的实时数据或流（Streaming）数据的难题。于是，雅虎在 2010 年研发了名为分布式流计算平台（distributed stream computing platform）的框架[204]，简称 S4。该框架是第一个面向实时处理的解决方案。第二代大数据处理技术的另一个里程碑是面向分布式容错实时计算（distributed and fault-tolerant real-time computation）的 Storm[205]。2011 年，推特工程师南森·马茨（Nathan Marz）开发了 Storm 框架，并由推特以开源的形式发布。类似地，作为一个创始于 2008 年的 Hadoop 数据管理软件与服务提供商，Cloudera 在 2011 年发布了日志收集系统 Flume[206]，该系统是一个面向海量数据的，高可用性、高可靠性的分布式日志采集和聚合系统。领英（Linkedin）在 2011 年发布了一个分布式流处理平台 Kafka[207]，该平台是一种高吞吐量的分布式发布/订阅消息系统。此外，领英还在 2013 年研发了针对状态可扩展的流处理（stateful scalable stream processing）的 Samza[208] 技术。谷歌在 2013 年针对因特网规模的容错流处理研发了 Millwheel[209] 技术。目前，实时处理技术正在持续发展中，新型的技术也在不断地涌现出来，但是还没有类似批处理领域中的 Hadoop 的事实标准。

实时处理技术主要针对的是大数据的速度特性。换言之，实时处理能够以较低的时延处理流数据。这类处理技术在分布式和并行化方面或多或少借鉴了与批处理技术相同的设计理念，而为了获得较低的时延，实时处理技术还对存储在内存（memory）当中的小规模数据集进行分析。因此，实时处理技术类似于小型化批处理的无限序列，其中需要处理的数据来源于内存/主存（primary storage），而不是辅存（secondary storage）。在具体实现中，实时处理技术采用的是无盘化（diskless）技术。目前，面向异质数据源的流数据处理具有很广阔的应用，常见的案例如下：①智慧城市（smart city）中的交通指挥、能源供给、视频监控和垃圾收集等；②舆情管理（public opinion management）中的移动设备定位、社交网络分析、音视频甄别和灾害预警等；③生产和物流（production and logistics）中的工业传感器管理、品质控制、质量溯源、生产优化、物流优化等；④影音娱乐中的广告推送、游戏平台、电视频道和音频广播等。

3）混合计算

第三代大数据处理技术混合计算始于 2012 年，其标志为 Nathan Marz 研发的拉姆达体系结构（Lambda architecture）[210]。拉姆达体系结构是一个实时的大数据处理框架，其基本理念是将大数据系统的架构分为批处理层（batch layer）、服务层（service layer）和实时处理层（speed layer）三个层次，能够满足实时大数据系统的关键性要求（如高容错性、低延时性和高扩展性等）。目前，混合计算方面的相关技术在保持发展，学界和业界认为其将是未来十年内非常具有挑战性的研究领域。

混合计算技术的出现源于众多应用领域都对批处理技术与实时处理技术的结合存在需求，因此产生了拉姆达体系结构这个混合处理模型。在拉姆达体系结构中，批处理层管理主要数据集，通常该数据集存储在分布式文件系统中，并且其数据是不可变的（unchangeable）。服务层从数据仓库中加载数据并生成批处理视图，负责为各类查询提供批处理的结果。实时处理层只针对有低时延需求的应用所涉及的新数据进行处理。一般来说，为了获得完整的数据分析结果，需要对批处理视图和实时处理视图都进行查询，然后将结果进行合并（merge）。此时，需要对同步（synchronization）、结果组合（result composition）以及模块协调（module coordination）等事务进行处理。换言之，在混合计算模型中，批处理技术对所有现存的数据进行处理，产生批处理结果。批处理对整个数据集进行循环式处理，单次执行需要较长的时间，因此新的数据只能等待下一次批处理任务时再加入数据集进行处理。针对批处理耗时较长这个问题，引入实时处理技术进行弥补。实时处理技术对新的数据进行实时处理，产生流处理结果。与批处理技术不同，实时处理技术仅仅对新数据进行处理，即未被批处理任务分析过的数据。上述两个结果进行合并，形成最终的结果。

3. 大数据处理的生命周期和典型工具

大数据处理的各项技术通常都涉及整个大数据的生命周期（lifecycle）。文献 [211] 提出了一种科学数据生命周期管理（scientific data lifecycle management，SDLM）模型，分析了现代数据管理中涉及的主要阶段以及反映出的具体细节。此外，该文献还提出了科学数据基础设施（scientific data infrastructure，SDI）模型，为大数据的研究者提供了建立交互类数据项目的基础。文献 [212] 对大数据生态系统体系结构中涉及的构件进行了详细阐述，通过对相关重要构件的分析总结除了大数据面临的主要挑战。此外，还给出了大数据生态系统中大数据的生命周期。具体来说，从数据的产生到数据的最终消费包含以下环节：数据源（data source）、数据采集与注册（data collection and registration）、数据过滤与分类（data filter and classification）、数据分析与建模（data analytics and modeling）、数据可视化（data visualization）和数据消费者（data consumer）。文献 [213] 中阐述的 DataONE 模型指出数据生命周期包含如下的闭环阶段：采集（collect）、确保（assure）、描述（describe）、保存（preserve）、发现（discover）、集成（integrate）、分析（analyze）、计划（plan），其中计划阶段所得到的方案与结论又反馈给采集阶段，如此往复，形成闭环。

文献 [192] 认为大数据的生命周期分为数据获取（data acquisition）、数据存储（data storage）、数据分析（data analysis）和结果（result），并且将前述大数据处理的三代技术中相关的工具映射至数据获取、数据存储和数据分析三个环节进行分类讨论，详情见表 1.4。

在数据获取阶段，通常涉及要从多源异构的数据源获取数据，这些数据源可能是批处理（batch）数据源，也可能是实时流（real-time stream）数据源。在数据存储阶段，需要将前一阶段获取的数据进行存储，以便后续进行分析与处理，常见的存储方式有磁盘（disk）形式和无盘（diskless）形式。在数据分析阶段，针对不同的应用需求，运用各类模型和算法对数据进行分析与处理。在表 1.4 中，三代技术中不同的处理阶段所涉及的工具存在重叠。此外，对于混合计算技术，其本身同时涉及批处理技术和实时处理技术，实现混合计算模型的技术也比单纯的批处理技术和实时处理技术更加复杂。鉴于混合计算技术的上述特点，在数据的获取、存储与分析方面所涉及的具体工具不做特别划分。

表 1.4 大数据处理的典型工具

	数据获取	数据存储	数据分析
批处理	HDFS[214] Sqoop[215] Flume[206] Scribe[218]	HDFS HBase[216]	MapReduce[194] Hive[198] Pig[197] Cascading[217] Spark[219] Shark[220]
实时处理	Flume	Kafka[207] Kestrel[223]	Flume Storm[221] Trident[222] S4[204] Spark Streaming[224]
混合计算		Lambdoop[225-226] SummingBird[227]	

1）HDFS

Hadoop 分布式文件系统（Hadoop distributed file system，HDFS）①目前是 Apache Hadoop 项目的一个子项目，与已有的分布式文件系统有很多相似之处。此外，作为专门针对商业化硬件（commodity hardware）设计的文件系统，HDFS 的独特之处也很明显：其具有很高的容错性，可以部署在较为廉价的硬件上，能够提供高吞吐量的应用数据访问。对于终端用户而言，HDFS 就是一个传统的文件系统，具有文件和目录的创建、修改、删除等常规操作。HDFS 采用主/从（master/slave）体系结构。单个 HDFS 集群仅包含一个名称节点（namenode），其提供元数据服务，管理文件系统的命名空间（namespace），并引导用户对文件的访问。此外，单个 HDFS 集群可以包含多个数据节点（datanode），数据节点负责管理与自身相关联的存储空间。HDFS 对外给出文件系统的命名空间作为用户对数据进行访存的接口。在 HDFS 内部，单个文件通常被分割成多个块（block），这些块存储在一系列数据节点上。由名称节点在整个 HDFS 集群的命名空间上执行文件和目录的打开、读取和关闭等操作。文件的块与数据节点之间的映射也是由名称节点管理的。数据节点基于名称节点的指令实施块的创建、复制和删除等操作。

2）Sqoop

Sqoop②是一个 Hadoop 和关系数据库服务器之间传送数据的工具，方便大量数据的导入导出工作，其支持多种类型的数据存储软件。Sqoop 的核心功能为数据的导入和导出。导入数据：从诸如 MySQL、SQL Server 和 Oracle 等关系数据库将数据导入到

---

① https://hadoop.apache.org/docs/r1.2.1/hdfs_design.html。

② https://sqoop.apache.org。

Hadoop 下的 HDFS、Hive 和 HBase 等数据存储系统。导出数据：从 Hadoop 的文件系统中将数据导出至关系数据库中。Sqoop 的一个显著特点是可以使用 MapReduce 将数据从传统的关系数据库导入到 HDFS 中。Sqoop 作为一个通用性的工具，只需要在一个节点上安装，因此安装和使用十分便捷。

3）Flume

Flume[①]是由 Hadoop 生态系统中著名的软件公司 Cloudera 于 2011 年发布的，该软件能够支持分布式海量日志的采集、集成与传输，以实时的方式从数据发送方获取数据，并传输给数据接收方。Flume 具有两个显著的特点：可靠性和可扩展性。针对可靠性，其提供了从强到弱的三级保障，即 End-to-end、Store on failure 和 Best effort。针对可扩展性，其采用三层的体系结构，即 Agent、Collector 和 Storage，每层都可以在水平方向上进行扩展。Flume 以 Agent 的方式运行，单个 Agent 包含 Source、Channel 和 Sink 三个组件，由 Agent 对数据进行收集，然后交付给存储机制。从多个数据源收集到的日志信息依次经过上述三个组件，然后存入 HDFS 或 HBase 中。因此，通过 Flume 可以将数据便捷地转交给 Hadoop 体系结构。

4）Scribe

Scribe[②]是脸书开发的分布式日志收集系统，在脸书内部已经得到广泛的应用。Scribe 能够将位于不同数据源的日志信息收集起来，然后存储至某个统一的存储系统上，这个存储系统可以是网络文件系统（network file system，NFS），也可以是分布式文件系统。Scribe 的体系结构由三部分组成：Scribe Agent、Scribe 和 Storage。第一部分 Scribe Agent 为用户提供接口，用户使用该接口发送数据。第二部分 Scribe 接收由 Scribe Agent 发送来的数据，根据各类数据所具有的不同 topic 再次分发给不同的实体。第三部分 Storage 包含多种存储系统和介质。Scribe 的日志收集行为只包括主动写入的日志，Scribe 自身没有主动抓取日志的功能。因此，用户需要主动向 Scribe 代理发送相关的日志信息。

5）HBase

HBase[③]的全称为 Hadoop Database，其基于谷歌 BigTable 的开源实现，使用 Hadoop 体系结构中的 HDFS 作为基本的文件系统。谷歌根据 BigTable 的理念设计实现了谷歌文件系统，但是该方案未开源。HBase 可以称为 BigTable 的山寨版，是开源的。HBase 在 Hadoop 体系结构中的位置介于 HDFS 和 MapReduce 之间，其架构为主/从（master/slave）形式，内部的两个核心构件为 Master 和 RegionServer。HBase 是建立在 HDFS 之上的分布式面向列的数据库，能够对海量的结构化数据实现随机实时访问，其设计理念和运行模式都充分利用了 HDFS 的高容错性。由于 HBase 是面向列的数据库，其在数据库的表中是按照行进行排序的。在 HBase 中，所有的存储内容都是字节，任何需要存储的内容都需要先转换成字节流的形式，此外数据库的行键值按

---

① https://flume.apache.org。

② https://github.com/facebookarchive/scribe/。

③ https://hbase.apache.org。

照字节进行排序,同时形成了索引。

6)MapReduce

MapReduce[①]是 Hadoop 体系结构中极为重要的核心构件之一。作为一个分布式的并行计算模型,MapReduce 包含的两个单词分别具有特定的含义:Map 表示"映射",Reduce 表示"归约",上述两个概念的基本理念源于函数式编程语言(functional programming language)。与传统的编程语言不同,函数式编程语言是一类非冯·诺依曼式的程序设计语言,其编程范式的抽象程度很高,主要由原始函数、定义函数和函数型构成。MapReduce 的这种设计思想使得分布式并行程序设计的难度得以简化,用户将已有的代码稍加修改就能够运行在分布式环境下。在实际应用场景中,大多数情况下收集到的大量多源异构数据不具有特定的规律和特征。MapReduce 的工作过程能够在一定程度上将上述数据按照某种规律进行归纳和总结。在 Map 阶段,通过指定的映射函数提取数据的特征,得到的结果的形式为键值对($\langle \text{key}, \text{value} \rangle$)。在 Reduce 阶段,通过指定的归约函数对 Map 阶段得到的结果进行统计。对于不同的具体问题,所需要的归约函数的个数可能千差万别。总的来说,MapReduce 具有开发难度低、扩展性强和容错性高三个显著特点。尽管其分布式并行计算模型能大幅度提高海量数据的处理速度,但受限于大数据的规模,通常 MapReduce 的作业例程的执行时间为分钟级,随着数据量的增加,耗时若干天也很普遍。

7)Hive

Hive[②]针对数据仓库来提供类似 SQL 语句的查询功能,其能够将以结构化形式进行存储的数据映射成数据库表,主要在多维度数据分析场景和海量结构化数据离线分析场景应用。Hive 的体系结构主要包含用户接口、元数据存储、解释器、编译器、优化器和执行器。虽然使用 MapReduce 也能够实现查询,但是对于逻辑复杂度高的查询,用户在实现时难度较大。Hive 提供类似于 SQL 的语法接口,降低了学习成本,提高了开发效率。Hive 基于 SQL 的语法定义了名为 HiveQL 或 HQL 的查询语言,支持常规的索引化和基本的数据查询,更重要的是能够将基于 SQL 的查询需求转化为 MapReduce 的作业例程。除了自身具有的功能之外,用户可以在 Hive 中编写自定义函数,具体可分为三种:用户自定义函数(user defined function,UDF)、用户自定义聚合函数(user defined aggregation function,UDAF)和用户自定义表生成函数(user defined table generating function,UDTF)。

8)Pig

Pig[③]是一个面向过程的高级程序设计语言,能够分析大型数据集,并将结果表示为数据流,其内置了多种数据类型,支持元组(tuple)、映射(map)和包(package)等范式。Pig 有两种工作模式:Local 模式和 MapReduce 模式。在 Local 模式下,Pig 的运行独立于 Hadoop 体系结构,全部操作均在本地进行。在 MapReduce 模式下,Pig

① https://hadoop.apache.org/docs/r1.0.4/cn/mapred_tutorial.html。

② https://hive.apache.org。

③ https://pig.apache.org。

使用了 Hadoop 集群中的分布式文件系统 HDFS。作为一种程序设计语言，Pig 能够对数据进行加载、处理并存储获得的结果。Pig 和 Hive 均能够简化 Hadoop 的常见工作任务。Hive 通常应用在静态数据上，处理例行性的分析任务。Pig 比 Hive 在规模上更加轻量，其与 SQL 的结合使得用户能够用比 Hive 更加简洁的代码给出解决方案。与 MapReduce 相比，Pig 在接口方面提供了更高层次的抽象，具有更多的数据结构类型。此外，Pig 还提供了大量的数据变换操作，MapReduce 在这方面比较薄弱。

9）Cascading

Cascading①是用 Java 语言编写成的开源库，能够脱离 MapReduce 处理复杂的数据工作流。该开源库提供的应用程序编程接口定义了复杂的数据流以及将这些数据流与后端系统集成的规则。此外，还定义了将逻辑数据流映射至计算平台并进行执行的规则。针对数据的提取、转换和加载（extract transform load，ETL），Cascading 提供了 6 个基本操作：复制（copy）、过滤（filter）、合并（merge）、计数（count）、平均（average）和结合（join）。初级的 ETL 应用程序通常涉及数据和文件的复制，以及不良数据（bad data）的过滤。针对多种不同数据源的输入文件，需要对它们进行合并。计数和平均是对数据和记录进行处理的常用操作。结合是将不同处理分支中的处理结果按照给定的规则进行结合。

10）Spark

与 Hadoop 类似，Spark②也是一个针对大数据的分布式计算框架。Spark 可以用来构建大规模的、低延迟的数据处理应用程序。相对于 Hadoop，Spark 的显著特点是能够在内存中进行计算，因此又称为通用内存并行计算框架，与 MapReduce 兼容，其主要构件包括 SparkCore、SparkSQL、SparkStreaming、MLlib、GraphX、BlinkDB 和 Tachyon。Hadoop 存在磁盘 I/O 和序列化等性能瓶颈，在 Spark 的设计理念中，选用内存来存储 Hadopp 中存储在 HDFS 的中间结果。Spark 兼容 HDFS，能够很好地融入 Hadoop 体系结构，被认为是 MapReduce 的替代品。根据 Spark 官方网站的数据，Spark 的批处理速度比 MapReduce 提升了近 10 倍，内存中的数据分析速度则提升了近 100 倍。Spark 模型所特有的弹性分布式数据集（resilient distributed dataset，RDD）使得针对数据的灾难恢复在内存和磁盘上都可以实现。总体来说，Spark 的编程模型具有以下四个特点：速度（speed）、简易（ease of use）、通用（generality）和兼容（runs everywhere）。在速度方面，Spark 使用基于有向无环图（directed acyclic graph，DAG）的作业调度算法，采用先进的查询优化器和物理执行器提高了数据的批处理和流式处理的性能。在简易方面，Spark 支持多种高级算法，用户可以使用 Java、Scala、Python、R 和 SQL 等语言编写交互式应用程序。在通用方面，Spark 提供了大量的通用库，使用这些库可以方便地开发出针对不同应用场景的统一解决方案，极大地降低了研发与运营的成本。在兼容方面，Spark 本身能够方便地与现有的各类开源系统无缝衔接，例如与已有的 Hadoop 体系结构中的 HDFS 和 Hbase 进行衔接。

---

① https://www.cascading.org。
② https://spark.apache.org。

11）Shark

作为一个面向大规模数据的数据仓库工具，Shark[1]最初是基于 Hive 的代码进行开发的。由于 Hive 在执行交互查询时需要在私有数据仓库上执行非常耗时的 ETL 操作，为了弥补这个性能缺陷，Shark 成为 Hadoop 体系结构里首个交互式 SQL 软件。Shark 支持 Hive 包含的查询语言、元存储、序列化格式以及自定义函数。后来，Hadoop 体系结构中 MapReduce 本身的结构限制了 Shark 的发展，研究者们中止了 Shark 的研发，启动了 Shark SQL 这个新项目。Shark SQL 是基于 Spark 的一个组件，提供了针对结构化数据的便捷操作，统一了结构化查询语言与命令式语言。Shark 在 Spark 的体系结构中提供了与 Hive 相同的 HiveQL 编程接口，因此与 Hive 兼容。通过 Hive 的 HQL 解析，将 HQL 转换成 Spark 上的 RDD 操作。

12）Kafka

Kafka[2]是一个分布式流处理平台（distributed streaming platform），最初由领英（LinkedIn）公司开发，使用的编程语言是 Java 和 Scala。Kafka 支持分区（partition）和副本（replica），针对消息队列进行处理。消息传送功能包含连接服务（connection service）、消息的路由（routing）、传送（delivery）、持久性（durability）、安全性（secutiry）和日志记录（log）。Kafka 的主要应用程序接口有如下四类：生产者（producer API）、消费者（consumer API）、流（stream API）和连接器（connector API）。Kafka 对外的接口设计理念是基于话题（topic）的，消息生成后被写入话题中，用户从话题中读取消息。单个的话题由多个分区构成，当系统性能下降时，通常的操作是增加分区的个数。分区之间的消息是互相独立的，每个分区内的消息是有序的。新消息的写入操作在具体实现中为相应文件内容的追加操作，该方式具有较强的性能。由于一个话题可以包含多个分区，因此 Kafka 具有高吞吐量、低延迟的特性。消息队列包含两个模型：点对点（point-to-point）和发布/订阅（publish/subscribe）。对于点对点模型，消息生成后进入队列，由用户从队列中取出消息并使用。当消息被使用后，其生命周期就结束了，即该消息无法再次被使用。虽然消息队列支持多个用户，但一个消息仅能够被一个用户所使用。对于发布/订阅模型，消息生成后其相关信息会被发布到多个话题中，只要订阅了相关话题的用户就都可以使用该消息。与点对点模型不同，在发布/订阅模型中一个消息可以被多个用户使用。

13）Kestrel

Kestrel[3]是由推特公司开发的开源中间件（middleware），使用的编程语言为 Scala，其前身为名为 Starling[4]的轻量级分布式队列（distributed queuing）服务器，同样 Kestrel 也具有轻量化的特点。Starling 支持 MemCache 协议，其能够方便地构建网络访问队列。推特早期使用 Starling 来处理大量的队列消息，后来推特将基于 Ruby 语言的 Starling 项目进行重构，使用 Scala 语言将其重新实现，得到 Kestrel。在协议支

---

① https://github.com/amplab/shark/wiki/Shark-User-Guide/.

② https://kafka.apache.org.

③ https://github.com/twitter-archive/kestrel/.

④ https://github.com/starling/starling/.

持性方面，Kestrel 支持三类协议：MemCache、Text 和 Thrift，其中 MemCache 协议没有完整地进行实现，仅支持部分操作。Kestrel 本身运行在 Java 虚拟机（Java virtual machine，JVM）上，针对 Java 的各类优化措施均可以进行使用。为了改善性能，Kestrel 中的队列存储在内存中，针对队列的操作日志保存在硬盘中。虽然 Kestrel 本身是轻量化的，但其具有丰富的配置选项，能够很方便地组成集群，集群中的节点互相之间是透明的，针对队列中消息获取的 GET 协议支持阻塞获取和可靠获取。阻塞获取是指用户可以设置超时时间，在时间内有消息的话即刻返回，如果超时后还没有消息就结束等待。可靠获取是指队列服务器只有在收到用户明确的确认反馈后，才将相关的消息从队列中永久删除。如果用户使用 GET 操作从队列获取消息后队列服务器马上将该消息从队列中删除，那么此后需要用户来确保该消息不会异常丢失，这对网络状态和系统运行的特定环境要求较为苛刻。因此，用户可以采用可靠获取的方式来消除上述疑虑。

综上所述，从技术栈的角度来看，Kestrel 和 Starling 这两个开源工具均属于"消息队列"这个分类。Kestrel 是一个简单的分布式消息队列系统，该系统是基于推特前首席架构师布莱思·库克（Blaine Cook）的 Starling 分布式消息队列研发而成的。Starling 是一个能够提供可靠的分布式消息传输的轻量级服务器，其能够以尽可能小的开销来提供可靠的分布式队列，通过 MemCache 协议来获得最大化的跨平台兼容性。换言之，任何使用 MemCache 协议的语言均能够利用 Starling 提供的队列功能。

14）Storm

Storm[①]是使用 Java 和 Clojure[②]编写而成的分布式实时处理系统，其雏形是 Nathan Marz 和 BackType 构建的，BackType 是一家社交数据分析公司。2011 年，推特收购 BackType，并将 Storm 开源。Storm 的主要功能是针对持续产生的数据流进行计算，进而弥补了 Hadoop 体系架构对实时性支持的缺失。Storm 的处理速度快，具有良好的可扩展性和容错性，其所处理的数据位于内存中。用户在 Storm 中设计的计算图称为拓扑（topology），拓扑中包含主节点和从节点，且以集群的形式呈现。Storm 的主/从架构是由两类节点实现的：控制节点（master node）和工作节点（worker node），调度相关的信息以及主从节点的重要工作数据都是由 ZooKeeper 集群来负责处理的。控制节点为主节点，其上运行的 Nimbus 进程主要负责状态监测与资源管理，该进程维护和分析 Storm 的拓扑，同时收集需要执行的任务（task），然后将收集到的任务指派给可用的工作节点。工作节点为从节点，其上运行的 Supervisor 进程包含一个或多个工作进程（worker），工作进程根据所要处理的任务量配置合理数量的执行器（executor）来执行任务。Supervisor 进程监听本地节点的状态，根据实际情况启动或结束工作进程。拓扑中的数据在喷嘴（spout）之间传递，喷嘴把从外部的数据源获取到的数据提供给拓扑，因此是 Storm 中流的来源。数据流中数据的格式称为元组（tuple），具体来说为键值对（key-value pair），元组用来封装需要处理的实际数据。针对数据流的计算逻辑都是在螺栓（bolt）中执行的，具体的处理过程中除了需要指定消息的生成、分发和连

① https://storm.apache.org。
② https://www.clojure.org。

接，其余的与传统的应用程序类似。

15）Trident

Trident[1]是位于 Storm 已有的实时处理环境之上更高层的抽象构件，提供了状态流处理和低延迟的分布式查询功能，其屏蔽了计算事务处理和运行状态管理的细节。此外，还针对数据库增加了更新操作的原语。在 Trident 中，数据流的处理按照批次进行，即所谓的事务。一般来说，对于不同的数据源，每个批次的数据量的规模可达数百万个元组。一个处理批次称为一个事务，当所有处理完成之后，认为该事务成功结束；当事务中的一个或者多个元组处理失败时，整个事务需要回滚（rollback），然后重新提交。Trident 的事务控制包含三个层次：非事务控制（non-transactional）、严格的事务控制（transactional）和不透明的事务控制（opaque-transactional）。对于非事务控制，单个批次内的元组处理可以出现部分处理成功的情况，处理失败的元组可以在其他批次进行重试。对于严格的事务控制，单个批次内处理失败的元组只能在该批次内进行重试，如果失败的元组一直无法成功处理，那么进程挂起，即不包含容错机制。对于不透明的事务控制，单个批次内处理失败的元组可以在其他批次内重试一次，其容错机制规定重试操作有且仅有一次。上述针对消息的可靠性保障机制使得数据的处理有且仅有一次，保证了事务数据的持久性。容错机制使得失败的元组在重试环节的状态更新是幂等的，幂等性是统计学中的一个重要性能指标，其保证了即使数据被多次处理，从处理结果的角度来看和处理一次是相同的。Trident 的出现显著减少了编写基于 Storm 的应用程序的代码量，其本身具有函数、过滤器、连接、分组和聚合功能。在组件方面，它保留了spout，将 bolt 组件中实现的处理逻辑映射为一些新的具体操作，如过滤、函数和分组统计等。数据的状态可以保存在拓扑内部存储当中（如内存），也可以保存在外部存储（如磁盘）当中，Trident 的应用程序接口支持这两种机制。

16）S4

S4 项目[2]是由雅虎（Yahoo）提出的，作为一个分布式流处理计算引擎，其设计的初衷是与按点击数付费的广告结合，基于实时的计算来评估潜在用户是否可能对广告进行点击。这里 S4 是指简单的（simple）、可扩展的（scalable）、流（streaming）和系统（system）。在 S4 项目提出之前，雅虎已经拥有了 Hadoop，但是 Hadoop 的基本理念是批处理（batch），即利用 MapReduce 对已经经过存储的静态数据进行处理。尽管MapReduce 的处理速度非常快，但是从本质上说，其无法处理流数据。S4 项目将流数据看作事件，其具体的实现中包含五个重要构件：处理节点（processing element）、事件（event）、处理节点容器（processing element container, PEC）、机器节点（node）和机器节点集群（cluster）。一个集群中包含多个机器节点，一个机器节点中包含一个处理节点容器，一个处理节点容器中包含多个处理节点。处理节点对事件进行处理，处理结果作为新的事件，其能够被其他处理节点进行处理。上述的点击付费广告的应用场景具有很高的实时性要求，因此 Hadoop 无法很好地应对这样的需求。具体来说，MapReduce

---

① https://storm.apache.org/releases/current/Trident-tutorial.html。

② https://incubator.apache.org/projects/s4.html。

所处理的数据是保存在分布式文件系统上的，在执行数据处理任务之前，MapReduce有一个数据准备的过程，需要处理的数据会按照分块依次进行运算，不同的数据分块大小可以对所谓的实时性进行调节。当数据块较小时，可以获得一定的低延迟性，但是数据准备的过程就会变得很长；当数据块较大时，数据处理的过程无法实现较低的延迟性。诸如 S4 的流计算系统所处理的数据是实时的流数据，即数据源源不断地从外部数据源到达处理系统。流计算处理系统的主要目标是在保证给定的准确度和精确性的前提下以最快的速度完成数据的处理。如果流数据不能够被及时处理，那么其潜在的价值就会大打折扣，随着处理时间的增长，流数据的潜在价值保持递减。软件开发者能够根据不同的场景和需求在 S4 的上层开发处理流数据的应用程序。

17）Spark Streaming

作为 Spark 的组成部分，Spark Streaming[①]主要针对流计算任务，其能够与 Spark的其他构件很好地进行协作。一般来说，大数据的处理有两类方式：批处理和流计算。对于批处理，任务执行的对象是预先保存好的数据，其任务频率可以是每小时一次，每十小时一次，也可以是每二十四小时一次。批处理的典型工具有 Spark 和 MapReduce。对于流处理，任务执行的对象是实时到达的、源源不断的数据流。换言之，只要有数据到达，那么就一直保持处理。流处理的典型工具有 Kafka 和 Storm。作为 Spark 基础应用程序接口的扩展，Spark Streaming 能够从众多第三方应用程序获得数据，如 kaflka、flume 和 Kinesis 等。在 Spark Streaming 中，数据的抽象表示是以离散化的形式组织的，即 DStreams。DStreams 可以用来表示连续的数据流。在 Spark Streaming 的内部，DStreams 是由若干连续的弹性分布式数据集构成的，每个弹性数据集中包含的数据都是来源于确定时间间隔的。Spark Streaming 的数据处理模式是将确定时间间隔内的数据进行批处理。由于部分中间结果需要在外存中进行存储，因此传统的批处理系统一般运行起来较为缓慢，但是这样的处理模式可以具有很高的容错性。Spark Streaming 的数据处理模式是基于弹性数据集进行的，通常将绝大部分中间结果保存在内存中，可以根据弹性数据集之间互相的依赖关系进行高速运算。这样的处理模式也被称为微批次处理架构，具体的特点是数据处理的粒度较为粗糙，针对每个选定的弹性数据集进行处理，对于批次内包含的数据无法实现进一步的细分。

18）Lambdoop

2013 年，项目负责人鲁文·卡萨多（Rubén Casado）在巴塞罗那的 NoSQL Matters大会上发布了 Lambdoop 框架。Lambdoop 是一个结合了实时处理（real-time process）和批处理（batch processing）的大数据应用程序开发框架，其基于 Java 语言。Lamb-doop 中可供选择的处理范式（processing paradigm）有三种：非实时批处理、实时流处理和混合计算模型（Lambda architecture）。Lambdoop 实现了一个基于 Lambda 的体系结构，该结构为软件开发者提供了一个抽象层（abstraction layer），使用与 Lambda架构类似的方式开发大数据相关的应用程序。对于使用 Lambdoop 应用程序开发框架的用户，软件开发者在应用程序的开发过程中不需要处理不同技术、参数配置和数据格

① https://spark.apache.org/streaming/。

式等烦琐的细节问题，只需要使用必需的应用程序接口即可。此外，Lambdoop 还提供了辅助的软件工具，如输入/输出驱动、数据可视化接口、聚类管理工具以及大量人工智能算法的具体实现。大多数已有的大数据处理技术关注于海量静态数据的管理，如前述的 Hadoop、Hive 和 Pig 等。此外，学界和业界也对动态数据的实时处理较为关注，典型的应用软件有前述的 Storm 和 S4。由于针对海量静态数据的批处理能够考虑到更多的相关信息，相应的处理结果具有更高的可靠性和健壮性，如训练出更加精确的预测模型。遗憾的是，绝大多数批处理过程耗时较长，在对响应时间要求较高的应用领域，批处理是不可行的。从理论上来说，实时处理能够解决上述问题，但实时处理有一个重大的缺陷：由于需要保证较小的延迟，实时处理所分析的数据量是十分有限的。在实际的生产环境中，通常需要同时具备实时处理和批处理的优点，这对软件开发者来说是一个具有挑战性的难题，同时这也是 Lambdoop 的设计初衷[225]。

19）SummingBird

SummingBird①是推特于 2013 年开源的数据分析工具。大数据时代的数据处理分为批处理和实时处理两大领域，这两种方式各有利弊，仅采用一种处理方式无法满足各类应用日益多样化的需求。作为能够处理大规模数据的应用软件，SummingBird 的设计初衷是将上述两种处理方式结合起来，最大程度地获得批处理技术提供的容错性和实时处理技术提供的实时性，其支持批处理模式（基于 Hadoop/MapReduce）、流处理模式（基于 Storm）和混合模式。SummingBird 最大的特点是无缝融合了批处理和流处理。推特通过 SummingBird 整合批处理和流处理来降低在处理模式之间转换带来的开销，提供近乎原生 Scala 和 Java 的方式执行 MapReduce 任务。SummingBird 作业流程包含两种形式的数据：流（stream）和快照（snapshot），前者记录了数据处理的全部历史，后者为作业系统在单个时间戳上的快照。简单地说，SummingBird 可以认为是 Hadoop 和 Storm 的结合，具体包含以下构件。Producer：数据的抽象，传递给指定的平台做 MapReduce 流编译；Platform：平台的实例由 MapReduce 库实现，Summingbird 提供了平台对 Storm 和相关内存处理的支持；Source：数据源；Store：包含所有键值对的快照；Sink：能够生成包含 Producer 具体数值的非聚合流，sink 是流，不是快照；Service：提供给用户在 Producer 流中的当前数值上执行查找合并（lookup join）和左端合并（left join）的操作，合并的连接值可以为其他 Store 的快照、其他 Sink 的流和其他异步功能提供的快照或者流；Plan：由 Platform 生成，是 MapReduce 流的最终实现。对于 Storm 来说 Plan 是 StormTopology 的实例，对于 Memory 来说 Plan 是内存中的 stream。文献 [228] 分析了 Summingbird 平台的可行性和优势，提出了基于 Summingbird 的能源互联网云计算平台。

4. 大数据生态系统

文献 [212] 指出，大数据本身囊括了存储、处理、可视化和结果表达等若干个复杂的构件。大数据不仅仅是一个数据库或者 Hadoop 体系结构的问题，尽管它们构成了大

---

① https://github.com/twitter/summingbird。

规模数据处理和数据分析的核心技术和构件[229-230]。所有互相关联的构件共同构成了大数据生态系统（big data ecosystem），该系统涵盖了大数据整个生命周期中的基础设施结构与处理模型。当前，Hadoop 是大数据生态系统中的核心构件。

Hadoop 的出现使得具有不同结构的或者完全无结构的超大规模数据能够被处理、管理和分析，但是该体系结构也存在一些局限性[163]，具体如下。

1）生成多个数据拷贝

由于 HDFS 设计的初衷是提高效率，因此数据被存储为多个拷贝。一般来说，数据是以至少一式三份的形式产生的。但是，为了通过数据本地化来保持性能，必须产生数据的六个拷贝。因此，数据的规模进一步增大。

2）具有挑战性的框架

当前 MapReduce 框架的结构比较复杂，尤其是当需要利用复杂的转换逻辑时。学界和业界在改进 MapReduce 框架方面已有一些尝试，所做的工作大多集中于研发开源模块来简化初始的框架，但是这些开源模块使用的也是注册语言（registered language）。

3）非常有限的 SQL 支持

Hadoop 将分布式系统领域的若干开源项目和编程框架进行联合，进而完成大数据分析的完整周期。但是，其对 SQL 的支持很有限，而且缺乏基本的 SQL 函数，使得常规数据分析中的很多功能存在缺失，如子查询（subquery）操作和分组（grouping）操作。

4）缺乏基本的技术

如前所述，Hadoop 的体系结构是由开源项目组合而成的，Hadoop 项目中包含了一些精妙的数据挖掘函数库。但是从整体角度来看，这些函数库或者说单个的技术之间在设计理念、数据结构和代码实现上缺乏一致性。因此，对于 MapReduce 来说，需要比较成体系的且设计与实现具有一致性的算法和相应的函数库。

5）低效的执行

HDFS 没有考虑对查询进行优化。因此，其执行操作时无法拥有较高的性价比。这样导致的结果是 Hadoop 中簇的规模通常比实际所需的类似数据库要大很多倍。

1.3.6 大数据管理

文献 [231] 将大数据的管理划分为四部分内容：数据存储（data management）、数据预处理（data pre-processing）、数据处理（data processing）以及数据安全（data security）。

1. 数据存储

数据存储领域存在三个方面的关键问题：聚类（clustering）、复制（replication）和索引化（indexing）。

1）聚类

聚类是将大量数据总结成分组的过程，具有相似特征的实体被放置在一起。文献 [232] 指出，针对海量数据和有限存储资源之间的矛盾，聚类能够将数据进行精确的分组和表示，进而有效地降低了存储数据所需的空间。文献 [233] 提出的存储优化层次聚集聚类（storage-optimizing hierarchical agglomerative clustering，SOHAC）算法设计了一种存储结构，该结构针对可变的数据提供了较小存储空间需求的方案。该算法的雏形最早在文献 [234] 中提出，但是针对高维数据的计算是受限制的。从本质上说，聚类方法在面临正常数据时存在一些限制，因此它们不能很好地适应较大的数据集。文献 [235] 基于 k-means 算法提出一个面向数据集的并行聚类方法并在 MapReduce 框架下进行了实现，该方法为 n 个对象创建 k 个簇，处于同一个簇内的对象之间的相似性应当尽可能地高。一般来说，k-means 类算法的性能在随机选取的数据上是因情况而异的，会导致算法关注于寻找本地最优的相似性。针对该问题，研究者提出了基于分区的聚类、基于人工智能的聚类以及其他 k-means 类算法的替代品。文献 [236] 提出了人工蜂群（artificial bee colony，ABC）优化算法，该算法属于基于分区的聚类，实验结果显示人工蜂群算法的性能要优于包括粒子群优化（particle swarm optimization，PSO）算法在内的绝大多数聚类方法。

2）复制

复制是大数据存储管理中毋庸置疑的重要操作，其保证了数据的可获得性和一致性访问。对于可变的数据来说，确定每个拷贝的准确性和存储空间的预留程度是具有挑战性的问题[237]。文献 [238] 将数据的一致性建模为复制的可信度。此外，由于可变的数据的变化一直处在传播的状态，因此数据改变的传播时间也作为一个重要的因素。文献 [239] 提出了一个动态数据复制策略（dynamic data replication strategy，D2RS）来优化数据的可获得性和云系统的带宽消耗，该策略着重阐述了如何选择需要复制的数据、多少份拷贝能够保证系统的维持一定的可获得性以及拷贝的放置位置等问题。

3）索引化

对于海量数据来说，索引化能够优化查询执行的效率，进而改善获取数据的性能。因此，需要研发合适的机制来获得较高的索引化吞吐量和实现高效的数据查找[240]。文献 [241] 提出的索引化和查找机制支持在数据流中针对关键字进行查找，该机制包含一个组合树索引结构，实验表明其适用于大规模的流数据，且消耗的内存较少。文献 [242] 提出了基于支持向量机的索引化算法，该算法从监控视频中提取视频数据来对人类行为进行建模。通过修改基本状态和转移概率的计算方式获得不同的状态，进而确定输入值的概率分数。由于上述状态和概率是通过对数据的训练获得的，因此其学习过程耗时严重。

2. 数据预处理

数据预处理领域存在两个方面的关键问题：传输（transmission）和清洗（cleansing）。在对采集到的数据进行分析和进一步挖掘之前，需要首先判断数据的质量，只有具有良好质量的数据才具有提供有价值信息的潜力。

1）传输

传输是指将原始数据转移到存储设施中，这些存储设施可能包含本地数据中心和云数据中心。原始数据的传输通常都要涉及各类通信网络和传输协议，对于当前复杂应用场景下产生的海量多源异构数据来说，原始数据的传输环节面临很多重大挑战。文献 [243] 指出，在数据分析过程中，以远程方式执行读/写操作非常耗时。常见的解决方案是通过高速局域网将数据传输至具有计算和分析能力的数据中心，这样做的副作用是会在数据中心的周围网络中产生拥塞，进而削弱数据中心处理和分析数据的能力。近年来，由于光信息交换在点对点链接上的廉价性，光纤技术在数据中心网络中的使用越来越广泛[244]。

2）数据清洗

数据清洗是一系列技术的统称，这些技术能够对不完全的、不准确的数据进行处理和转换，提高数据的质量。为了保持数据的可靠性，数据清洗的操作是必不可少的[245]。文献 [246] 将数据清洗中包含的常规操作分为五步：①确定现有错误的类型；②查找并识别错误的实例；③修正错误、记录出错的实例以及错误的类型；④更新数据输入流程来减少错误；⑤对数据的格式、完整性和合理性进行检查。在传统的数据分析领域，绝大多数情况下数据的来源是有限的，而且这些数据源都具有比较完善的模型和严格的定义，因此所产生的数据通常是相对干净和整洁的。随着大数据时代的到来，数据源广泛存在于各个领域，绝大多数数据源都未经过良好的定义，同时也没有经过合理的验证。这对传统的数据分析应用程序的实际性能造成了很大的影响。一般来说，数据清洗的方法依赖于复杂的关联模型（complex association model），其导致在处理过程中产生额外的计算开销和延迟。因此，文献 [101] 指出数据清洗的模型必须根据准确性分析的性能提升程度在复杂性方面进行调整。针对移动环境下数据缺失的问题，文献 [247] 给出了一个概率模型，该模型能够以较低的开销达到令人满意的性能。

3. 数据处理

一般来说，数据处理有两个目的：探究多个数据特征之间的关系和研发有效的数据挖掘算法来预测数据未来的趋势。因此，数据处理领域存在两个方面的关键问题：分类（classification）和预测（prediction）。文献 [248] 指出，处理海量数据的能力可以为决策者提供足以影响商业格局的重要信息。由于海量多源异构数据本身具有的复杂性，对数据进行处理的算法需要具有良好的可扩展性和可接受的时间/空间复杂度[249]。

1）分类

分类从本质上说是一种数据挖掘方法，其作用是将样本划分为不同的组[250]。文献 [251] 指出，数据挖掘能够协助各类商业组织洞察隐藏在数据中的信息，目前已经成功地应用于科技、医药、商业以及工程领域等。大数据时代不仅仅是将海量的数据聚集起来，同时在结构化数据、非结构化数据以及半结构化数据这三个大类里产生了很多新型的数据格式，这些新型的数据格式在传统的数据挖掘方法中未曾涉及[252]。具体来说，传统的数据挖掘方法无法在针对新型数据的分析中寻找未知和同质化的模式。文献 [253] 指出针对大数据分析所涉及的存储与计算问题，云计算技术可以给出有效的解决方案。一般来说，大数据的数据挖掘模式如下：对于采集到半结构化和非结构化的数据，首先将其存储在分布式数据库中，其次进行清洗、集成和转化，最后进行分析。

2）预测

预测是指通过数据挖掘算法基于历史数据以及某种映射关系对变量进行估计。为了进行灵活的数据分析，文献 [254] 提出了三个原则：第一，数据分析的体系结构应该支持多种分析方法，如统计分析、机器学习和可视化分析等；第二，能够对用不同存储机制存储的数据进行分析，而且在数据处理的不同阶段，所采用的方式是不同的；第三，数据的访问及存储方式应当是高效的。文献 [255] 指出，当前由各类设备产生的数据量正在以前所未有的速度增长，对于结构化数据和非结构化数据，数据访问和挖掘的速度也在随之增加。设计优良的数据预测方法能够通过分类和估计得出模型，然后对未来的数据状态进行较为准确的预测。

4. 数据安全

数据安全领域存在四个方面的关键问题：隐私（privacy）、完整性（integrity）、机密性（confidentiality）和可获得性（availability）。文献 [256] 于 2015 年指出，在大数据环境下，由于数据是由多种数据源产生的，那么数据的安全性就成为一个严重的问题，需要针对大数据的安全研发高效的机制和算法。

1）隐私

由于近年来数据泄漏事件频发，各国政府及各类机构都面临着在大数据带来的机遇与隐私风险之间进行平衡的问题[257-258]。美国国家安全局（National Security Agency，NSA）的监视计划不仅为隐私捍卫者所诟病，即使是政策制定者也认为有必要限制政府在打击恐怖袭击和网络攻击方面的权利。文献 [259] 和文献 [260] 指出，在大数据带来的机遇与良好的隐私保护之间寻找合适的折中点是当前制定公众策略所面临的最大挑战。针对隐私保护给商业公司以及政府带来的问题，学界和业界已经提出了若干帮助决策者理解和缓解数据隐私相关的风险的机制[261]。文献 [262] 针对隐私保护的度量设计了期望最大化（expectation-maximization）算法，该方案是确保数据挖掘过程中隐私保护的一个重构算法，其性能主要受限于随机化机制的效率。文献 [263] 基于可移植的数据绑定技术提出了数据保护的三层体系结构，该模型为由数据索引导致的隐私问题提供了解决方案，其性能主要受限于对恶意攻击的防护。文献 [264] 为 MapReduce 框架添加了隐私保护层，该方案能够在 MapReduce 子序列任务进一步处理数据之前保护数据隐私，其不足之处为与其他数据处理流程进行集成的能力较弱。文献 [265] 基于启发式算法提出了降低隐私保护开销的方案，该方案能够识别众多中间数据集中哪些需要被加密，哪些不需要被加密。

2）完整性

在大多数协同性事务中（如医疗、金融和军事等），不同实体之间通过信息共享来实施分析与决策。在这类应用场景下，数据的完整性是至关重要的[266]。对于大规模的协同性事务，所参与的实体在不同程度上都面临着数据高速变化的情况，因此从整体上看，数据的完整性要求面临的形势十分严峻。当数据的完整性无法得到保证时，数据的有效性显著降低，从其中提取信息的可信度也显著降低，进而不同实体之间的协作无法成功完成。令人遗憾的是，尽管数据的完整性十分重要，目前该领域的研究与应用依然很有限。造成这种现象的主要原因是给出数据完整性的精确定义很难。一般来说，数据完整性最为广泛接受的定义是防止非法和非授权的改变。文献 [267] 指出上述定义在某种程度上与 Clark-Wilson 完整性模型[268] 比较吻合，该文献阐述的是如何避免欺骗（fraud）和错误（error）。

文献 [269] 讨论了数据完整性的五类定义：第一类定义称为数据质量定义（data quality definition），其典型代表为 Courtney-Ware 模型[270]。该模型基于数据质量的期望（expectation of data quality）：数据具有完整性，是指其质量符合或者超过用户期望的需求。Courtney-Ware 模型是五类定义中唯一一个涉及了活性（liveness）需求的定义，如果数据没有定期更新，数据的及时性就会恶化（deterioration）。此外，第二、三、四类定义仅仅提及了安全性需求，这使得数据的完整性通过显式的动作就可以受到危害，而无须使用使数据失效的动作。第二和第三类定义之间密切相关，均基于修改数据的能力，统称为数据修改定义（data modification definitions）。第二类定义给出了针对不合适的数据修改（improper modification of data）需要对数据完整性进行保护的范围，其中的典型代表为 Sandhu-Jajodia 模型[271]。第三类定义进一步缩小了对数据完整性进行保护的范围，其针对未授权的数据修改（unauthorized modification of data）进行保护。第三类定义在众多安全标准中都有所体现[272-273]。第四类定义称为信息流定义，其中的典型代表为 Biba 完整性模型，该模型将完整性看作格（lattice）中的单向信息流（one-directional information flow）[274]。第四类定义比前三类定义更加严格，其对未授权的数据修改给出了非常具体的规范。第五类定义通常源于网络领域，是最严格的定义。该类定义要求数据是不能够被修改的，或者说任何改变都应当是可检测的（detectable），同时要求存储介质中的数据也遵循类似的行为规范。第五类定义在文献 [269] 中并没有进行详细的讨论，列出该类定义是为了保持定义序列整体的完整性。

当代绝大多数数据库管理系统（DataBase management system，DBMS）都允许用户自定义对数据的限制条件，其中很大一部分属于完整性约束。这些完整性约束的主要目的是保证数据的一致性和准确性。由于不同的完整性需求对应着不同类型的方法，因此多方面的完整性约束无法很好地归纳出完整性的定义。例如，Clark-Wilson 完整性模型通过应用结构良好的交易事务来修正错误的数据。Biba 完整性模型通过限制数据对象之间的信息流动来防止数据的损坏[275]。数据完整性保护所面临的最大挑战是研发能够确保完整性检查与大数据中实际的需求相结合。当研究者试图对大数据应用完整性规则和哈希算法时，已有的方法无法适应大数据所具有的新型特征。因此，需要针对大数据的新型特征来设计能够对海量数据进行完整性检查的算法。文献 [276] 指出，当处理云中的大数据时，数据完整性检查的一个关键环节是不可信的服务器。对于广泛应用于大数据领域的分布式数据采集与存储系统来说，在线的数据完整性验证方法不可或缺，这类方法无须内部存储结构中数据的信息，在很大程度上提高了完整性验证方案整体的效率。

3）机密性

数据的机密性可以通过阻止未授权的用户访问数据来实现。文献 [277] 指出上述阻止通常是通过应用加密方法对数据进行保护。对于海量数据而言，加密算法可以分为表加密、磁盘加密和数据加密。传统的加密方法只能应用于有限规模的数据，随着数据规模的持续增长，需要研发能够应用于海量数据机密性保护的新型加密算法。此外，在对海量数据执行加密操作的过程中，算法消耗的能源应当尽量的小。如前所述，大数据具有异构性和分布式两大复杂特点，因此降低加密算法的复杂性和开销至关重要。数据加密方法的选择通常基于以下原则：最小的粒度（granularity）、强安全性、高灵活度以及较好的应用相关性。在实际应用中，大规模的键（key）空间、数据管理以及应用复杂性通常对加密算法的性能形成诸多限制。

尽管近年来密码学领域的研究如火如荼，但大多集中在模式和应用层面的创新。因此，在数据的机密性方面，常用的算法依旧是早期的经典算法。下面，对七种经典的加密算法进行阐述。这些加密算法各自都具有一些本质上的缺陷，有些已经存在破解的案例，但是通过结合具体实现中应用层面其他环节的限制，它们的安全性在实际使用中都是符合要求的。

（1）文献 [278] 对 Twofish 算法进行了描述，该算法的密钥大小为 128、192 和 256 位，加密块的大小为 128 位，加密轮数为 16 轮，其存在的安全性缺陷为截断差分密码分析（truncated differential cryptanalysis），目前该算法还未被破解。

（2）文献 [279] 对 RC4 算法进行了描述，该算法是一种密钥长度可变的流加密算法，其密钥大小为 40 ~ 2048 位，加密块的大小是可变的，加密轮数为 256 轮，其存在的安全性缺陷为弱密钥安排（weak key schedule），目前该算法已经有破解案例。

（3）文献 [280] 对 RC2 算法进行了描述，该算法是一种传统的私钥块加密算法，其密钥大小为 8 ~ 1024 位，常用的是 8 字节，加密块的大小为 64 位，加密的轮数为（16+2）轮（其中 16 轮 Mixing 操作和 2 轮 Mashing 操作），其存在的安全性缺陷是相关密钥攻击，目前该算法已经有破解案例。

（4）文献 [281] 对 DES 算法进行了描述，该算法的全称是数据加密标准（data encryption standard），由美国 IBM 公司研究并发布，其使用密钥对块进行加密，密钥大小为 56 位，加密块的大小为 64 位，加密轮数为 16 轮，该算法存在的安全缺陷有暴力攻击（brute force attack）、戴维斯攻击（Davis attack）和线性密码分析（linear cryptanalysis），目前已经有破解案例。

（5）文献 [282] 对 Triple DES 进行了描述，由于 DES 算法在理论上存在安全缺陷，因此 IBM 公司后续对该算法进行了改进，设计了 Triple DES 算法，该算法对每个数据块执行三次 DES 加密，其密钥大小为 112 位或 168 位，加密块的大小为 64 位，加密轮数为 48 轮，该算法理论上存在缺陷，但目前还未有破解案例。

（6）文献 [283] 对 Blowfish 算法进行了描述，该算法的密钥大小为 128 位，加密块的大小为 64 位，加密轮数为 16 轮，其存在的安全性缺陷为二阶差分攻击（second-order differential attack），目前还未有破解案例。

（7）文献 [284] 对 Rijndael 算法进行了描述，该算法的密钥大小为 128、192 和 256 位，加密块的大小为 128 位，加密轮数为 10、12 和 14 轮，其存在的安全性缺陷为侧信道攻击（side channel attack），目前还未有破解案例。

4）可获得性

对于采用分布式云技术来解决存储问题的海量数据来说，数据的可获得性直接影响着各个层次中构件与服务的服务质量（quality of service，QoS）。一方面，文献 [285] 指出，不论用户何时请求数据，系统都能够满足用户的需求，即理想情况下系统在任何时候都不会出现失效。另一方面，文献 [286] 指出，相比传统的数据挖掘算法，为了针对海量数据提供大量的、高速的数据流，新型的数据挖掘算法必须具有非常高的瞬时性（instantaneity）。此外，实际应用场景中还存在一些对数据可获得性构成潜在威胁的因素。文献 [287] 和文献 [288] 提到恶意用户可以通过向特定的服务器发送大量消息而使得合法用户无法正常地与服务器进行交互，这种类型的攻击通常称为洪泛攻击（flooding attack）。文献 [259] 将洪泛攻击分为两类：直接 DoS 攻击和间接 DoS 攻击，这里 DoS 是指拒绝服务（denial of service）。对于直接 DoS 攻击，由于服务器上特定服务所具有的资源及网络带宽被大量请求所耗尽，合法数据完全丢失；对于间接 DoS 攻击，虽然没有明确的目标，但服务器上所有的服务都将受到不同程度的影响。

本 章 小 结

本章从工业 4.0、信息物理系统以及大数据三个方面对工业大数据进行介绍。作为过去十年中全球产业界最炙手可热的概念之一，工业 4.0 包含了众多概念性和原理性的理论和方法。基于对工业 4.0 的发展历程、设计原则以及成熟度模型的阐述，引出了工业 4.0 中的关键应用实体：智能工厂。通过阐述智能工厂的概念、特点、构成以及功能，详细分析了智能工厂与传统工厂的联系与区别。通过阐述实现工业 4.0 的三类重要集成，进一步阐明了将传统工厂转化为具有高度灵活性和可重配置性的智能工厂的重要性，并详细介绍了工业物联网体系结构中的基础传感层：工业无线传感器网络。信息物理系统是物理世界与虚拟世界进行交互的重要媒介，也是实现智能工厂的重要构件。对信息物理系统的介绍包含发展阶段、体系结构以及关键技术。大数据作为一个新兴的概念，近年来早已深入人们生产和生活的各个方面。本章从大数据的基本概念入手，对当前流行的三种对大数据进行描述和理解的定义进行了阐述。基于对大数据庞杂的来源进行分析，详细阐述了大数据的三种类型：结构化数据、非结构化数据和半结构化数据。从大数据的处理及应用的五个阶段入手，详细分析了当前大数据研究与应用面临的六个挑战。从七个方面总结了大数据分析与常规数据分析的主要区别，详细阐述了三代大数据处理技术的演进过程与各自的优缺点。通过对大数据处理生命周期的分析，详细论述了与大数据处理相关的十九个著名工具。最后从数据存储、数据预处理、数据处理以及数据安全四个方面对大数据的管理进行了阐述。当前，工业 4.0 面临着转型升级为工业 5.0 的重大变化，大数据本身以及其相关的应用也由新兴事物逐渐成为人们生产和生活中的寻常事物。在这样的背景下，怎样更好地实现从工业 4.0 到工业 5.0 的跃迁，以及怎样突破大数据理论及技术发展的平台期，是全球学术界和产业界的从业者未来需要关注和研究的两大问题。

第 2 章 边缘计算的发展与挑战

边缘计算是继云计算之后的又一革命性技术，其很好地弥补了云计算的不足。针对当前无处不在的边缘设备，边缘计算技术逐渐在全球的科技、金融、人文等领域得到广泛的应用，是未来最有前景的热点技术之一。

2.1 边缘计算的萌芽

物联网技术的发展使得万物互联成为可能，第五代移动通信技术（5th generation mobile communication technology，5G）的普及和应用即将开启全球性的"数据爆炸"时代。网络边缘设备产生的数据急速增加，对于高带宽和低时延提出了更高的要求。传统的云计算在工作原理和技术发展方面的局限性使其无法满足 5G 时代的网络需求，计算中心从云端下沉至边缘是大势所趋。因此，边缘计算技术产生并快速发展。边缘计算的基本原理是在网络边缘的数据产生侧对数据进行处理和分析，通过及时响应边缘侧发起的请求，就近提供服务，进而有效地减少网络传输产生的时延。边缘计算节点在边缘侧直接处理数据，大量本地数据不需要上传至云端，具有良好的隐私性和安全性，是分布式自治、工业控制自动化等众多领域的重要支撑技术。

边缘计算的概念自提出以来，各国都对该领域进行了积极的探索与实践，但是受限于传统的通信、网络和存储等技术，边缘计算技术发展缓慢。5G 技术使得网络带宽与传输能力得到了巨大的提高，极大地丰富了应用场景，很好地满足了各类网络业务的需求，同时，给边缘计算技术带来了更好的发展机遇。

本章针对信息通信领域的三个重要发展趋势，结合 5G 网络技术分析了边缘计算在工业物联网、车联网、智慧城市、智慧医疗等经典应用场景中的优势、赋能方式和可行性。从核心技术问题、发展的关键要素和发展趋势三个方面阐述了边缘计算领域关键技术的发展现状。针对边缘计算促进产业变革所面临的挑战，从安全隐私、服务发现、用户切换、可编程性、异构性、任务分发与调度六个方面分析了关键技术的研发，阐述了现有标准与法律法规的不足。针对边缘计算领域的发展前景，从推动因素、技术的难点以及外部挑战三个方面做出了总结，指出了边缘计算未来需要重点攻克的关键技术问题。

2.2 边缘计算概述

目前，边缘计算技术正处于发展阶段，学术界和工业界还没有统一的定义。边缘计算的提出者之一施巍松在文献 [289] 中指出，边缘计算是一种在网络边缘进行计算的新型计算模式，其对数据的处理主要包括下行的云服务和上行的万物互联服务两部分。边缘计算将计算和存储资源分配到边缘节点，更加靠近用户，有效地减轻了骨干网的压力。这种体系结构给传统的计算、网络和存储等技术带来了重大挑战。

随着研究的深入，欧洲电信标准组织（European Telecommunications Standards Institute，ETSI）在 2017 年将移动边缘计算（mobile edge computing，MEC）扩展为多接入边缘计算（multi-access edge computing，MEC）[290]，使得边缘计算从电信蜂窝网络延伸至其他无线接入网络，如 Wi-Fi 网络。多接入边缘计算可以看作运行在移动网络边缘的云服务。

随着物联网的出现，实时的数据存储、访问、处理和决策需求变得多种多样，智能终端、各类无线传感器等物联网设备持续不断地产生大量数据，云计算无法胜任上述计算需求，影响各类应用程序的正常运行、导致服务质量下降。多接入边缘计算与传统的云计算具有本质上的区别，其将计算和存储下沉至距离用户更近的位置，通过服务器的物理性密集部署为用户的移动需求提供网络支持，在网络边缘侧进行实时计算，为海量的移动终端设备提供低时延保障。多接入边缘计算引入一个新的处理环节，即边缘节点分析来自附近终端用户的数据，仅将计算结果等重要信息上传至云端做进一步处理。

边缘计算的核心理念是计算更加靠近数据生产的源头，提供计算、存储以及各种网络服务。终端设备在产生数据的同时还需要处理数据，向云端请求服务和信息，处理云端分发的计算任务。因此，边缘节点的设计需要高效、可靠和安全，实现良好的隐私保护，能够支持差异性、可扩展性、隔离性和可靠性等需求。

2.2.1 边缘计算与传统云计算的区别

传统云计算利用集中式的部署降低管理和运行成本，但这种处理方式不是一劳永逸的。近年来，随着移动互联网、物联网等新兴技术的发展和应用，计算资源的分布趋向于分散化。传统海量数据的存储和处理依赖强大的云平台，云计算具有资源集中的优势，其数据处理方式具有非实时性和长周期性的特点。与云计算相比，边缘计算不仅具有良好的实时性和隐私性，还避免了带宽瓶颈的问题，更适用于本地数据的实时处理和分析。

目前，海量数据的处理和存储主要依赖于云计算。尽管云计算有很多优点，但是随着移动互联网和物联网的发展，云计算也凸显出很多问题。云服务提供商在世界各地建立大型的数据处理和存储中心，有足够的资源和能力服务用户。然而，资源集中意味着终端用户设备与云服务器之间的平均距离较大，增加了网络延迟和抖动。由于物理距离的增加，云服务无法直接、快速地访问本地网络的信息，如精确的用户位置、本地网络状况和用户移动性行为等。此外，云计算的规模日益增长，其固有的服务选择问题在集中式的资源配置模式下始终是一个开放性的问题[291]。对于车联网、虚拟现实（virtual reality，VR）、增强现实（augmented reality，AR）、智慧交通等延迟性敏感的应用，云计算无法满足低延迟、环境感知和移动性支持等要求。

与云计算不同，边缘计算具有快速、安全、易于管理等特点，更适合用于本地服务的实时智能处理和决策。与传统云计算实现的大型综合性功能相比，边缘计算实现的功能规模更小、更直观，正在以实时、快捷和高效的方式对云计算进行补充。两个计算模型的优势互补表现在以下两个方面。一方面，边缘计算靠近数据源，可作为云计算的数据收集端。同时，边缘计算的应用部署在网络边缘，能够显著降低上层云计算中心的计算负载。另一方面，基于云计算的数据分析状况，可以对边缘计算的理论及关键技术实施修正和改进。

边缘计算与传统云计算的工作方式如图 2.1 所示，传统的云计算模型将数据全部上传至云端，利用云端的超级计算能力进行集中处理。边缘计算通过将算力下沉到边缘节点，实现边缘与云端的协同处理。

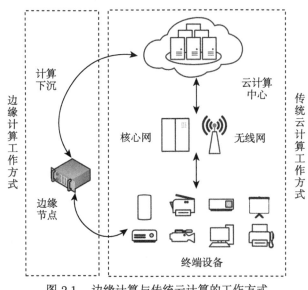

图 2.1 边缘计算与传统云计算的工作方式

面对万物互联场景中高带宽、超低时延的需求，云计算在以下三个方面存在不足。

（1）数据处理的及时性。云计算无法满足数据处理的实时性。考虑物联网设备的数量将呈几何式增长，单位时间内产生的数据大量增加，数据处理的时效性显得更加重要。传统的云计算受限于远程数据传输速率以及集中式体系结构的瓶颈问题，无法满足大数据时代各类应用场景的实时性要求。例如，在工业领域运用云端融合技术解决大数据处理的实时性、精准性等问题，实现工业大数据的处理分析决策与反馈控制的智能化和柔性化[292]。

（2）安全与隐私。在云计算中，所有数据都要通过网络上传至云端进行处理，计算资源的集中带来了数据安全与隐私保护的风险[293]。即使是谷歌、微软和亚马逊等全球性的云计算服务提供商也无法完全避免数据的泄露和丢失。云计算中不安全的应用程序接口、账户劫持和证书认证体系缺陷等问题会对数据安全造成很大的威胁。

（3）网络依赖性。云计算提供的服务依赖于通畅的网络，当网络不稳定时，用户的使用体验很差。在没有网络接入的地方，无法使用云服务。因此，云计算过度地依赖于网络。

云计算的诸多不足加快了边缘计算的产生，边缘计算将计算和存储功能下沉至网络边缘的数据产生侧，将传统云计算的部分处理任务迁移至边缘计算节点，很好地解决了云计算存在的问题。目前，边缘计算并不能完全取代云计算，二者的发展与应用相辅相成。边缘计算与云计算共同协作能够有效减少数据传输、合理分配计算负载和高效进行任务调度。边缘计算基础设施在网络边缘侧提供计算卸载、数据处理、数据存储和隐私保护等功能。

2.2.2 边缘计算的整体架构

边缘计算的整体架构主要分为云计算处理中心、边缘节点和终端节点三层[294]，具体架构如图 2.2 所示。

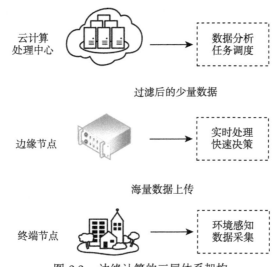

图 2.2　边缘计算的三层体系架构

（1）云计算处理中心。尽管云计算处理中心将部分任务分发至边缘计算节点，其仍然是现阶段的数据计算中心，超大规模数据的处理和分析任务还是由云计算中心完成的。边缘计算的结果由云计算中心进行永久性存储。

（2）边缘节点。边缘节点是物理世界与数字世界的连接枢纽。边缘计算的计算任务最终由边缘节点本身或边缘网关、路由器等完成。因此，如何在动态的网络拓扑中对计算任务进行分配和调度是边缘计算的研究热点。可以通过设计高效的网络架构，合理部署边缘计算节点，优化调配网络边缘侧的计算和存储资源，提供高质量、低时延的服务。

（3）终端节点。终端设备由各种物联网设备构成，主要进行数据采集，将数据导向边缘节点或云中心。

数据产生后由终端节点，即各类传感器和边缘设备收集并上传至边缘节点。边缘节点负责边缘设备的接入管理，同时，对收到的原始数据进行实时分析、处理和决策，然后将少量的数据（如计算结果）等重要信息上传至云计算处理中心。云计算处理中心对来自边缘节点的数据进行集成，进一步实施大规模的整体性数据分析，在此过程中适当地对计算任务进行调度和分配，与边缘计算节点进行协作。

边缘计算这种新兴的计算模型涵盖了移动互联网、车联网、蜂窝网和物联网等众多应用领域，需要应对网络边缘侧不同的网络设备和应用场景。最初，多数网络服务提供商尝试利用软件解决方案实现边缘计算，如诺基亚的移动边缘计算软件是使基站能够提供边缘计算服务，Cisco IOx（IOS and Linux）网络基础设施为多业务路由器的集成提供执行环境（IOS 是指互联网操作系统）。但是类似的解决方案都与特定的硬件密切相关，不能很好地应对复杂的异构环境[295]。

不同领域的大量应用导致边缘计算数据的多样化和复杂化。因此，除了图 2.2 所示的三层架构之外，还必须针对不同的应用场景和计算模式设计具体的架构，规划计算、存储和网络等软硬件资源的配置，使得边缘计算节点的具体落地方案在性能、安全和能源消耗等方面达到最优化。

2.2.3　边缘计算的独特优势

边缘设备的扩展使得应用程序可以在边缘区域处理数据，无须将数据全部传送至云计算中心，可以最小化服务延迟和带宽消耗，有效降低云计算服务器的负载，显著减小网络带宽的压力，提高数据处理的效率。对于云计算无法适应的时延敏感计算、低价值密度和应急场景等问题，边缘计算技术也可以较好地解决。

边缘计算技术本身的特点使其具有以下四个优点。

（1）实时数据处理和分析。边缘计算节点的部署更靠近数据产生的源头，数据可以实时地在本地进行计算和处理，无须在外部数据中心或云端进行，减少了处理迟延。

（2）节约成本。智慧城市和智能家居中终端设备产生的数据量呈指数增长，边缘计算能够减少集中处理，通过实时处理更快地做出响应，进而改善服务的质量。数据本地化处理在管理方面的开销相比于传统的云计算中心要少很多。

（3）缓解网络带宽压力。边缘计算技术在处理终端设备的数据时可以过滤掉大量的无用数据，只有少量的原始数据和重要信息上传至云端，显著减小了网络带宽的压力。

（4）隐私策略实施。物联网系统高度集中且规模较大，边缘设备的数据隐私保护不容忽视，通常用户不愿意将比较敏感的原始传感器数据和计算结果传送到云端。边缘计算设备作为物联网传感器等数据基础设施的首要接触点，能够在将数据上传到云端之前执行数据所有者所应用的隐私策略，提升数据的安全性。

2.3　边缘计算的典型应用场景

边缘计算技术本身的独特优势以及 5G 网络和物联网等技术的发展，使得边缘计算具有非常广阔的发展空间。边缘计算的出现与信息和通信领域的三个重要发展趋势相吻合。第一个趋势是网络层面向软件定义网络（software defined network，SDN）和网络功能虚拟化（network function virtualization，NFV）的转变，即将软件定义网络与移动网络相结合。第二个趋势是 5G 应用场景中自动驾驶、VR/AR、智慧城市、智慧医疗等领域对超低时延网络要求的提高。考虑边缘计算的各种优势都与 5G 网络的需求相契合，其能够成为 5G 技术天然的合作伙伴。第三个趋势是万物互联，虽然可移动网络中智能手机、智能家居等移动设备的计算和存储能力持续增长，但是受节点自身固有属性的限制，如重量、电池、尺寸和散热等，其发展空间有限。因此，边缘计算节点必须针对邻近的移动设备和传感器等物联网设备进行功能扩展[296]。上述三个趋势从不同方面推动着边缘计算的发展。

2.3.1 5G 与边缘计算

5G 网络具有以下三类经典应用场景[297]。

（1）增强移动宽带[298]（enhanced mobile broadband，eMBB）。主要满足用户对高带宽、高网速类业务的需求，典型的场景为超高清视频、VR/AR 等，广泛使用于文体娱乐、教育培训、安全防范、环境监测等方面。

（2）海量机器类通信[299]（massive machine type communication，mMTC）。主要面向物联网业务，对环境感知的实时性要求较低，但对终端设备的密集性要求程度高，广泛应用于公共事业、建筑、农业、物流、智慧城市和智能家居等领域。

（3）超可靠低时延通信[300]（ultra reliable low latency communications，uRLLC）。主要用于智慧医疗、智慧交通、智能电网和自动化工厂等对网络时延与可靠性要求极高的行业。与前几代蜂窝移动通信技术相比，5G 网络在时延和可靠性上有较大的提升。

针对 5G 网络的三类经典应用场景，边缘计算均能够提供良好的解决方案。对于增强移动宽带场景，边缘节点可以部署在边缘云上以提高资源的复用率。对于海量机器类通信场景，边缘节点可以部署在更高层的汇聚云，以满足大范围覆盖区域内的业务需求。对于超可靠低时延通信场景，边缘计算节点可以部署在靠近基站的接入云，最大程度地减少通信时延。

2.3.2 工业物联网

随着物联网设备的大规模部署，大量的智能设备通过嵌入式传感器感知环境信息，所产生的数据量呈指数增长。预计到 2025 年，全球物联网设备联网数量将达到 250 亿个[301]。考虑物联网设备没有足够的资源在本地处理数据，云计算模型通过将计算负载传输到云端进行处理，这样做会消耗大量的网络资源。在边缘计算模型中，分散的终端和物联网网关等设备能够对网络边缘产生的数据进行过滤和智能分析。物联网的核心理念是实现不同对象之间的链接和互操作，边缘计算的核心是通过数据分析实现对象之间的感知、交互和控制。因此，边缘计算是物联网应用的关键，对实现部署区域内智能终端的全面互联和高度智能化至关重要。

传统的生产线和生产过程管理机制无法满足工业 4.0 时代智能工厂的数字化转变。工业物联网场景下的边缘计算如图 2.3 所示。利用边缘计算技术，能够确保工业现场数据采集和处理的灵活性，增强智能工厂的可重配置性，进而降低生产成本，提高生产效率。

文献 [302] 对边缘计算在工业物联网中的应用进行了详尽的总结，通过对现有体系结构以及发展趋势的论述，给出了未来工业物联网在基于 5G 的边缘通信、负载平衡、任务迁移、边缘智能以及数据安全等方面将要面临的挑战。为了满足工业物联网大规模数据处理所需要的超低延迟响应、可靠介质和隐私策略等条件，文献 [303] 提出了一个多层多接入边缘计算架构。文献 [304] 提出一种 5G 普适边缘计算环境下工业物联网的能量节约方法，该方法通过优化资源分配和不同通信波段上的功率对排程问题进行建模，进而达到减少整个工业物联网能量消耗的目的。文献 [305] 采用边缘计算技术将深度学习的模型训练过程从云端迁移至边缘节点，显著降低了工业物联网的数据传输需求，进而缓解了网络拥塞，提高了工业物联网的整体性能。文献 [306] 为软件定义网络提出了一种普适边缘计算环境下的工业物联网数据共享模型，该模型基于区块链技术缓解软件定义网络中大量智能设备之间数据共享的安全性问题，能够抵御针对工业物联网设备的常见攻击，如分布式拒绝服务（distributed denial of service，DDoS）攻击。

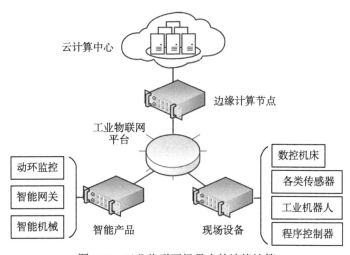

图 2.3 工业物联网场景中的边缘计算

为了打造更加稳定、成熟的工业物联网，边缘计算技术应在智能制造、远程操控和智慧工业园区三个方面深入发展。

2.3.3 车联网与智慧交通

交通领域是 5G 和边缘计算技术的一个重要应用场景。汽车逐渐成为人们生活的必备工具，针对汽车驾驶辅助（driver assistance，DA）、部分自动驾驶（partial automatic，PA）、有条件自动驾驶（conditional automatic，CA）三类系统，我国提出的智能网联汽车的推动工程计划在 2025 年实现新车装配率 80% 的目标[307]。车联网与自动驾驶的发展离不开边缘计算技术，边缘计算技术可以提高道路通行效率，保障道路交通安全，增强政府管理部门的能力。对于运输行业的企业来说，能够降低运营成本；对于普通用户来说，能够提高出行效率、改善用车体验。文献 [308] 指出边缘计算对于解决车联网中数据传输以及设备响应的时延问题具有很好的应用前景。因此，为车联网设计了一个容器化的边缘计算平台，该平台能够提供低时延的计算服务。文献 [309] 指出传统的基于云计算的车联网无法提供支持大计算量、高移动性和低延迟的服务。基于移动边缘计算技术提出了一个层次化结构的车联网系统，设计了一个服务质量使能的资源分配算法。基于该算法，计算任务根据其对时延的容忍程度被赋予不同的优先级，从而使整个车联网变得更加高效灵活。文献 [310] 针对边缘计算在车联网中的应用设计了一个计算迁移与内容缓存模型，该模型通过结合车联网的全局信息和时变性设计智能迁移策略改善车联网的整体性能，进而提供高质量的服务。文献 [311] 基于交通流量预测提出了一种车联网中计算迁移与内容缓存的模型，该模型将内容解码任务迁移至边缘服务器，不仅能够实现较低时延的服务，还减少了任务的执行时间和能量消耗。文献 [312] 针对车联网对实时通信的需求，结合 5G 技术对车联网中的计算任务进行迁移。提出了由 5G 技术使能的边缘计算车联网系统，并给出了三种不同情况下的计算任务迁移方案。

在智慧交通领域，边缘计算的工作原理使得车辆的位置信息可以直接在边缘节点进行处理、分析和决策，因此，边缘计算技术在定位及路径规划方面要明显优于云计算。智慧交通场景对网络延迟的要求极高，需要在车辆及运营商的基础设施等关键位置部署边缘节点。车联网与智慧交通场景中的边缘计算如图 2.4 所示，边缘节点可以对来自引擎、方向盘、轮胎、刹车片等构件的各类数据进行实时分析和处理[313]，实现设备的故障分析和预防性维护。利用边缘计算技术将多个车辆的数据进行共享，实现车辆与车辆之间、车辆与基站之间信息的实时更新，避免道路险情。

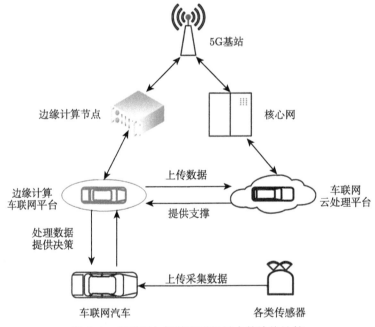

图 2.4　车联网与智慧交通场景中的边缘计算

2.3.4　智慧生活

建设智慧城市的基本理念是利用先进的信息通信技术驱动各类创新服务，进而改善人们的生活质量[314]。5G 技术的可扩展性和敏捷性不仅能够提高数据传输速率，还能够支持公共安全、公共设施和交通运输等海量数据的应用。基于 5G 网络、人工智能、视频技术与边缘计算技术的相互结合，将环境感知设备与城市基础设施联系起来，能够提高运营与管理的效率[315]。在万物互联的背景下，城市中每天产生的数据量十分庞大，云计算的处理模式无法在有限的带宽负载下满足各类应用场景对传输延迟的需求。如图 2.5 所示的智慧城市场景，边缘计算能够为这类应用提供高效的解决方案。

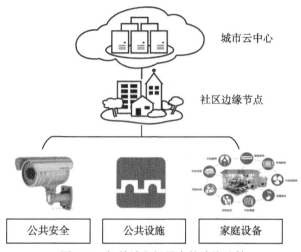

图 2.5　智慧城市场景中的边缘计算

随着生活水平的提高，人们对高品质医疗和保健的需求日益增长[316]。边缘计算技术的出现使得智慧医疗的三大应用领域——远程诊断、远程手术和应急救援具有更加广阔的发展前景。患者需要灵活的、个性化的医疗服务，希望足不出户就能够将身体状况的数据发送给医生进行分析。医疗机构能够利用本地化处理的优势为当地居民提供更好的医疗服务，还可以向全球的远程患者实时地推荐医疗方案。针对上述需求，给出边缘计算与 5G 技术相结合的创新性解决方案，由物联网设备实现患者实时信息的获取，通过高质量的网络传输和计算能力保证低延迟和实时计算，实现方便快捷的智慧医疗，如图 2.6 所示。

图 2.6　智慧医疗场景中的边缘计算

2.3.5 虚拟现实/增强现实

虚拟现实/增强现实是近眼显示、渲染处理、感知交互和网络传输等信息技术相互融合的产物。随着智能手机和可穿戴设备的普及,虚拟现实/增强现实备受学术界和工业界的关注,已经在艺术、教育和娱乐等领域具有广泛的应用。高质量的虚拟现实/增强现实业务对时延和带宽的要求极高,传统的云计算并不适合。目前流行的两种解决方案是基于可穿戴设备和基于应用程序的解决方案[317],这两种方案在成本、可移植性和跨平台方面都存在一些固有的局限性。边缘计算和 5G 技术可以有效地解决虚拟现实/增强现实应用在传输带宽不足、设备移动性弱及用户互动体验差等方面的缺陷。因此,边缘计算技术的出现是虚拟现实/增强现实应用蓬勃发展的重要契机。

2.4 边缘计算的关键技术

本节首先指出边缘计算的核心技术问题,然后给出边缘计算的关键技术及发展趋势。

2.4.1 核心技术问题

边缘计算的核心技术问题主要包含三个方面:软硬件及存储、网络通信以及安全与隐私。

1. 软硬件及存储

(1)软件方面。针对未来万物互联所产生的海量数据以及各类应用场景对时延、带宽的苛刻要求,边缘计算环境下的应用软件必须具有可重配置性、可移植性以及各种应用领域中的互操作功能[318]。例如,部署在工业物联网以及智能交通等领域的边缘计算节点上的软件,必须能够根据生产需求的改变和实时路况的更新及时地做出调整,基于实时数据进行计算和分析,进而对系统做出优化。此外,需要在远程管理功能方面对边缘计算应用软件进行加强。

(2)硬件方面。与传统的云计算相比,边缘计算节点对于硬件的要求更为严苛。考虑边缘计算的分布式部署特性,边缘节点可能位于车间、小区、校园和街道等任何位置,这给边缘节点的硬件设计和维护带来了巨大的挑战。只有采用高标准的硬件设备,才能尽可能地降低故障率、减少设备维护成本。目前,工业界尚未形成统一的标准,各大厂商所生产的硬件设备之间缺乏互联互通和互操作性。由于部署环境和任务需求的不同,边缘计算节点的硬件设备在研发时必须综合考虑集成度、硬件加速、能量消耗以及协议规范性等问题。

(3)存储方面。边缘计算的很多应用场景对延迟极其敏感,如网络和嵌入式应用程序。虽然用闪存驱动器代替机械磁盘是存储设备发展的趋势,但是现有存储系统的设计在很大程度上取决于磁盘的特性,而不是闪存驱动器的特性。随着边缘计算技术的发展,高速、节能的小型闪存驱动器将大量部署在边缘节点上。无论单个磁盘还是全闪存服务器都需要匹配相应的存储软件,面向闪存的软件存储系统是边缘计算的一项关键技术。

2. 网络通信

在边缘计算中，存储和计算资源从云数据中心转移到边缘节点，同时计算任务从骨干网络下沉至边缘节点。服务器内部与外部的交互大量增加，传统的传输控制协议/网际协议（transmission control protocol/internet protocol，TCP/IP）技术很难满足具体应用的需求。为了应对这一挑战，无限带宽（InfiniBand）、远程直接内存访问（remote direct memory access，RDMA）和数据平面开发套件（data plane development kit，DPDK）成为边缘计算的关键加速技术[319]。随着 5G 技术的发展与应用，引入了网络切片技术对 5G 网络的三大应用场景进行统一管理。在接入网、承载网和核心网三个层面，分别采用 NFV、SDN 和服务化架构（service-based architecture，SBA）三项技术对网络进行切片。

（1）作为一种电缆转换技术，InfiniBand 支持并发链路，具有高带宽、低延迟和高扩展的特点，适用于服务器与服务器、服务器与存储设备以及服务器与网络之间的通信[320]。远程直接内存访问技术可以将数据直接通过网络传输到计算机的存储区域，即数据可以直接从一个系统快速地传输到另一个远程系统的内存中。该技术对设备的计算能力没有很高的要求，避免了外部存储器上的复制和交换操作，提高了系统性能。DPDK 是由英特尔等多家公司联合研发的应用程序开发套件[321]，其能够提高数据包的处理速度，将控制线程和数据线程绑定到不同的 CPU 内核，提供内存池和无锁的环形缓冲区，减少线程之间 CPU 内核的调度。

（2）网络切片技术主要分为通信管理、网络切片管理及网络切片子网管理等部分。通过将一个物理网络分割成若干个逻辑网络，同一个物理网络可以为不同的应用场景提供按需应变的定制化网络服务[322]，能够满足人们的个性化需求和服务质量要求。边缘计算技术的发展必须考虑如何与网络切片技术更好地结合，进而为工业物联网、车联网和虚拟现实/增强现实等垂直行业提供低时延、高可靠及通信安全的网络服务。

3. 安全与隐私

首先，仅保证云-边-端各层之间的安全并不能保证整体性的数据安全，需要协调云-边、边-端、云-端等各种安全机制，实现异构边缘与数据中心之间的协作[323]。安全机制的设定需要尽可能地自治，避免过分依赖基础设施，从而减少针对基础设施的恶意攻击。考虑到边缘计算节点的分布十分广泛，环境差异较大，社区和个人的边缘计算节点普遍缺乏商用服务器的各种硬件保护机制，因此，这类边缘计算节点的安全与隐私保护也是一大挑战。

其次，由于边缘节点在网络中分布不均匀，终端设备对数据的收集、聚合和分析无法有效地进行集中控制[324]。智能家居设备等保护性较差的边缘节点，很可能成为入侵者实施恶意攻击的首选目标。如何保证边缘计算敏感数据的机密性和关键数据的完整性是安全与隐私保护的重点。此外，边缘节点处于网络边缘，靠近应用场景中的关键业务设备、智能手机、智能家居和各类传感器等终端设备，因此，必须考虑具体的硬件设备、网络环境以及应用程序的安全性。

2.4.2 关键技术及发展趋势

边缘计算的关键技术从 5G 网络技术、计算技术、存储技术和系统平台四个方面进行阐述。关键技术的发展趋势从云–边–端协同、边缘计算与 5G 网络协同以及个性化三个方面进行阐述。

1. 关键技术

（1）5G 网络技术。5G 网络与边缘计算技术的关系十分紧密，5G 网络对超低时延、高带宽和大容量等需求的支持性，使得边缘计算成为 5G 的核心技术之一[325]。边缘计算技术的优势很好地解决了带宽不足的问题，弥补了网络时延较大和网络抖动等性能缺陷，极大地改善了用户体验。

（2）计算技术。计算能力是边缘计算节点的一个重要性能指标。在"ABC SUMMIT 2019 百度云智峰会"上，百度介绍了百边缘计算（Bai edge computing, BEC）[326]，其基于运营商节点和已有的网络架构，一站式地提供全面覆盖的分布式算力资源，通过对终端数据进行就近计算和处理，大幅度地优化响应时延、降低云计算中心的负载，为用户提供高效、灵活的边缘算力资源和平台。

（3）存储技术。边缘计算将原本在云计算中心进行的数据存储、处理和简单分析等工作迁移到边缘节点，在降低了时延和增加了隐私性的同时也给边缘节点的存储能力带来了压力。工业界引入超融合架构[327]应对存储需求，其包含商用硬件和存储管理软件，基于虚拟存储设备，以虚拟机为中心将存储管理、数据保护和网络通信集成到节点内，具有高性能与高可靠性的特点。由于采用了分布式存储池，能够在不中断系统业务的情况下，根据实际需求进行节点的新增与删除。

（4）系统平台。已有的边缘计算平台通常包含资源管理、设备接入、数据采集、安全管理和平台管理五个功能模块。文献 [328] 提到了以下四个边缘计算平台。EdgeX-Foundry 和 ApacheEdgent，前者是工业领域的标准化互操作性框架，后者是面向本地实时分析的流数据处理框架，上述两个系统都部署在路由器、交换机等边缘设备上。面向边缘云的交换中心重构数据中心项目（central office re-architected as a datacenter, CORD）和 Akraino EdgeStack，前者基于软件定义网络、网络功能虚拟化和传统云计算构建可扩展的边缘网络基础设施，后者基于开源软件栈构建网络基础设施和边缘计算应用的整体解决方案，上述两个系统均是针对网络运营商的边缘计算平台。此外，由容器软件提供商 Rancher Labs 发布的 k3OS 是首个专为 kubernetes 而生的操作系统[329]，该系统资源消耗低，简化了边缘计算环境中的操作，适用于边缘计算、物联网等新兴的应用场景。华为将 kubeEdge 开源项目捐献给云原生计算基金会（Cloud Native Computing Foundation, CNCF）[330]，形成全球首个基于 kubernetes 扩展的、提供云–边协同能力的开放式边缘计算平台，实现了云–边协同、计算下沉和海量设备接入等功能。

2. 发展趋势

（1）云–边–端协同发展。虽然云计算的相关技术已经比较成熟，但其工作原理造成的集中式数据处理瓶颈、网络时延较大和网络抖动等固有问题依然存在。边缘计算的发展对云计算是一个强力的补充。在未来物联网的发展中，边缘计算、云计算和终端设备必须进行协作。云计算负责任务调度等全局性工作。边缘计算是云计算向数据产生侧的延伸，侧重于现场、实时性和安全性等，在对数据进行处理后将有价值的信息上传至云端。终端设备通过各类内嵌的传感器对原始数据进行采集。

（2）边缘计算与 5G 网络协同发展。5G 网络的商用为边缘计算提供了进一步的发展契机。虽然 5G 网络具有高带宽、大容量、低时延等优势，但是该技术极大地增加了数据处理的规模，必须提供一种兼具高效性和可靠性的新型计算模式[331]。多接入边缘计算被视为一种向 5G 过渡的关键技术和架构性概念，能够充分发挥 5G 的各种优势，从云–边–端三个方面优化资源的配置，实现系统性能、成本、用户体验等多个方面的提升。

（3）个性化发展。在实际生产环境中，边缘计算基础设施的拥有者、各节点的任务类型、计算量等都不尽相同。在部署边缘应用时，必须保证能够提供最低服务水平。在开发边缘计算设备和应用程序时应当充分考虑可能面临的个性化需求，以便更高效地利用基础设施资源。

2.5　边缘计算面临的挑战

2.5.1　技术挑战

在传统的云计算架构中，数据中心是资源的控制者，用户按照需求申请资源。用户数据上传至数据中心进行处理，数据中心处理完成后将结果通过网络反馈给用户。在边缘计算架构中，计算、存储等资源下沉至边缘节点，位于用户附近。用户不需要完全依赖于数据中心，因此，用于计算、网络和存储的关键技术发生了重大变化[332]。

1. 安全与隐私

边缘计算具有位置感知能力，能够在智慧城市中提供实时的、低成本的服务。同时，边缘计算的出现也带来了额外的安全威胁，主要从以下四个角度增加了攻击面。

（1）计算能力弱。与云服务器相比，边缘服务器的计算能力很弱。边缘服务器更容易受到现有攻击方式的攻击，而这些攻击对云服务器早已失效。同理，与通用计算机相比，边缘设备的防御机制更加脆弱，许多针对桌面计算机的无效攻击可能对边缘设备构成严重威胁。

（2）攻击无意识。与通用计算机不同，大多数物联网设备没有用户界面，有些设备只包含比较简陋的硬件，这导致用户对设备运行状态的了解很有限。因此，即使攻击发生在边缘设备上，绝大多数用户也无法识别。

（3）操作系统和协议的异构性。通用计算机倾向于使用标准的操作系统和统一的通信协议，而边缘设备通常具有不同的操作系统和通信协议，并没有遵循统一的、标准化的规则，这导致设计统一的边缘计算保护机制比较困难。

（4）粗粒度访问控制。针对通用计算机和云计算设计的访问控制模型主要包括无读写、只读、只写、读写等四类权限。这类粗粒度的访问控制模型无法适应边缘计算的需求，边缘计算中复杂的系统以及应用程序需要细粒度的访问控制，进而应对诸如"谁可以通过在何时做什么来访问哪些传感器"之类的问题。

2. 服务发现

终端用户设备通常是针对某项功能的专用设备，其通过网络请求不同类型的服务。然而，移动设备上运行的应用程序通常并不知晓边缘节点上提供的可用服务。针对服务发现，应该提供某种机制使客户机的应用程序能够通过指定计算能力和所需要的存储空间生成服务请求，然后由代理机制发现满足终端用户需求的服务[333]。在软件定义网络中，服务发现模块参与边缘计算基础设施的维护，提供可用服务的内容和位置信息，通过一个映射表将服务名称与相应的服务器位置链接起来，边缘服务器定期将所提供的服务分发给服务发现程序。

3. 用户切换

边缘设备的移动性使其可以离开某个边缘节点的覆盖范围，进入另一个边缘节点的覆盖范围，在不涉及任何切换管理的情况下，只要边缘节点发生改变，用户就会重新启动服务发现和服务调试过程。这样不仅导致边缘计算基础设施的操作效率低下，同时严重影响用户体验。因此，用户切换模块通过预测未来可能的覆盖区域确保服务的连续性，如通过软件定义网络进行虚拟化资源流的重定向或即时动态迁移[334]。当用户与相应服务器之间的距离持续增加，系统的性能和用户体验都会逐渐降级，因此，虚拟机迁移在服务器的实时访问中至关重要。

4. 可编程性

在云计算模型中，系统的运行和维护都是公开透明的。用户无须了解程序是如何运行的，直接将需求传至云端，云端服务器传回处理结果。在边缘计算模型中，边缘计算节点本身、操作系统平台和运行环境均具有异构性，应用程序的编写和执行过程也具有多样性[335]。在边缘计算节点中统一部署应用程序对开发人员来说比较困难。此外，开发人员需要在边缘和云之间划分应用程序的功能，早期的实现是通过手动完成的，不具有可扩展性。因此，需要研发易于使用的编程框架和工具，支持边缘计算编程模型需要的任务和数据的并行性。同时，兼顾软硬件的异构性和边缘节点的资源容量，使得边缘计算的可编程性比传统的云计算模型更复杂。

5. 异构性（互操作性）

不同网络服务提供商拥有的多接入边缘计算基础架构标准不同，边缘计算节点的协议、硬件接口和服务方式等存在差异[336]。因此，工业界应当统一标准，实施规范化的生产和管理。大多数供应商制造的边缘计算设备基于软件解决方案满足通用计算的需求。随着支持通用计算的边缘节点的增多，对开发框架和工具包的需求也在增强。

6. 任务分发与调度

在边缘计算场景下，物联网等设备产生的大量数据不需要发送到云端处理。边缘计算节点具有有限的资源，需要根据实际任务的类型和规模进行任务的分发和调度，避免部分边缘计算节点负载过大影响系统性能和用户体验。通过云–边–端协同的方式将复杂的任务进行分割，充分利用有限的资源为用户提供良好的服务。

2.5.2　标准与法律法规

科学技术的演进和应用涉及实际推广与产业化发展。因此，相关的标准和法律法规不可或缺。

1. 标准

虽然边缘计算技术具有良好的发展前景，但是仍处于起步阶段。目前业内缺乏统一的标准体系。ETSI 和第三代合作伙伴计划（3rd Generation Partnership Project，3GPP）两个组织分别制定了与边缘计算相关的若干项标准[337-338]。其中，ETSI 在 ETSI GS MEC 003 协议中提出基于网络功能虚拟化的边缘计算参考架构，该架构使得边缘计算平台上的应用程序能够高效、可靠地运行。此外，ETSI 还对多接入边缘计算在诸多应用场景下的服务框架进行了定义。3GPP 提出了基于控制层和用户层分离（control and user plane separation，CUPS）的核心网架构，设计了面向分组核心网服务网关、分组数据网网关和流量监测的功能分离模型[339]。目前，ETSI 所制定的标准主要关注信息技术领域，缺乏对边缘计算整体网络架构的认知，导致边缘计算节点与 4G/5G 网络架构难以充分结合。3GPP 在标准制定中侧重于网络架构、物理接口和 5G 空口技术，未能激活产业界在边缘计算上的活力。边缘计算技术标准的制定必须从系统集成、互联互通、信息融合等多个维度进行综合考虑，只有对边缘节点的性能实施全方位的、权威的测试才能够付诸实施和推广。但是，目前边缘计算技术尚未成熟，需要进行大量的研究才能提供全面的、精确的基准测试数据[340]。

2. 法律法规

与边缘计算相关的法律法规建设还不够完善。边缘计算丰富的应用场景在提高人们生活质量的同时，不可避免地引入了网络与信息安全方面的隐患。在应用边缘计算技术的各大领域中，都需要制定完善的法律法规应对和解决与网络信息安全相关的社会问题[341]。政府和企业应当积极推动边缘计算技术的研发和标准制定，同时加强基础设施的组织与监管，避免恶意用户的攻击、侵入和破坏，加强对整个行业的法律法规宣传和普及，从源头上避免违法犯罪的产生。

2.5.3　评价体系与反馈机制

由于边缘计算技术涉及众多领域，目前相关技术和标准正处于形成的关键阶段，存在评价机制缺乏灵活性、反馈渠道不畅通、人员参与度不够，政府和企业的响应缺乏及时性等诸多问题，没有形成健全的评价体系和反馈机制。因此，本节提出针对边缘计算技术创新发展的新型评价体系和反馈机制。

1. 评价体系

评价体系的构建应该紧跟国家的发展规划，牢固树立和贯彻落实创新、协调、绿色、开放、共享的新发展理念，这也是我国产业结构转型升级的指导思想[342]。依据以上五点建立健全的评价体系，从产业的创新、协调、绿色、开放、共享五个指数综合衡量边缘计算以及相关产业发展，对实际解决方案的成效进行评估。

（1）创新。基于边缘计算的自主研发、技术引进的经济投入强度来衡量产业的创新指数。

（2）协调。研究边缘计算的投入与产出结构、企业各部门的生产效率来衡量产业的协调指数。

（3）绿色。基于国家层面产业整体的能源消耗结构和能源利用率来衡量产业的绿色指数。

（4）开放。根据进出口结构的科技含量和附加值来衡量产业的开放指数。

（5）共享。通过共享发展红利与减少贫富差距的程度来衡量产业的共享指数。

上述关键指标对于建立边缘计算的评价体系有着重要的意义，根据上述指标对边缘计算节点、服务器等边缘计算设备制定量化的评价标准。在评价指标的基础上，对边缘计算的相关产品进行标准化的综合性评估，涵盖功能、效率、安全性、兼容性等多个方面，改进产品和服务的质量，为产业的良性发展提供保障。

2. 反馈机制

反馈机制是指系统内各个对象之间信息的传递。这些信息在系统内调节机制的作用下，促使系统中各个相关利益主体对外界环境的变化做出反馈。建立健全的反馈机制，构建良好的产业生态，不仅可以促进产业发展，还能够使边缘计算技术不断完善，实现技术、行业之间的良性发展。具体来说，通过建立企业与企业、企业与用户、企业与政府、用户与政府、政府与政府、用户与用户六种反馈模式，打通用户、企业和政府三者之间的沟通渠道，提高社会资源的利用效率与政企服务水平，为行业的发展提供参考方向。

（1）企业 ↔ 企业：企业与企业之间进行资源共享，实现强强联合和优势互补，促进共同发展和互利共赢，为用户提供更好的服务，提升企业的综合实力。

（2）企业 ↔ 用户：随着认知水平的不断提高，用户会通过各类渠道来获取产品和企业的相关信息，结合自身的实际使用情况向企业提出意见和需求，促使企业进行技术革新。

（3）企业 → 政府：企业将自身积累的经营情况和行业发展现状反馈至政府，政府据此进行调研，最终得到的数据和信息作为政府进行宏观调控的参考依据，并且有针对性地制定相应的法律法规。企业必须保证上报信息的准确性和时效性，这样才更有利于政府制定科学的、合理的政策，促进行业的健康发展。

（4）用户 → 政府：人们可以通过网络、公开信等方式，将自身掌握的信息和需求传递给政府，帮助政府全面地了解实际情况、集思广益，避免政策制订过程中的瑕疵与失误，进而构建更好的产业生态，促进产业的发展，为企业和用户提供更好的服务。

（5）政府 ↔ 政府：新兴的科学技术与经济的发展需要各部门、各单位的通力合作和高效协同。政府内部应当构建良好的沟通与合作平台，实现信息共享，高效地利用各个方面的资源，共同为企业开辟更好的发展空间，为用户提供更高质量的服务。

（6）用户 ↔ 用户：互联网技术的飞速发展使得用户之间信息沟通的渠道日益便捷，用户之间能够方便地交流关于产品的意见，并通过各种渠道进行发声，这在很大程度上促进了用户产品意识的整体提升。

本 章 小 结

本章阐述边缘计算的发展现状与面临的挑战。边缘计算作为一种新型的计算模型，在网络边缘侧部署节点，实现数据的实时处理，具有可靠性高、资源消耗少等优势。在万物互联的趋势下，边缘计算不仅能够弥补传统的云计算存在的缺陷，还可以很好地与 5G 网络技术相互促进，因此，具有广阔的发展前景和丰富的应用场景。目前，边缘计算的相关技术和标准还需要大幅度完善。边缘计算的相关问题，即该领域的推动因素、技术难点以及外部挑战如图 2.7 所示。

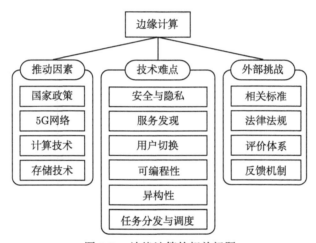

图 2.7　边缘计算的相关问题

未来，边缘计算技术会与终端设备、云计算进行深度融合，共同在工业物联网、车联网、智慧城市和智慧医疗等人们生产生活的各个方面发挥作用。边缘计算技术也必将成为继云计算、大数据之后的下一个热点领域。为了提升我国的综合实力、加速产业转型、改善人们的生活水平，学术界和工业界应当加大投入、深入挖掘边缘计算技术的真正潜力。

第 3 章　面向无线传感器网络的边缘数据采集

为了更好地应对数量呈爆炸式增长的边缘设备所产生的海量数据，学术界和产业界不约而同地选择了无线传感器网络来对边缘数据进行采集。无线传感器网络所具有的灵活性、高效性和廉价性极大地促进了相关理论模型的研究以及实际生产环境中的系统部署。

3.1　智能工厂中数据的纵向流动

面向制造网络的纵向集成的上下文是智能工厂。纵向集成旨在构建由多个层次化子系统组成的灵活的、可重配置的制造系统。智能工厂是实现工业 4.0 最重要的应用实体[37]。智能工厂中的现代化生产线和生产过程包含多种多样的数据，如温度、压力、位移、热能、振动和噪声等。针对上述数据，可以进行多种形式的分析，如设备故障诊断、电力消耗、产品质量控制和自动化物流等。文献 [36] 从构件、机器和生产系统三个方面对当前的传统工厂与工业 4.0 中的智能工厂进行了对比。对传感器、控制器和网络化系统这三类数据源的特性和相关技术进行了精练的总结。简言之，工业 4.0 中智能工厂的显著特点包含自治的感知（aware）、预测（predict）、比较（compare）、配置（configure）、维护（maintain）和组织（organize）。

最终产品的生产过程中包含了一系列复杂的操作，这些操作施加于原材料和半成品上。上述生产过程通常涉及若干个位于不同层的信息物理子系统，如传动和传感层、控制层、制造和执行层、协同规划层以及产品管理层等。目前，信息在上述子系统之间流动缺乏顺畅性，这对生产过程的连续性和一致性造成了很大的损害。因此，实现工业 4.0 的一个关键因素是面向层次化系统的纵向集成。纵向集成将传统工厂转化为灵活的、可重配置的智能工厂。

3.2　基于传感器云的数据采集与传输

纵向集成的关键任务是数据的采集和传输。在传统方法中，研究者通常采用云计算技术来处理数据的采集和传输。云计算能够根据用户的需求提供共享的计算资源。数据的采集和提供是基于用户需求的。对于无线传感器网络来说，传感器云（sensor cloud）[58] 的概念随着无线传感器网络与云计算的结合而产生。顾名思义，传感器云是指用来管理物理传感器的基础设施，其中物理传感器与云保持连接。传感器云以自动化的方式为用户提供云服务的实例。这里，云服务的实例称为虚拟传感器（virtual sensor）。虚拟传感器是物理传感器的仿真对象，虚拟传感器的数据从相应的底层传感器处获得[343]。术语"虚拟"表示对用户的透明性（transparency）。具体来说，从用户体验的角度来看，云服务的实例与系统中其他的物理资源没有任何区别。在传感器云的概念出现之前，文献 [64]、文献 [65] 已经探讨了云计算的实时通信。此外，大量文献研究了传感器与云框架的集成。文献 [71] 对与传感器云相关的研究进行了综述，阐述了传感器云的概念、固有特性及应用优势。此外，对不同的传感器云模型涉及的消息类型进行了比较。文献 [66] 将传感器与云的集成应用到健康监测领域。为了在数据传输时最大化地利用带宽资源，提出了一个优化的网关选择模型。文献 [68] 分析了无线传感器网络与云进行集成所面临的挑战，针对软件即服务领域的应用提出了一个专用的传感器云模型。与文献 [68] 类似，文献 [69] 分析了传感器云在类型多样性、可扩展功能的实现、隐私保护等方面所面临的挑战。文献 [344] 提出了一个简单的虚拟无线传感器网络基础设施，该方案独立于底层的协议，能够方便地将流行的路由协议和数据聚合协议进行结合。针对水下传感器网络，文献 [72] 基于节点自组织提出了一个拓扑虚拟化模型。针对大规模部署的无线传感器节点，文献 [345] 提出了一种低开销的虚拟传感器管理机制，该机制旨在将并发的数据传感请求高效地映射到传感器云。

传感器云由构建于物理无线传感器设备之上的虚拟传感器组成，用户能够根据应用程序的特定需求来对传感器云中的虚拟传感器进行动态增减。虚拟传感器通过实施分布透明性（distribution transparency）和位置透明性（location transparency）来为用户提供定制化的视图。对于无线传感器来说，其硬件几乎无法胜任并行任务。因此，传统的云计算方案中运行多个虚拟机的方法是不可行的。为了解决该问题，传感器云通常将虚拟传感器实现为与之对应的物理传感器的软件镜像。虚拟传感器包含了物理传感器相关的元数据，同时记录有当前持有该虚拟传感器的用户。此外，虚拟传感器还可以包含数据处理代码，其能够根据用户发出的复杂查询来对数据进行处理。在虚拟传感器实现方面，通常包含以下四种配置模式。

（1）一对多。一对多是指单个物理传感器对应多个虚拟传感器。尽管用户各自持有虚拟镜像，底层的物理传感器由访问该传感器的全体虚拟传感器共享。中间件针对全体用户进行考量，计算该物理传感器的采样时长和采样频率。当新用户加入时或者现有用户离开系统时，中间件对采样时长和采样频率重新进行评估，因此系统是动态的。

（2）多对一。多对一是指如果将地理范围划分为多个区域，那么每个区域可以包含一个或多个物理传感器和传感器网络。当用户请求针对来自某个区域的特定现象（specific phenomenon）实施数据聚合时，所有底层无线传感器网络以特定现象使能（enabled）的方式启动，用户从这些无线传感器网络来访问聚合过的数据。全体底层传感器进行数据传感的采样时间间隔与用户请求的采样时间间隔相同。多对一配置模式在底层传感器失效时能够提供容错（fault tolerance）。单个虚拟传感器与多个底层物理传感器进行通信，然后将数据的聚合视图（aggregated view）呈现给用户。当物理传感器失效时，传感器云面向无线传感器网络的层捕获到失效以及与失效物理传感器通信的虚拟传感器。处于工作状态的传感器能够在给定的服务质量（quality of service，QoS）范围内提供数据。因此，虚拟传感器能够适应拓扑和面向无线传感器层的变化。同时，虚拟传感器对用户是透明的。

（3）多对多。多对多是指单个物理传感器能够对应多个虚拟传感器，同时其可以是传感器网络的一部分，可以为单个虚拟传感器提供聚合过的数据。换言之，多对多配置模式是前述一对多模式与多对一模式的结合。

（4）衍生。衍生是指从多个物理传感器组合形式衍生出虚拟传感器的通用型配置模式。本配置模式可以看作前述三种配置模式的泛化，不同之处在于与虚拟传感器通信的物理传感器的类型，即虚拟传感器与多个类型的物理传感器进行通信。前述三种配置模式中，虚拟传感器仅与同一类型的物理传感器进行通信。

大多数文献中的方案具有以下不足。①缺少针对多源异构数据的统一的数据管理框架。统一的数据管理框架对于数据的采集和存储至关重要。②没有涉及无线传感器网络的连通性。无线传感器节点的移动性和有限的无线通信距离会显著影响无线传感器网络的可用性。③没有给出无线传感器网络所使用的路由协议。鉴于以上三个原因，无法实现可用的生产系统。

针对上述问题，本章的余下内容首先介绍度量类型并提出一个统一的数据描述和管理框架，然后对应用场景进行分析并提出一维网络连通性模型。基于一维网络连通性模型，提出二维网络连通性模型并对网络连通性进行建模。在路由协议方面，设计r-Kruskal 算法并详细阐述一个两跳多汇聚路由协议。最后，通过实验对本章提出的模型与设计的算法进行性能评估，给出详尽的分析。

3.3　统一的数据描述与管理框架

来自制造过程中不同源头和不同阶段的数据具有规模化增长的多样性和复杂性。为了更好地对各个信息物理系统中不同域的多种设备产生的多源异构数据实现智能融合，本节提出统一的数据描述和管理框架。

3.3.1　度量类型

在人类认知信息的过程中，先后出现了大量对度量类型进行分类的文献，其中最有影响力的定义是由学者史蒂文森（Stevens）给出的：定类（nominal）、定序（ordinal）、定距（interval）和定比（ratio）[346-348]。定类这个度量类型能够进行定性度量，其余的三个度量类型能够进行定量度量。

（1）定类度量类型关注类别划分（classification）和成员资格（membership），其不反映数值的量级。

（2）定序度量类型关注比较（comparison）和层级（level），其能够给出数值的量级，但是连续数值（consecutive values）之间的区别是不精确的。

（3）定距度量类型关注于区别（difference）与匹配度（affinity），其能够提供不同对象之间精确的区别。这种区别通常被描述为距离。但是，存在一个特例，即数值零的含义可能有很多种，不一定代表简单的数值零（如 GPS 坐标中的零）。

（4）定比度量类型关注量级（magnitude）和数量（amount）。在定比度量衡中，数值零通常具有实际的意义，如开尔文温标（Kelvin temperature scale）中的绝对零度。

3.3.2　数据描述和管理

统一的数据描述和管理框架包含一个可扩展的数据描述模型，该模型能够对已知数据类型的数据进行存储和管理。对于未知数据类型，该模型能够方便地构建出新的数据类型。因此，其能够处理未知数据类型的数据。此外，该模型能够灵活地给出高效的功能接口来支持数据查询、数据分析和数据挖掘等。

定义 1　用 m_i 表示度量类型，那么 $m_i \in M = \{m_1, m_2, m_3, m_4\}$。具体来说，度量类型定类、定序、定距和定比分别用 m_1、m_2、m_3 和 m_4 来表示。

在智能工厂中，制造过程所蕴含的信息量是十分可观的。笔者将物理世界分解为担任数据源角色的一系列实体。这些数据源基于自身的物理现象进行分类，如温度、振动、声音、压力、移动、光、湿度、重力、磁场和电场等。每个数据源都配备相应类型的工业传感器。在各类设备运行的过程中，大量多样化的数据由这些工业传感器产生。

定义 2　用 t_i 表示物理传感器的类型，那么给定的智能工厂中所有潜在的物理传感器的类型用集合 $T = \{t_1, t_2, \cdots, t_\alpha\}$ 来表示。

定义 3　用 p_i 表示物理现象，那么给定的智能工厂中人们所有感兴趣的物理现象用集合 $P = \{p_1, p_2, \cdots, p_\beta\}$ 来表示。

在上述三个集合 M、T 和 P 之间存在两个映射。对于非空集合 P 和 M，用 $f_{pm}: P \to M$ 来表示从集合 P 到集合 M 的映射。类似地，对于非空集合 M 和 T，用 $f_{mt}: M \to T$ 来表示从集合 M 到集合 T 的映射。具体来说，对于集合 P 中的每个元素，集合 M 中总存在一个唯一确定的、与之相对应的元素。上述关系同样适用于集合 M 和集合 T。

截至目前，本章还未具体谈及"数据的类型（type of data）"，这是数据科学中一个经典的属性。在现实世界中，数据通常被称为文本、图像、音频和视频等。此外，对于不同的应用领域，数据的类型是浩瀚（multitudinous）的。为了支持应用系统中更高层的构件，所谓的数据描述和管理框架必须能够提供上述浩瀚数据的数据类型。因此，本章提出一种面向人类的刻画（profiling）机制来描述数据的类型。具体来说，为了对数据的类型进行刻画，引入一个属性和相应取值的列表，每个属性具有若干个取值。用 L 表示这个列表，且智能工厂中所有的构件都知晓这个列表。例如，名为"设备（device）"的属性指明了设备的名称，名为"温度"的属性的取值可能有冷启动温度、运行温度和报警温度等。在现实世界中，基于对应用领域的调研，通常比较容易获得属性和相应取值的列表。用集合 property $= \{pr_1, pr_2, \cdots, pr_{np}\}$ 表示属性，属性 pr_i 相应的取值使用集合 $p_i = \{pv_{i1}, pv_{i2}, \cdots, pv_{im}\}$ 来表示。接下来给出数据类型刻画（data type profile）的定义。

定义 4　数据类型刻画是指字符串 $tp = \{pv_{1s}, pv_{2j}, \cdots, pv_{(np-i)k}\}$，该字符串由 $np - i$ 个属性的取值顺次连接而成，其中 $0 \leqslant i < np$，$1 \leqslant s, j, k \leqslant m$。当 $i = 0$ 时，将 tp 称为一个完全刻画（complete profile）。当 $i \neq 0$ 时，将 tp 称为一个不完全刻画（incomplete profile）。因此，上述条件下总共存在 $\prod_{i=1}^{np} |p_i|$ 个不同的完全刻画。

具体来说，统一的数据描述和管理框架规定由单次传感操作获得的数据必须符合一个特定的格式，该格式包含六个域，如图 3.1 所示，其中前三个域分别表示物理现象、度量类型和传感器类型。对于同一个数据源，可以部署多个物理传感器，因此使用第四个域表示每个物理传感器独一无二的识别码。第五个域表示类型刻画（type profile）。第六个域表示传感器数据的二进制形式。

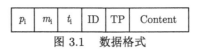

图 3.1　数据格式

对于未知的数据类型，首先需要识别其对应度量类型和物理现象，然后对集合 property 中的属性，尝试取适当的数值。然而，对于某些未知的数据类型，当前集合 property 中的某些属性并不适合，或者根本无法处理给定的未知的数据类型。这样的话，这些属性的取值就保持为空。此外，未知的数据类型可能具有一些新的特征，这些特征无法用当前集合 property 中已有的属性来表示。那么，就需要生成新的属性来应对这些新的特征。

3.4　网络连通性的初步模型

为了简单起见，将工厂车间建模为二维平面上 $m \times n$ 的网格。这些网格用集合 $\mathrm{gr} = \{\mathrm{gr}_{11}, \mathrm{gr}_{12}, \cdots, \mathrm{gr}_{ij}\}$ 来表示，其中 $1 \leqslant i \leqslant m$，$1 \leqslant j \leqslant n$。

整个传感器网络包含两类节点：汇聚节点（sink node）和移动传感器节点（mobile sensor node）。

汇聚节点位于固定的位置，且具有线缆形式的电源供应。因此，对于汇聚节点来说，其所拥有的电能几乎是不受限的。全体汇聚节点构成传感器网络的骨干基础设施，且使用相同的网络协议。用集合 $\mathrm{sn} = \{s_1, s_2, \cdots, s_{N_s}\}$ 来表示汇聚节点。骨干基础设施称为汇聚节点网络（sink node network，SNN）。

移动传感器节点依赖于受限的电池能量，这是无线网络的一个共性问题。因此，移动传感器节点的功能需要被精心设计。全体移动传感器节点构成一个移动自组织网络（mobile ad-hoc network，MANET），作为传感器网络内除骨干基础设施之外的局部结构。用集合 $\mathrm{ms} = \{\mathrm{ms}_1, \mathrm{ms}_2, \cdots, \mathrm{ms}_{N_m}\}$ 来表示移动传感器节点。局部结构称为移动传感器网络（mobile sensor network，MSN）。

基于参与通信的实体与通信所涉及的范围，可以将传感器网络中的通信活动分为以下三类。

（1）汇聚节点网络内部通信。由于汇聚节点网络中汇聚节点的位置是固定的，因此在正常情况下该网络的拓扑几乎是不变的。需要指出的是，该网络中汇聚节点之间的通信是以无线方式进行的。

（2）移动传感器网络内部通信。由于移动传感器网络是一个自组织网络，因此该网络的拓扑通常是持续变化的，该网络中的移动传感器节点是基于一个移动无线网络进行通信的。

（3）混合通信。与上述两类通信模式不同，混合通信是指移动传感器网络中的移动传感器节点与汇聚节点网络中的汇聚节点之间进行通信。

3.4.1　连通性模型

制造网络中的网络连通性水平应当将汇聚节点网络和移动传感器网络结合起来考虑。一般来说，两个无线传感器节点之间的连通性由它们的无线通信距离（radio range）决定。对于包含汇聚节点网络和移动传感器网络的制造网络来说，整个网络的连通性要优于单纯的无线自组织网络。为了简单起见，考虑二维平面内的四个传感器节点。如图 3.2 所示，节点 ms_1 和节点 s_1 之间的欧氏距离是 d_1，节点 ms_2 和节点 s_2 之间的欧氏距离是 d_2，节点 s_1 和节点 s_2 之间的欧氏距离是 d_3。假定节点 ms_1、ms_2、s_1 和 s_2 具有相同的无线通信距离 R，且 $R = d_1 = d_2$，$R < d_3 < 2R$。当节点 ms_1、ms_2、s_1 和 s_2 构成单纯的无线自组织传感器网络时，节点 ms_1 和节点 s_1 能够互相通信；类似地，节点 ms_2 和节点 s_2 也可以互相通信。但是节点 s_1 和节点 s_2 无法互相通信。由于网络中存在孤立区域（isolated parts），因此整个网络的连通性是很差的。在本章提出的模型中，节点 s_1 和节点 s_2 是汇聚节点网络中的两个固定节点，节点 ms_1 和节点 ms_2 是移动传感器网络中的两个移动传感器节点。由于节点 s_1 和节点 s_2 具有线缆形式的电源供应，因此它们能够通过临时增加无线通信功率来获得更大的无线通信距离（如 $2R$）。这样的话，节点 ms_1 和节点 ms_2 就能够间接地互相通信，即由节点 s_1 和节点 s_2 作为中继节点。因此，整个网络的连通性得到了改善。

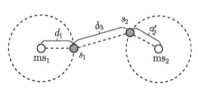

图 3.2　四个节点之间的连通性

一般来说，无线传感器网络的连通性是指传感器节点之间的无线通信链路质量和路由状态。相关的研究工作主要分为两类：①不同部署环境和不同运行条件下连通性的分析；②无线传感器网络整个生命周期内连通性的变化。为了更好地对连通性进行描述和分析，可以将网络抽象地表示为无向图（undirected graph）$G(V, E)$。这里，V 表示网络中所有节点对应的顶点的集合，E 表示网络中所有链路对应的边的集合。根据连通性水平的不同，可以给出以下三类连通性。

（1）全连通的（fully-connected）。全连通的无线网络是指在与其对应的无向图 $G(V, E)$ 中，任意两个顶点之间总存在至少一条连接。当无向图 $G(V, E)$ 中任意两个顶点之间至少存在 k 条不相交的连接时（即 k 条连接中的任意两条连接除了连接的两个端点之外不共享其他顶点），无向图所对应的无线网络是一个 k 连通的（k-connected）网络。在现实世界中，对于随机部署的规模较大的无线网络，节点落在其他所有节点通信距离之外的可能性通常都是较大的。因此，获得全连通的无线网络的可能性很小。

（2）近似连通的（approximately-connected）。当无线网络的规模趋近于无限时，如

果无向图 $G(V, E)$ 中任意两个顶点之间总存在至少一条连接的概率是 1，那么无向图所对应的无线网络是一个近似连通的网络。类似地，如果无向图 $G(V, E)$ 中任意两个顶点之间至少存在 k 条不相交的连接的概率是 1，那么无向图所对应的无线网络是一个 k 近似连通的（k approximately-connected）网络。

（3）部分连通的（partially-connected）。如果任意两个顶点是互相可达的，那么有向图 G 是强连通的（strongly-connected）。当无线网络的规模趋近于无限时，如果有向图 G 中有且仅有一个强连通分量 C，且该强连通分量中顶点的个数是无限的，那么无向图所对应的无线网络是一个部分连通的网络。

3.4.2 一维网络连通性

为了构建两个传感器节点之间的无线通信模型，假定传感器节点都配备有无线通信距离为 r_0 的全向天线。当两个节点之间的欧氏距离 $r_e \leqslant r_0$ 时，它们之间能够直接通信。对于二维无线网络来说，传感器节点与汇聚节点之间的通信可能由若干个中间节点进行中继。如图 3.3 所示，信息流的方向是从节点 n_x 到节点 n_s，四个节点 n_x、n_{x+1}、n_{x+2} 和 n_s 之间的三个欧氏距离分别用 d_1、d_2 和 d_3 来表示。图 3.3 中的二维网络能够被转化成包含四个节点 n'_x、n'_{x+1}、n'_{x+2} 和 n'_s 的一维网络。

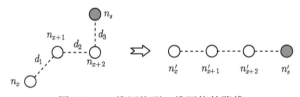

图 3.3　二维网络到一维网络的降维

对于一维无线网络来说，当一个节点 n 无法与信息流方向上的下一个节点 n' 通信时，认为节点 n 与网络是不连通的（disconnected）。在图 3.3 中，当 $d_1 > r_0$ 时，节点 n'_x 与网络是不连通的。对于一个一维网络，当且仅当网络中没有不连通的节点时，该网络才称为连通的一维网络。否则，该一维网络是不连通的。换言之，只要存在两个邻接的节点，它们之间的欧氏距离大于 r_0，那么该一维网络是不连通的。从理论上说，一维网络的长度可以是无限的。这里，考虑一维网络的一部分，用 FN 来表示。一维网络 FN 的长度为 $L(\mathrm{FN}) = x_b - x_a$，其中 x_a 和 x_b 是网络 FN 的两个端点。区间 $[x_a, x_b]$ 内传感器节点的个数为 $N(x_a, x_b) = N(x_b) - N(x_a)$，其中 $x_b > x_a$。网络 FN 包含的传感器节点的个数用 $N(\mathrm{FN})$ 来表示。由于传感器节点具有移动性，一般来说一维网络中传感器节点的实际个数近似地服从泊松分布（Poisson distribution）。因此，某个区间内传感器节点的个数的概率可以表示为

$$P(N(x) = n) = \frac{E[N(x)]^n}{n!} \mathrm{e}^{-E[N(x)]} \tag{3-1}$$

其中，

$$E[N(x)] = \int_0^x k(x)\mathrm{d}x \tag{3-2}$$

式 (3-2) 中的 $k(x)$ 表示 x 处传感器节点的密度。假定两个邻接的传感器节点 n'_x 和 n'_{x+1} 均向着一维网络中的某个接入节点（access point）移动。节点 n'_x 和 n'_{x+1} 到达位置 l 的时刻分别为 t_{x+1} 和 t_x。在 t 时刻，节点 n'_x 和 n'_{x+1} 之间的欧氏距离为

$$d_{T_x}(t) = \int_{t-T_x}^{t} v(s)\mathrm{d}s \tag{3-3}$$

其中，$v(s)$ 是传感器节点的平均速度（average velocity）。

为了更好地研究两个邻接的传感器节点之间的连通性，引入到达区间的阈值 T_0。当 $T_x \leqslant T_0$ 时，节点 n'_x 和 n'_{x+1} 在整个移动期间是保持连通的。相反地，当 $T_x > T_0$ 时，节点 n'_x 和 n'_{x+1} 之间欧氏距离的最大值在整个移动期间将大于 r_0。两个邻接的传感器节点之间欧氏距离的最大值可以表示为

$$\max_{t\in\Omega}\{d_{T_0}(t)\} = \max_{t\in\Omega}\left\{\int_{t-T_0}^{t} v(s)\mathrm{d}s\right\} \tag{3-4}$$

其中，集合 Ω 是时刻 t_c 的集合，t_c 表示节点 n'_x 和 n'_{x+1} 同时位于网络 FN 内的时刻。对于参数为 α 的泊松过程，有

$$p_0 = P(T_x \leqslant T_0) = 1 - \mathrm{e}^{-\alpha T_0} \tag{3-5}$$

其中，α 表示到达时刻的平均值。

假定位于一维网络 FN 内的传感器节点的个数为正整数（即 $N(\mathrm{FN}) > 0$），那么网络 FN 连通的概率为

$$P_{\mathrm{con}}(\mathrm{FN}) = \frac{\sum_{j=0}^{\infty} p_0^{j-1} P(N(\mathrm{FN}) = j)}{1 - P(N(\mathrm{FN}) = 0)} \tag{3-6}$$

结合式 (3-1) 和式 (3-6)，可得

$$P_{\mathrm{con}}(\mathrm{FN}) = \frac{\sum_{j=1}^{\infty} \dfrac{(p_0 \cdot E[N(\mathrm{FL})])^j}{j!} \cdot \mathrm{e}^{-E[N(\mathrm{FL})]}}{p_0(1 - \mathrm{e}^{-E[N(\mathrm{FL})]})} = \frac{\mathrm{e}^{p_0 \cdot E[N(\mathrm{FL})]}}{p_0(\mathrm{e}^{E[N(\mathrm{FL})]} - 1)} \tag{3-7}$$

由式 (3-7) 可知，一维网络的连通性是由 p_0 和 $E[N(x)]$ 决定的。由式 (3-5) 可知，p_0 是由 α 和 T_0 决定的。对于传感器节点均匀分布的一维网络来说，到达区间的阈值是接近 r_0 的。除此之外，一维网络中传感器节点的个数的期望也与参数 α 是相关的。

对于传感器节点部署较为稀疏的无线传感器网络，中继节点的选择余地并不大。与此同时，可选的通信链路的个数也较少。此外，某条通信链路中涉及的大多数传感器节点都向着某个接入节点移动。这样的话，一维网络的模型是适合进行连通性分析的。然而，传感器节点的移动模式和通信链路的构成通常要比一维网络模型中的情况复杂得多。因此，需要引入更加复杂的模型对网络的连通性进行建模。

3.5 两跳多汇聚路由机制

本节首先基于前述的一维网络连通性进一步研究二维网络连通性，然后面向汇聚节点网络设计 r-Kruskal 算法来对节点的通信进行建模，最后面向汇聚节点网络和移动传感器网络中节点的通信设计两跳路由方案。

3.5.1 二维网络连通性

1. 两跳区域模型

由于传感器网络中的通信活动是由节点与其邻居节点进行的，为了研究二维网络的连通性，提出一个节点的两跳（two-hop）区域模型。

定义 5 传感器节点 n_x 的一跳邻居节点是指传感器节点 n_o，节点 n_o 位于节点 n_x 的一跳之外，即 $d(n_x, n_o) \leqslant r_0$。

传感器节点 n_o 是传感器节点 n_x 的一跳邻居节点的充分必要条件是它们能够互相直接通信。

节点 n_x 的一跳邻居节点可以表示为集合

$$N_{(x,1)} = \left\{ n_{x1}, n_{x2}, \cdots, n_{xd_{(x,1)}} \right\} \tag{3-8}$$

其中，$d_{(x,1)}$ 是节点 n_x 的一跳邻居节点的个数，即节点 n_x 的度（degree）。

定义 6 传感器节点 n_x 的两跳邻居节点是指传感器节点 n_t，节点 n_t 位于节点 n_x 的两跳之外，即 $r_0 < d(n_x, n_t) \leqslant 2r_0$。

传感器节点 n_t 是传感器节点 n_x 的两跳邻居节点的充分必要条件是它们无法互相直接通信，且节点 n_t 是集合 $N_{(x,1)}$ 中一个或多个节点的一跳邻居节点。

节点 n_x 的两跳邻居节点可以表示为集合

$$N_{(x,2)} = N_{(x1,1)} \cup N_{(x2,1)} \cup \cdots \cup N_{\left(xd_{(x,1)},1\right)} \backslash N_{(x,1)} \tag{3-9}$$

与节点 n_x 的一跳邻居节点类似，用 $d_{(x,2)}$ 来表示节点 n_x 的两跳邻居节点的个数，那么有

$$d_{(x,2)} = \left| \bigcup_{n_{xj} \in N_{(x,1)}} N_{(xj,1)} \backslash N_{(x,1)} \right| - 1 \tag{3-10}$$

对于节点 n_x 的一跳邻居节点来说，节点 n_x 同时也是它们的一个一跳邻居节点，即

$$n_x \in \bigcup_{n_{xj} \in N_{(x,1)}} N_{(xj,1)} \backslash N_{(x,1)} \tag{3-11}$$

因此式 (3-10) 对 $d_{(x,2)}$ 的计算需要除去节点 n_x，即式 (3-10) 末尾的 "-1"。

对于传感器网络中的传感器节点 n_x 来说，n_x 的两跳区域模型由其一跳邻居节点和两跳邻居节点构成。

2. 连通性水平

由于二维网络的连通性比一维网络的连通性更加复杂,本章提出一种在二维网络中量化连通性水平的方法,该方法基于上述的两跳区域模型。对于任意两个节点 n_x 和 n_{x+1},将它们之间的关系用 $f_k(n_x, n_{x+1})$ 表示,其中 k 是节点 n_x 和 n_{x+1} 之间最短路径上的跳数。当 $k = 0$ 时,节点 n_x 和 n_{x+1} 位于传感器网络中不同的孤立区域,它们无法互相通信。当 $k = 1, 2, 3, 4$ 和 $k > 4$ 时,节点 n_x 和 n_{x+1} 之间最短路径的五种情况如图 3.4 所示,其中中继节点为 n_{ri},$i \in \mathbb{N}$。

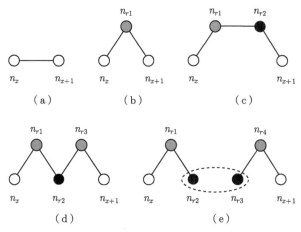

图 3.4　基于两跳模型的节点关系

在图 3.4（a）中,节点 n_x 和 n_{x+1} 之间的跳数为 1,它们能够互相直接通信,互为一跳邻居节点,那么有

$$f_1(n_x, n_{x+1}) \sim (n_x \in N_{(x+1,1)}), (n_{x+1} \in N_{(x,1)}) \tag{3-12}$$

对于图 3.4 中其余的四种情况,节点 n_x 与 n_{x+1} 之间的通信通过中继节点进行。

在图 3.4（b）中,节点 n_x 和 n_{x+1} 之间的跳数为 2,它们拥有共同的一跳邻居节点 n_{r1}。那么有

$$f_2(n_x, n_{x+1}) \sim (n_x \in N_{(x+1),2}), (n_{(x+1)} \in N_{(x,2)}), (n_{r1} \in N_{(x,1)} \cap N_{(x+1,1)}) \tag{3-13}$$

在图 3.4（c）中,节点 n_x 和 n_{x+1} 之间的跳数为 3,存在两个中继节点 n_{r1} 和 n_{r2}。对于节点 n_x 来说,中继节点 n_{r1} 和 n_{r2} 分别是 n_x 的一跳邻居节点和两跳邻居节点。当 $d(n_{r2}, n_{x+1}) \leqslant r_0$ 时,节点 n_{x+1} 位于节点 n_x 的两跳区域内,即节点 n_x 和 n_{x+1} 能够互相通信。那么有

$$f_3(n_x, n_{x+1}) \sim (n_{r1} \in N_{(x,1)}), (n_{r2} \in N_{(x,2)}), (n_{r1} \in N_{(x+1,2)}), (n_{r2} \in N_{(x+1,1)}) \tag{3-14}$$

在图 3.4（d）中,节点 n_x 和 n_{x+1} 之间的跳数为 4,存在三个中继节点 n_{r1}、n_{r2} 和 n_{r3},节点 n_{r1} 和 n_{r3} 分别是 n_x 和 n_{x+1} 的一跳邻居节点,节点 n_{r2} 同时是 n_x 和

n_{x+1} 的两跳邻居节点。对于节点 n_x 和 n_{x+1} 来说，它们各自的两跳区域是互相重叠的（overlapped），那么有

$$f_4(n_x, n_{x+1}) \sim (n_{r1} \in N_{(x,1)}), (n_{r3} \in N_{(x+1,1)}), (n_{r2} \in N_{(r2,1)} \cap N_{(r3,1)}),$$
$$(n_{r2} \in N_{(x,2)} \cap N_{(x+1,2)}) \tag{3-15}$$

在图 3.4（e）中，节点 n_x 和 n_{x+1} 之间的跳数大于 4，节点 n_{r1} 和 n_{r4} 分别是 n_x 和 n_{x+1} 的一跳邻居节点。图中虚线椭圆表示节点 n_{r2} 和 n_{r3} 之间的关系与节点 n_x 和 n_{x+1} 之间的关系类似。因此，图 3.4（e）中节点 n_x 和 n_{x+1} 之间的关系可以用递归的形式来表示，那么有

$$f_{>4}(n_x, n_{x+1}) \sim (n_{r1} \in N_{(x,1)}), (n_{r2} \in N_{(x,2)}), (n_{r4} \in N_{(x+1,1)}),$$
$$(n_{r3} \in N_{(x+1,2)}), f_{k-4}(n_{r2}, n_{r3}) \tag{3-16}$$

节点 n_x 和 n_{x+1} 之间更复杂的关系可以被分解，然后通过图 3.4 中的五种情况进行建模。节点 n_x 和 n_{x+1} 之间的连通性水平用 $c(n_x, n_{x+1})$ 来表示，那么有

$$c(n_x, n_{x+1}) = \begin{cases} 0, & k = 0 \\ 1/k, & k = 1, 2, 3, 4 \\ \dfrac{1}{4 + 1/c(n_x'', n_{x+1}'')}, & k > 4 \end{cases} \tag{3-17}$$

当 $k = 0$ 时，表示节点 n_x 和 n_{x+1} 之间不存在连接，令 $c(n_x, n_{x+1}) = 0$。当 $k > 0$ 时，两个节点之间的连通性水平随着它们之间的跳数的增加而单调减少。对于 $k = 1, 2, 3, 4$，$c(n_x, n_{x+1})$ 的值可以用 k 的倒数来表示。当 $k > 4$ 时，$c(n_x, n_{x+1})$ 的值无法在节点 n_x 和 n_{x+1} 的两跳区域内获得，$c(n_x, n_{x+1})$ 的值需要递归地确定。由于节点的两跳区域的覆盖范围为两跳，因此每次 k 的值超过 4 的倍数时，就需要对连通性水平进行递归计算。递归的次数可以表示为

$$R = \lfloor (k-1)/4 \rfloor \tag{3-18}$$

当 $k > 4$ 时，不妨令节点 n_x'' 和 n_{x+1}'' 分别为节点 n_x 和 n_{x+1} 位于它们之间最短路径上的两跳邻居节点。例如，图 3.4 中节点 n_x 和 n_{x+1} 的连通性水平为

$$c(n_x, n_{x+1}) = \frac{1}{4 + 1/c(n_{r2}, n_{r3})} \tag{3-19}$$

对于单个的传感器节点 x_x，将与其能够通信的节点用集合 $N(x)_k = \{n_1, n_2, \cdots, n_k\}$ 表示，那么节点 n_x 的连通性水平可以定义为

$$c(n_x) = \sum_{i=1}^{k} c(n_x, n_i) \tag{3-20}$$

对于包含 N 个传感器节点的传感器网络，总共存在 C_N^2 个不同的节点配对，那么网络的连通性水平可以定义为

$$C(N) = \sum_{\forall n_x \in N, \forall n_{x+1} \in N} c(n_x, n_{x+1}), n_x \neq n_{x+1} \tag{3-21}$$

从理论上说，只要网络不存在孤立区域，那么不论 N 的取值是什么数量级的，在 R 的数值足够大的情况下，总能使得任意两个节点之间都存在一条路径。随着 R 数值的增大，整个网络的连通性水平 $C(N)$ 持续增加，直到 $R = \hat{l}$ 时达到拐点 $(\hat{l}, \hat{c})$。这里，$\hat{c}$ 是 $C(N)$ 的最大值。当 $R \geqslant \hat{l}$ 时，有 $C(N) \equiv \hat{c}$。将 $\hat{l}$ 定义为网络收敛程度（degree of convergence）。$\hat{l}$ 的数值越小，则网络的收敛程度越高。

3.5.2　汇聚节点网络中的 r-Kruskal 算法

由于汇聚节点网络中传感器节点的位置是固定的，且传感器节点具有线缆形式的电源供应，因此汇聚节点网络的拓扑在绝大多数情况下是不变的。用 $G_s(V_s, E_s)$ 表示汇聚节点网络所对应的无向图，那么，汇聚节点网络中传感器节点的通信活动能够建模为无向图 $G_s(V_s, E_s)$ 的最小生成树的解。无向图中的最小生成树问题有三种著名的算法：Kruskal[349]、Boruvka[350] 和 Prim[351]。上述三种算法都是基于贪心（greedy）理念的，每个算法都具有各自循序渐进的求解策略。Kruskal 算法和 Prim 算法的理念是类似的。对于 Kruskal 算法和 Boruvka 算法，当无向图中存在权重值相同的边时，Kruskal 算法是可行的，但 Boruvka 算法是不可行的。

本节对原始的 Kruskal 算法进行改进，提出一种名为 r-Kruskal 的算法对汇聚节点网络中节点的通信进行建模。为了不失一般性，假定 N_s 个汇聚节点构成集合 sn = $\{s_1, s_2, \cdots, s_{N_s}\}$ 被随机地部署在具有 $m \times n$ 个网格的二维平面上。引入 $m \times n$ 的矩阵 $\boldsymbol{D}_s = (\mathrm{ds}_{ij})$ 来记录集合 sn 中汇聚节点的部署情况。每个网格最多能够容纳一个汇聚节点，即单个网格要么是空的，要么是被一个汇聚节点占据。对于网格 gr_{ij} 来说，如果它包含一个汇聚节点 s_k，那么有 $\mathrm{ds}_{ij} = k$。类似地，如果它包含一个移动传感器节点 ms_k，那么有 $\mathrm{ds}_{ij} = -k$。当网格 gr_{ij} 为空时，令 $\mathrm{ds}_{ij} = 0$。

原始的 Kruskal 算法在实际应用时需要一个必备的前提：所考虑的无向图是全连通的。然而，在实际场景中，传感器节点的部署状态在大多数情况下无法满足这个条件。因此，通过对原始的 Kruskal 算法进行改进，r-Kruskal 算法能够获得一个降级的（degraded）最小生成树。r-Kruskal 算法的基本思想是指定的操作都是在所有可用的边中权重值最小的那个边上进行的。具体来说，无向图 $G_s(V_s, E_s)$ 所包含的节点用集合 $|V_s|$ 表示，节点的个数为 $\mathrm{vs} = |V_s|$；无向图 $G_s(V_s, E_s)$ 所包含的边用集合 $|E_s|$ 表示，边的个数为 $\mathrm{es} = |E_s|$。给定一个非连通图 $T_s = \{V_s, E_c\}$，其中 $E_c = \varnothing$。最初，图 T_s 是包含边的。换言之，图 $T_s = \{V_s, \varnothing\}$，其仅包含 vs 个顶点。每个顶点自身构成一个独立的连通分量。对于集合 E_s 中的所有边，考虑其中权重值最小的一个，用 e_0 来表示。当 $w(e_0) > r_0$ 时，r-Kruskal 算法终止运行。当 $w(e_0) \leqslant r_0$ 时，r-Kruskal 算法的执行过程如下：如果边 e_0 的两个顶点位于不同的连通分量内，那么将 e_0 从集合 E_s 中删除，并添加进集合 E_c 中；相反地，如果边 e_0 的两个顶点位于同一个连通分量内，那么 e_0 这条边就不再被考虑。持续执行上述操作，直到集合 E_s 中不存在权重值小于或者等于 r_0 的边。详细的 r-Kruskal 算法如算法 3.1 所示。

算法 3.1 有三个输入参数：集合 E_s、集合 V_s 和传感器节点的无线通信距离 r_0。集合 V_s 包含集合 sn 中所有传感器节点所对应的顶点，则有 $|V_s| = n_s$。不妨将边 e_i 的两

个端点分别用 $v_{e_{i,1}}$ 和 $v_{e_{i,2}}$ 来表示。用边 e_i 的权重值来代表端点所对应的两个传感器节点之间的欧氏距离，即 $w(e_i) = d(v_{e_{i,1}}, v_{e_{i,2}})$。对于集合 V_s 来说，总共存在 $n_s(n_s-1)/2$ 对不同的顶点组合。因此，集合 E_s 中元素的个数为 $|E_s| = n_s(n_s-1)/2$。

算法 3.1   r-Kruskal(E_s, V_s, r_0)

1: $E_c \leftarrow \emptyset, V_c \leftarrow \emptyset, C \leftarrow \emptyset, E_r \leftarrow \emptyset$
2: **for** $i = 1$ **to** $|V_s|$ **do**
3:    $E_{c_i} \leftarrow \emptyset, V_{c_i} \leftarrow \emptyset$
4:    $c_i = (E_{c_i}, V_{c_i} \leftarrow V_{c_i} \cup \{v_i\})$
5:    $C \leftarrow C \cup \{c_i\}$
6: **end for**
7: **while** $w(e_0 = e_i | \min\limits_{1 \leqslant i \leqslant |E_s|} w(e_i)) \leqslant r_0$ **do**
8:    **if** $v_{e_0,1} \in c_m$ && $v_{e_0,2} \in c_n$ && $c_m \neq c_n$ **then**
9:      $E_s = E_s \setminus \{e_0\}, E_c = E_c \cup \{e_0\}$
10:      $V_c = V_c \cup \{v_{e_0,1}, v_{e_0,2}\}$
11:    **else**
12:      $E_r = E_r \cup \{e_0\}$
13:    **end if**
14: **end while**
15: **return** E_c, V_c, C, E_r

当图 $G_s(V_s, E_s)$ 中任意两个顶点之间都存在连接时，图 $G_s(V_s, E_s)$ 是一个连通图。此时算法 3.1 就简化成一个原始的 Kruskal 算法。换言之，对于图 $G_s(V_s, E_s)$ 来说，终将能够获得包含集合 $|V_s|$ 中所有顶点的最小生成树。相反地，当图 $G_s(V_s, E_s)$ 是一个非连通图时，算法 3.1 的效果需要进一步分析。假定存在一个连通分量，该连通分量是图 $G_s(V_s, E_s)$ 的最大连通子图。这里"最大"是指对于所有连通子图，该连通子图中所包含的顶点个数是最多的。用 $G_c(E_c, V_c)$ 来表示这个最大连通子图，其中 $E_c \subset E_s$，$V_c \subset V_s$。没有在图 $G_c(E_c, V_c)$ 中的顶点构成集合 $V_r \equiv V_s \setminus V_c$，其中 $1 \leqslant |V_r| \leqslant vs - 2$。换言之，存在一个连通分量以及 $|V_r|$ 个孤立的顶点，这个连通分量包含 r 条边和 $r+1$ 个顶点，孤立的顶点集合 $|V_r| = |V_s| - r - 1$。

对于给定的应用场景，汇聚节点网络中的节点是固定的。因此，为了确定汇聚节点网络中的路由，只需要执行一次算法 3.1。当存在图 $G_s(V_s, E_s)$ 的最小生成树时，汇聚节点网络中所有节点之间的通信活动就能够基于该最小生成树来进行。相反地，汇聚节点网络中存在孤立区域时，即存在孤立的节点。在这种情况下，孤立节点与最小生成树中节点之间的通信必须由移动传感器网络中的节点进行中继。移动传感器节点的移动性对整个网络的拓扑和连通性水平具有相当大的影响。因此，无线传感器网络中的路径构建和后续的数据传输是急需高效解决方案的两个挑战性问题。主动式的（proactive）路由方案定期更新路由表，而不考虑路由表是否需要更新。当数据传输的频率较低时，通常认为主动式的路径构建方法具有较高的开销。此外，传感器节点的移动性会显著降低这类路由方案的实际性能。路由表中的路由信息很可能在路由表刚刚完成更新后就无法正常工作了。除了主动式的路由方案之外，还有被动式的（reactive）和混合式的（hybrid）路由方案。被动式的路由方案的基本理念是路径的形成和更新是发生在有数据传输需求时的。具体来说，被动式的路由方案不对路由表执行周期性的（periodically）维护。路由的形成是基于给定的路由需求和当前的网络状态实时进行的。这样的理念能够很好地适应拓扑的变化，同时避免大量的、低效的、常规性的路由表更新操作。然而，被动式的路由策略具有一大弊端：在对路径进行构建时，存在较多的消息开销（message overhead）。具体来说，用作路由发现的控制消息（control message）和用作传感器数据传输的数据消息（data message）是进行洪泛的（flooded）。由于采用洪泛策略容易造成网络拥塞，为了减少消息开销，具体的洪泛方法需要谨慎地进行设计。

3.5.3　两跳路由

两跳多汇聚路由机制的构建基于前述的两跳模型和 r-Kruskal 算法，该机制涵盖了汇聚节点网络和移动传感器网络中所有的通信活动。移动传感器节点周期性地给汇聚节点网络中的汇聚节点发送传感器数据消息。

无线传感器网络中的节点可能具有三个角色：数据提供者、数据请求者和数据目录。为了能够执行数据采集过程中涉及的操作，上述三类节点分别具有以下三个关键构件：数据代理（data agent，DA）、用户代理（user agent，UA）和目录代理（catalog agent，CA）。为了简单起见，本章余下的篇幅中将数据提供者节点、数据请求者节点和数据目录节点分别称为 DA 节点、UA 节点和 CA 节点。CA 节点提供存储数据注册信息的场所。DA 节点将自身采集到的数据信息发送给 CA 节点进行注册。对于 UA 节点发起的数据查询，CA 节点基于自身拥有的数据注册信息进行应答。简言之，CA 节点的存在能够增强数据采集的有效性。本章所考虑的无线传感器网络由 DA、UA 和 CA 三类角色的节点构成。

对于 DA 节点 n_i 来说，将其发起数据注册的频率用 df_i 来表示。数据注册包含若干条数据记录，将数据注册中包含的数据记录用集合 $D(n_i)$ 来表示，且 $|D(n_i)| \geqslant 1$。在一个测量时间段内，节点 n_i 发起的每个数据注册平均包含 $\bar{d}_i$ 条数据记录，则 $\bar{d}_i \geqslant 1$。为了更好地阐述两跳区域机制，做出以下前提假设（premise）。

假设 3.1　令 $[t_a, t_b]$ 为一个测量时间段，且 $t_a < t_b$。假定该时间段足够长，以至于足以观察节点 n_i 与其一跳邻居节点以及两跳邻居节点的行为。此外，该时间段内所有节点的行为特征都被认为是保持不变的，如数据注册的频率、数据查询的频率以及平均每个数据注册包含的数据记录条数等。

节点 n_i 从其全体一跳邻居节点接收数据注册，根据收到的数据注册中包含的数据信息，节点 n_i 对其本地数据库进行更新。由于不同的节点具有不同的数据注册频率，来自节点 n_i 一跳邻居节点的数据注册是异步到达节点 n_i 的。另外，节点的数据注册频率也有可能产生变化。因此，一跳邻居节点的数据注册到达节点 n_i 的时间是随机的。为了简单起见，假定节点发起数据注册的频率在测量时间段 $[t_a, t_b]$ 内是保持不变的。从根本上来说，这是由假设 3.1 给出的。

将节点 n_i 收到的所有数据注册中包含的数据记录的条数用 $\mathrm{sd}_{(i,r)}$ 来表示，那么有

$$\mathrm{sd}_{(i,r)} = \sum_{n_{ij} \in N_{(i,1)}} \bar{d}_{(ij)} \cdot \lfloor \mathrm{df}_{(ij)} \cdot (t_b - t_a) \rfloor \tag{3-22}$$

对于节点 n_i 的一跳邻居节点 n_{ij} 来说，其发起的数据注册中包含的数据记录的条数是通过将平均每个数据注册中包含的数据记录条数与测量时间段内发起数据注册的次数相乘得到的。前述的假设 3.1 确保了节点 n_i 的所有一跳邻居节点在测量时间段 $[t_a, t_b]$ 内都至少发起一次数据注册。因此，$\mathrm{df}_{(ij)} \cdot (t_b - t_a)$ 的结果大于或者等于 1。对于发起数据注册的次数，如果该值不是整数，那么进行向下截断操作，即取小于 $\mathrm{df}_{(ij)} \cdot (t_b - t_a)$ 的最大整数。如果节点 n_i 是 UA 节点或者 CA 节点，其将收到的数据注册对全体一跳邻居节点进行转发。当节点 n_i 是 DA 节点时，除了转发收到的数据注册，其自身还发起数据注册。将节点 n_i 发送的数据记录的条数用 $\mathrm{sd}_{(i,s)}$ 来表示，其由两部分构成，即

$$\mathrm{sd}_{(i,s)} = \mathrm{sd}_{(i)} + \mathrm{sd}_{(i,f)} \tag{3-23}$$

节点 n_i 向其所有的一跳邻居节点发起数据注册，且频率为 df_i。将由节点 n_i 发起的数据注册包含的数据记录条数用 $\mathrm{sd}_{(i)}$ 来表示，则

$$\mathrm{sd}_{(i)} = \bar{d}_i \cdot \lfloor \mathrm{df}_i \cdot (t_b - t_a) \rfloor \tag{3-24}$$

节点 n_i 发起的数据注册所包含的数据记录条数是通过将平均每个数据注册中包含的数据记录条数与测量时间段内发起数据注册的次数相乘得到的。假设 3.1 确保了节点 n_i 在测量时间段 $[t_a, t_b]$ 内至少发起一次数据注册。因此，$\mathrm{df}_i \cdot (t_b - t_a)$ 的结果大于或者等于 1。对于发起数据注册的次数，如果该值不是整数，那么进行向下截断操作，即取小于 $\mathrm{df}_i \cdot (t_b - t_a)$ 的最大整数。

节点 n_i 转发从其他节点处收到的数据注册。将节点 n_i 转发的所有数据注册包含的数据记录条数用 $\mathrm{sd}_{(i,f)}$ 来表示。在节点 n_i 收到的数据注册中，生存时间（time to live，TTL）值大于 0 的应当被转发。两跳区域机制规定数据注册的初始生存时间值为 2，那么节点 n_i 收到的数据注册的生存时间值为 1 或者 0。因此，由节点 n_i 发起的原始数据注册的覆盖范围为节点 n_i 的一跳邻居节点和两跳邻居节点。换言之，原始数据注册的传播范围被限制在发起该数据注册的节点的两跳区域内。这个特性能够缓解洪泛效应并减少整个网络所承受的消息开销。假设节点 n_i 收到的数据注册的生存时间值服从泊松分布

$$P\{\mathrm{TTL} = k\} = \frac{\lambda_d^k \cdot \mathrm{e}^{-\lambda_d}}{k!}, \lambda_d > 0, k = 0, 1 \tag{3-25}$$

节点 n_i 本应将收到的数据注册向其所有一跳邻居节点转发，然而，由节点 n_i 的一跳邻居节点 n_{ij} 发送给节点 n_i 的数据注册不应当由节点 n_i 转发回节点 n_{ij}。尽管数据注册所对应的一跳邻居节点各有不同，但都使用通用节点 n_{iy} 来指代。那么，由节点 n_i 转发的数据注册个数为

$$\lambda_d \cdot \mathrm{e}^{-\lambda_d} \cdot \sum_{n_{ij} \in N_{(i,1)}} \left(\lfloor \mathrm{df}_{(ij)} \cdot (t_b - t_a) \rfloor \cdot (d_{(i,1)} - 1) \right) \tag{3-26}$$

通用节点 n_{iy} 由减一操作排除在外。那么，由节点 n_i 转发的数据注册中包含的数据记录条数为

$$\mathrm{sd}_{(i,f)} = \lambda_d \cdot \mathrm{e}^{-\lambda_d} \cdot \sum_{n_{ij} \in N_{(i,1)}} \left(\bar{d}_{(ij)} \cdot \lfloor \mathrm{df}_{(ij)} \cdot (t_b - t_a) \rfloor \cdot (d_{(i,1)} - 1) \right) \tag{3-27}$$

结合式 (3-22) 和式 (3-27)，由节点 n_i 转发的数据注册中包含的数据记录条数为

$$\mathrm{sd}_{(i,f)} = \lambda_d \cdot \mathrm{e}^{-\lambda_d} \cdot (d_{(i,1)} - 1) \cdot \mathrm{sd}_{(i,r)} \tag{3-28}$$

那么，式 (3-23) 可以被重写为

$$\mathrm{sd}_{(i,s)} = \bar{d}_i \cdot \lfloor \mathrm{df}_i \cdot (t_b - t_a) \rfloor + \lambda_d \cdot \mathrm{e}^{-\lambda_d} \cdot (d_{(i,1)} - 1) \cdot \mathrm{sd}_{(i,r)} \tag{3-29}$$

也就是说，节点 n_i 的每个一跳邻居节点都会收到从节点 n_i 处发来的 $\mathrm{sd}_{(i,s)}$ 条数据记录。

当节点 n_i 收到数据查询后，其检查本地数据库确定该查询是否能够被应答。如果能够应答，就没有必要将该数据查询再发送出去。如果不能应答，节点 n_i 将该数据查询发给自身的所有一跳邻居节点。节点 n_i 的每个一跳邻居节点都会收到该数据查询的一个复制品（duplicate）。当数据查询在网络中传送时，所经过的中间节点会被依次记录在一个传送路径（travel path）中。数据查询中的这个路径信息为后续数据应答的传输起到重要作用。将节点 n_i 发送的数据查询个数用 $\mathrm{ss}_{(i,s)}$ 来表示，其由两部分构成，即

$$\mathrm{ss}_{(i,s)} = \mathrm{ss}_{(i)} + \mathrm{ss}_{(i,f)} \tag{3-30}$$

假设节点 n_i 向其一跳邻居节点发起数据查询的频率为 sf_i，其发起的每个数据查询中平均包含的数据请求个数为 $\bar{s}_i$，那么节点 n_i 发起的数据请求的个数 $\mathrm{ss}_{(i)}$ 为

$$\mathrm{ss}_{(i)} = \bar{s}_i \cdot \lfloor \mathrm{sf}_i \cdot (t_b - t_a) \rfloor \tag{3-31}$$

两跳区域机制规定每个数据查询中包含且仅包含一个数据请求。因此，$\bar{s}_i$ 的值恒等于 1。在本章余下的内容中，对数据请求和数据查询不做区分。

对于其他节点发来的数据查询，节点 n_i 检查本地数据库确定该查询是否能够被应答。如果能够应答，那么节点 n_i 发起一个数据应答，该数据应答的目的地节点是最初发起该数据查询的节点。无法由节点 n_i 应答的数据查询将根据它们的生存时间值进行处理。如果数据查询的生存时间值为 0，那么节点 n_i 直接将其丢弃，不进行转发。对于生存时间值大于 0 的数据查询，节点 n_i 才进行转发。两跳区域机制规定数据查询的初始生存时间值为 4。因此，节点 n_i 收到的数据查询的生存时间数值属于集合 $\{3, 2, 1, 0\}$。同时，由节点 n_i 发起的原始数据查询的覆盖范围为两个两跳区域。换言之，原始数据

查询的传播范围被限制在发起该数据查询的节点的两个两跳区域内。与数据注册类似，数据查询初始生存时间值的上限是为了缓解洪泛效应并减小整个网络所承受的消息开销。假设节点 n_i 收到的数据查询的生存时间值服从泊松分布

$$P\{\text{TTL}=k\}=\frac{\lambda_s^k\cdot e^{-\lambda_s}}{k!},\lambda_s>0,k=0,1,2,3 \tag{3-32}$$

节点 n_i 收到的数据查询都看作来自其一跳邻居节点，并将节点 n_i 收到的数据查询的个数用 $\text{ss}_{(i,r)}$ 来表示，则

$$\text{ss}_{(i,r)}=\sum_{n_{(ij)}\in N_{(i,1)}}\bar{s}_{(ij)}\cdot\lfloor\text{sf}_{(ij)}\cdot(t_b-t_a)\rfloor \tag{3-33}$$

假定节点 n_i 能够应答的数据查询占其所收到的数据查询的百分比为 a_i。与数据注册类似，由节点 n_i 的一跳邻居节点 n_{ij} 发送给节点 n_i 的数据查询不应当由节点 n_i 转发回节点 n_{ij}。因此，节点 n_i 需要转发的数据查询的个数为

$$\text{ss}_{(i,f)}=\left(\frac{\lambda_s e^{-\lambda_s}}{1!}+\frac{\lambda_s^2 e^{-\lambda_s}}{2!}+\frac{\lambda_s^3 e^{-\lambda_s}}{3!}\right)\cdot\left(d_{(i,1)}-1\right)\cdot(1-a_i)\cdot\text{ss}_{(i,r)} \tag{3-34}$$

那么，式 (3-30) 可以被重写为

$$\text{ss}_{(i,s)}=\bar{s}_i\cdot\lfloor\text{sf}_i\cdot(t_b-t_a)\rfloor$$
$$+\left(\frac{\lambda_s e^{-\lambda_s}}{1!}+\frac{\lambda_s^2 e^{-\lambda_s}}{2!}+\frac{\lambda_s^3 e^{-\lambda_s}}{3!}\right)\cdot\left(d_{(i,1)}-1\right)\cdot(1-a_i)\cdot\text{ss}_{(i,r)} \tag{3-35}$$

与数据注册和数据查询相比，数据应答的个数本身比较少。通常来说，数据应答的出现是不可预知的，也是不定期的。因此，对数据应答的发送频率进行限制实际上是没有意义的。更重要的是，出于提升数据融合性能的考虑，对数据应答的初始生存时间值不设置上限。数据应答在网络中的传送基于包含在对应数据查询中的路径信息。目的地节点为节点 n_i 的数据应答对应于由节点 n_i 发起的数据查询。将节点 n_i 发送的数据应答用 $\text{sr}_{(i,s)}$ 来表示，其由两部分构成，即

$$\text{sr}_{(i,s)}=\text{sr}_{(i)}+\text{sr}_{(i,f)} \tag{3-36}$$

由节点 n_i 自身进行应答的数据查询所对应的数据应答的个数用 $\text{sr}_{(i)}$ 来表示。如前所述，节点 n_i 能够应答的数据查询占其所收到的数据查询的百分比为 a_i，则

$$\text{sr}_{(i)}=a_i\cdot\text{ss}_{(i,r)} \tag{3-37}$$

除了发送自身发起的数据应答，节点 n_i 还对目的地为其他节点的数据应答进行转发。在节点 n_i 收到的数据应答当中，目的地节点为节点 n_i 的不会被转发。对于目的地为其他节点的，节点 n_i 会尝试根据数据应答中包含的路径信息将该数据应答转发给路

径信息中的下一跳节点。特别地，如果该下一跳节点不可达（unreachable），那么节点 n_i 将丢弃该数据应答，不可达的原因可能是该节点失效或者不在通信范围之内。将节点 n_i 收到的数据应答的个数用 $\mathrm{sr}_{(i,r)}$ 来表示，假定这些数据应答中目的地为节点 n_i 的所占的百分比为 b_i。对于应当由节点 n_i 进行转发的数据应答，假定无法被转发给下一跳节点的所占的百分比为 f_i。节点 n_i 实际转发的数据应答的个数用 $\mathrm{sr}_{(i,f)}$ 来表示，则

$$\mathrm{sr}_{(i,f)} = (1 - b_i) \cdot (1 - f_i) \cdot \mathrm{sr}_{(i,r)} \tag{3-38}$$

结合式 (3-36)、式 (3-37) 和式 (3-38)，节点 n_i 发送的数据应答的个数可以被重写为

$$\mathrm{sr}_{(i,s)} = a_i \cdot \mathrm{ss}_{(i,r)} + (1 - b_i) \cdot (1 - f_i) \cdot \mathrm{sr}_{(i,r)} \tag{3-39}$$

3.6　模型验证与分析

3.6.1　性能指标

尽管无线传感器网络已经在众多领域进行了应用，以数据为中心是基于无线传感器网络的不同应用的一个共性特点。换言之，无线传感器网络的主要作用是数据的采集。因此，数据可获得性（data availability）是无线传感器网络运行过程中的一个重要的性能指标。此外，本章提出的方法的一个设计初衷是解决洪泛问题，那么消息开销同样是一个重要的性能指标。

1. 数据可获得性

在通信网络或线上应用系统的背景下，术语"数据可获得性"通常涉及度量接收到的数据应答的个数 dr 与发送出去的数据查询的个数 ds 的关系。具体来说，dr 与 ds 的关系有三种情况。①当 dr = ds 时，数据可获得性的数值是 100%，这是最简单的情况。②当 dr < ds 时，可能是一部分数据请求在传输过程中由于不可预知的原因丢失了，可能是一部分数据应答丢失了，也可能是这两类消息都存在丢失的情况。一般来说，可能的原因包括网络拥塞、路由失效（如节点失效和路由错误）和恶意攻击等。在实际场景中，当 dr 显著小于 ds 时，数据可获得性是令人不满意的。为了确保在生产环境中能够获得可接受的性能，数据请求和数据应答都要进行一定程度的广播。③因此，就可能出现 dr > ds 的情况。这样的话，数据可获得性的数值就大于 100%。

对于无线传感器网络，传感器数据通常是周期性地采集并聚集到汇聚节点的。这个单向的工作模式简化了"请求–响应"的消息模型。因此，本章用发送出去的数据查询消息和接收到的数据应答消息来描述数据可获得性。

由于传感器数据消息是在整个网络中传输的，因此在分析数据可获得性时需要同时考虑移动传感器节点和汇聚节点。对于单个的节点 n_i，其数据可获得性可以定义为接收到的数据应答消息个数与发送出去的数据查询消息个数的比值，其中接收到的数据应答消息个数可以看作发送出去的数据应答消息个数（即包含自身发起的查询消息和转发的查询消息），那么有

$$\mathrm{da}(n_i) = \frac{\mathrm{sr}_{(i,s)}}{\mathrm{ss}_{(i,s)}} = \frac{\mathrm{sr}_{(i)} + \mathrm{sr}_{(i,f)}}{\mathrm{ss}_{(i)} + \mathrm{ss}_{(i,f)}}, \mathrm{ss}_{(i,s)} \neq 0 \tag{3-40}$$

基于单个节点的数据可获得性的定义，可以将整个网络的数据可获得性定义为

$$\mathrm{da}(N) = \frac{1}{N_s \cdot \rho} \sum_{i=1}^{N_s} \mathrm{da}(n_i) + \frac{1}{N_m} \sum_{j=1}^{N_m} \mathrm{da}(n_j) \tag{3-41}$$

式 (3-41) 中整个网络的数据可获得性由两部分构成。假定汇聚节点的无线通信距离是移动传感器节点的 ρ 倍，那么网络的数据可获得性的计算应当遵从统一的度量规则。因此，给全体汇聚节点的平均数据可获得性引入参数 $\frac{1}{\rho}$。

2. 消息开销

如前所述，为了应对数据包的丢失（packet loss）并尽可能地提升数据可获得性，传统的"请求–响应"的消息模型都会引入一定的广播机制。对于无线传感器网络，传感器数据消息是进行复制并且广播的。对于给定的传感器数据消息，其数据源是移动传感器节点，期望中的目的地是汇聚节点。换言之，最初的数据消息和相应的若干个拷贝的目的地是一个相同的汇聚节点。因此，可以从汇聚节点的角度来考虑消息开销。对于单个的汇聚节点 n_i 来说，其消息开销可以定义为如下比值：发送出去的数据查询消息个数减去接收到的数据应答消息个数作为分子，接收到的数据应答消息个数作为分母，其中接收到的数据应答消息个数可以看作发送出去的数据应答消息个数（即包含自身给出的应答消息和转发的应答消息）。那么有

$$\mathrm{mo}(n_i) = \frac{\mathrm{ss}_{(i,s)} - \mathrm{sr}_{(i,s)}}{\mathrm{sr}_{(i,s)}} = \frac{\mathrm{ss}_{(i)} + \mathrm{ss}_{(i,f)} - (\mathrm{sr}_{(i)} + \mathrm{sr}_{(i,f)})}{\mathrm{sr}_{(i)} + \mathrm{sr}_{(i,f)}}, \mathrm{sr}_{(i,s)} \neq 0 \tag{3-42}$$

基于单个节点的消息开销的定义，可以将整个网络（仅面向汇聚节点进行计算）的消息开销定义为

$$\mathrm{mo}(N) = \frac{1}{N_s} \sum_{i=1}^{N_s} \mathrm{mo}(n_i) \tag{3-43}$$

3.6.2 数值结果与分析

为了评估本章所提出的方案的性能，基于网络研究领域内流行的网络仿真软件 NS-3[352] 研发了一个仿真平台。实验的设计主要面向三个方面：所提出模型的特征、消息开销和数据可获得性。

为了方便进行阐述，将本章提出的方案整体上称作两跳多汇聚（two-hop multi-sink，THMS）模型。该模型定义两个节点之间的连通性模型，并详细地给出一维网络连通性和二维网络连通性的数学表示形式。基于上述基本构件，对网络整体的连通性水平进行描述。如图 3.5 所示，当网络中移动传感器节点的个数分别为 $N_m = 300, 600, 900$ 时，随着汇聚节点个数的增加，网络的平均连通性水平均是单调增加的。此外，当汇聚节点的个数较大和较小时，相同节点个数的变化量对网络的平均连通性水平的影响是

不同的。当汇聚节点的个数较大时，汇聚节点个数的变化所导致的网络的平均连通性水平的变化要比汇聚节点的个数较小时的变化更加显著。换言之，在汇聚节点个数增加的过程中，网络平均连通性水平增长的趋势是逐渐增大的，即图中的三条曲线均变得更加陡峭。

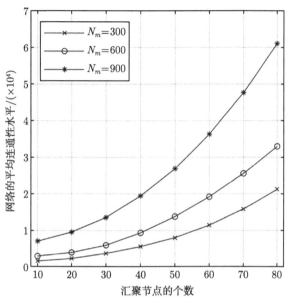

图 3.5　网络的平均连通性水平

针对汇聚节点的消息开销，考虑对不同网络规模进行模拟和分析。具体来说，设置汇聚节点个数与移动传感器节点个数的三种不同组合，且汇聚节点个数与移动传感器节点个数的比值保持为 1/10。如图 3.6 所示，当移动传感器节点个数 $N_m = 600$、汇聚节点个数 $N_s = 60$ 时，汇聚节点的平均消息开销的数值集中在 20% 附近。类似地，当移动传感器节点个数 $N_m = 1200$、汇聚节点个数 $N_s = 120$ 时，汇聚节点的平均消息开销的数值集中在 40% 附近。当移动传感器节点个数 $N_m = 1800$、汇聚节点个数 $N_s = 180$ 时，汇聚节点的平均消息开销的数值没有体现出较为突出的、具有区分性的特征。事实上，根据大量的实验结果可以推断出上述三种节点个数的组合所对应的消息开销分别近似地服从特定的正态分布。此外，随着网络规模的增长，正态分布的均值和方差均逐渐增大。例如，图 3.6 中叉号、圆圈和星号所对应的消息开销数值的均值分别为 20%、40% 和 60%。同时，相应的方差也与均值是成比例的。

对于网络的数据可获得性，考虑移动传感器节点个数 $N_m = 100, 200, 300$ 三种情况。汇聚节点的个数 $N_s \in [10, 160]$。如图 3.7 所示，三条曲线的总体趋势是相似的。每条曲线都有一个拐点（inflection point），不妨用 $(\hat{N}_s, \hat{\mathrm{da}}_N)$ 来表示。此外，当 $N_s < \hat{N}_s$ 时，网络的平均数据可获得性随着汇聚节点个数的增加而增大。相反地，当 $N_s > \hat{N}_s$ 时，网络的平均数据可获得性随着汇聚节点个数的增加而减小。对于 $N_m = 100$ 和 $N_m = 200$ 对应的这两条曲线来说，在它们各自拐点的左侧，网络的平均数据可获得性的变化趋势有所区别：$N_m=100$ 对应的曲线要比 $N_m=200$ 对应的曲线更加陡峭。类似地，$N_m=200$ 对应的曲线要比 $N_m=300$ 对应的曲线更加陡峭。因此，在曲线拐点的左侧，网络的平均数据可获得性的增大程度与移动传感器节点的个数是成反比的。类似地，在曲线拐点的右侧，网络的平均数据可获得性的减小程度与移动传感器节点的个数也是成反比的。

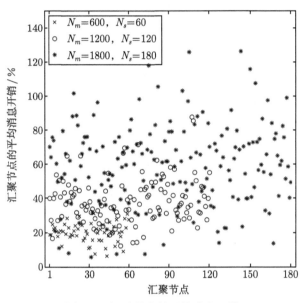

图 3.6　汇聚节点的平均消息开销

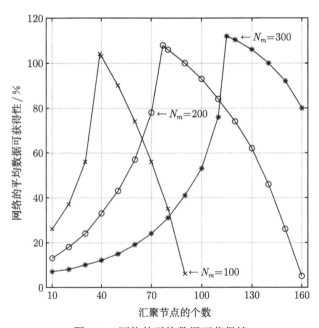

图 3.7　网络的平均数据可获得性

为了进一步研究本章提出的方案,引入文献 [353] 中提出的多移动汇聚路由(multi-mobile sink-routing, MMSR)方案进行对比。方案 MMSR 中仅包含三个汇聚节点,且这三个汇聚节点都是移动的。由于方案 THMS 中的汇聚节点是固定的,为了更好地进行比较,将方案 MMSR 中的汇聚节点设置为固定的,将它们的移动性等效地转换为移动传感器节点的相对位移。此外,对两个方案而言,汇聚节点的个数均在区间 [6, 20] 内进行选取。如图 3.8 所示,方案 THMS 的性能在汇聚节点的消息开销方面要优于方案 MMSR。随着网络中汇聚节点个数的增加,方案 THMS 和方案 MMSR 的消息开销均表现出轻微的增大,同时伴有一些波动。此外,移动传感器节点个数的增加引入了显著的消息开销。具体来说,可以认为消息开销的数值是与移动传感器节点个数成正比的。

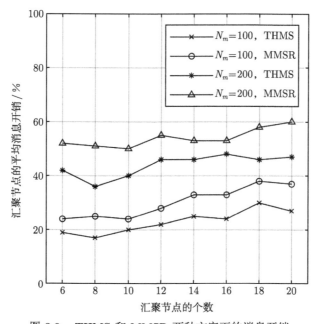

图 3.8　THMS 和 MMSR 两种方案下的消息开销

如前所述,数据可获得性是无线传感器网络的一个重要性能指标。因此,当数据可获得性的数值大于某个阈值时,对其进行分析是十分有必要的。在实际场景中,运行在生产环境中的系统的数据可获得性在正常情况下应当接近 100%。为了使呈现的信息更多一些,令阈值为 40%。如图 3.9 所示,方案 THMS 和方案 MMSR 所给出的网络的数据可获得性从最大值、最小值和平均值三个方面进行描述。例如,当汇聚节点的个数 $N_s = 30$、移动传感器节点的个数 $N_m = 100$ 时,图中最左边的叉号实线显示了方案 THMS 给出的网络的数据可获得性的最大值、最小值和平均值,分别为 63、53 和56。这里,平均值是面向 30 个汇聚节点来计算的,最大值和最小值分别由一条线段的两个端点来表示,平均值是由线段内的一个叉号来表示的。一般来说,当叉号位于更靠近最小值的位置时,可以认为大多数的数值是小于平均值的。相反地,当叉号位于更靠近最大值的位置时,可以认为大多数的数值是大于平均值的。当移动传感器节点的个数

$N_m = 100$、汇聚节点的个数 $N_s \in [30, 70]$ 时，方案 MMSR 的圆圈比方案 THMS 的圆圈在对应线段内位于更加靠近最小值的位置。换言之，方案 MMSR 中具有小于平均值的数据可获得性的节点的比例要高于方案 THMS。类似的情况也发生在当移动传感器节点的个数 $N_m = 200$、汇聚节点的个数 $N_s \in [60, 110]$ 时。此外，若给定网络的数据可获得性数值的可接受下界（acceptable lower bound），则不同个数的移动传感器节点需要不同个数范围的汇聚节点。换言之，给定移动传感器节点的个数，选择合适个数的汇聚节点对于保持令人满意的数据可获得性是至关重要的。当数据可获得性的数值大于100% 时，系统的消息开销会显著增加。总体而言，方案 THMS 在网络的数据可获得性方面要优于方案 MMSR。然而，使得数据可获得性接近 100% 的汇聚节点个数的区间是比较窄的，可供选择的余地较小。

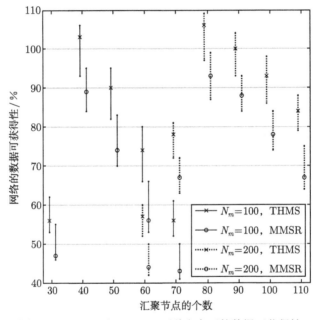

图 3.9　THMS 和 MMSR 两种方案下的数据可获得性

本 章 小 结

　　本章研究了大规模智能制造设施内的数据采集问题。为了解决现代化生产线和生产过程中产生的规模日益增加的多源异构数据的管理问题，提出了一种统一的数据描述和管理机制。该机制面向度量类型和数据类型的物理现象，将给定的数据类型的具体特征用一个数据类型刻画来表示。数据类型刻画包含各种各样用来描述数据类型的属性，其可扩展性体现在两个方面：①已知的数据类型可以很容易地进行处理；②未知的数据类型可以通过添加若干额外的属性来进行处理。此外，对数据记录进行完全刻画和不完全刻画都是可行的，因此具有很高的灵活性。对于无线传感器网络中的消息路由问题，提出了一维网络连通性模型和二维网络连通性模型。为了应对网络中处在孤立区域的节点，提出了 r-Kruskal 算法，该算法在现实世界中要比原始的 Kruskal 算法具有更大的应用价值。对于具体的路由机制，首先提出了节点的两跳区域模型，然后基于该模型设计了一个两跳多汇聚路由方案，该方案提供了一个低开销的消息路由方法，且能够很好地缓解洪泛效应。实验结果显示本章提出的两跳多汇聚路由方案在应对网络规模变化方面具有很好的适应性，该方案的各个设计理念的实际性能在网络连通性水平、消息开销和数据可获得性三个方面均具有较强的稳定性。此外，本章提出的两跳多汇聚路由方案在消息开销和数据可获得性两个方面均优于多移动汇聚路由方案。然而，传感器消息的传输涉及众多的因素，本章的研究还存在进一步改进的空间。例如，由于存在大量的中继操作，那么有必要对消息延迟这个性能指标进行分析。因此，在未来的工作中，需要引入更多的评价指标，建立更加完善的模型来分析本章所提出的方案的性能。

第 4 章　基于支持向量机的移动边云协同数据异常值检测

支持向量机是监督学习领域的经典工具。基于支持向量机的相关理论和模型在数据异常值检测领域具有十分重要的地位，其所提供的分类功能和决策边界与数据异常值检测的应用需求具有极高的契合度。

4.1　传感器数据异常的原因

随着微电子学和无线技术的快速发展，无线传感器网络被广泛地应用于大量不同的应用场景中，如农业[354]、医疗保健[355]、工业[356-358]及智能家居[359]等。一般而言，无线传感器网络是一种分布式网络，由部署在一定范围内的大量传感器节点组成。无线传感器网络通常用来采集特定区域的特定数据。作为无线传感器网络的核心构件，传感器节点易于在采集到的数据中生成异常值[360]，造成上述情况的主要原因在于以下三个方面[361]。

- **受限的资源**：传感器节点拥有的资源通常受到严格的限制，如计算能力、存储空间和通信带宽等。受限的资源与能力使得传感器节点生成的数据易于不准确（inaccurate）和不可靠（unreliable）。此外，传感器节点是由电池进行供电的。当电池即将耗尽时，传感器节点的性能会受到较大的影响，异常值的产生会变得更加频繁。
- **苛刻的环境**：传感器节点所部署的区域通常是非受控的，动态变化的天气和苛刻的环境条件会使传感器节点生成数据不稳定。因此，传感器节点容易受到无线电干扰和苛刻的环境条件引起的损害。
- **恶意的攻击**：由于传感器节点通常是随机部署的，它们易于受到各类恶意攻击。例如，数据的采集和处理容易被攻击者进行攻击。此外，攻击者还能够通过注入恶意代码使传感器节点生成错误数据。

上述问题都可能导致异常值的出现。异常值（outlier）也被称为异常（anomaly），是指数据中不遵从正常行为的良定（well-defined）形式的模式（pattern）[362]。由于异常值的存在可能显著地影响数据的准确性和可靠性，因此对异常值进行高效的识别是很有必要的。此外，异常值的出现可能表明了特定事件的发生，如设备失效、突发的环境变化和安全问题等。近年来，无线传感器网络中的异常值检测问题已经受到国内外研究者的广泛关注，相应的异常值检测技术已经应用到各类现实场景中，如欺诈检测、入侵检测、环境监测、健康和医疗检测、目标定位与识别等。

4.2　无线传感器网络数据异常值检测技术

本节阐述无线传感器网络数据异常值检测技术的主要类别。

对于无线传感器网络来说，异常值检测技术通常涉及传感器节点之间的计算和通信。一般而言，异常值检测技术分为集中式结构和分布式结构。在集中式结构中，节点将数据传输至中心节点（如云平台），除了由瓶颈效应引入的延迟和拥塞，这类结构还趋向于导致对资源的低效利用。由于大量原始数据需要由传感器节点传输至云平台，存在大量的信道干扰和能量消耗。然而实际情况是，在所传输的大量数据中，只有很小一部分是存在异常的[363]。因此，为了提升资源利用的效率以及异常检测的响应性（responsiveness），研究者更倾向于选择基于分布式结构的异常值监测方案。由于异常值具有较难捕获的特性，再加上周围物理环境的多变性，对于资源受限的传感器节点来说，异常值的检测是富于挑战性的。目前，研究者基于各类方法提出了一些解决方法。

在文献 [364] 中，作者将异常值检测方法分为六类：基于统计的方法、基于聚类的方法、基于分类的方法、基于谱分解的方法、基于最近邻的方法和其他方法。总体来说，大多数现有的方法存在计算量较大或者通信开销过高的缺点。因此，这些方法在资源受限的无线传感器网络中的适用性是有限的。在文献 [365] 中，作者提出一种测试方法论，该方法论用来比较基于边缘计算结构和基于云计算结构的异常检测系统的性能，并基于深度学习算法进行了相关实验。然而，深度学习算法的主要劣势是计算资源消耗较大。文献中提出的方法论主要关注比较不同的深度学习算法，其适用性不广泛。在文献 [366] 中，作者提出一种混合的细菌觅食算法来解决边缘环境下任务分配的问题，该算法能够探索较大的搜索空间（search space）并在多项式时间内给出可行解。然而，由于任务分配问题是一个 NP 完全（non-deterministic polynomial complete）问题[367-368]，上述算法引入了一些限制来对实际问题进行简化。在文献 [369] 中，作者针对集群资源或边缘资源提供了一个自治的异常分析方案。该方案基于隐马尔可夫模型来确定底层基础设施中用户可感知异常产生的原因，相关的实验只在集群资源中进行，边缘资源未纳入实验。

此外，新兴技术（如 5G 技术）的问世以及传感器的高度集成化催生了越来越多的具有复杂结构的数据。当对大规模的具有多种特征的数据进行异常检测时，现有的异常检测方案存在过度的带宽需求、大量的能量消耗和较低的准确性等问题。

下面基于文献 [364] 给出的六种类别，对面向无线传感器网络的异常值检测方法进行总结。

4.2.1　基于统计的方法

基于统计的异常值检测方法的核心理念是具有置信区间（confidence interval）的先验概率分布模型。处于置信区间内的数据被认为是正常的，处于置信区间外的数据被认为是异常值。根据构建方法的不同，基于统计的异常值检测方法可以被分为参数化的

（parameterized）和无参数的（parameterless）。这类异常值检测方法从数学理论的角度看是具有较强合理性的。只要能够事先获得数据的分布情况，基于统计的异常值检测方法能够给出令人满意的检测结果。

文献 [370] 提出一种面向无线传感器网络的分布式异常值检测模型，该模型的核心理念是可信度反馈（credibility feedback）。传感器节点的最终可信度基于初始可信度推导而来，推导过程涉及可信度反馈和贝叶斯理论（Bayes theory）。异常值集合的调整是基于传感器节点的最终可信度进行的。通过对该模型的消息复杂度进行分析，发现其具有较高的能量消耗。文献 [371] 提出一种基于欧氏距离（Euclidean distance）的统计学分布式异常值检测方法。该方法基于统计分布对时间序列（time series）中的数据进行拟合（fitting），进而达到对时间序列进行向前扩展的目的。与分布中心具有较大偏离的数据被认为是异常值。文献 [372] 提出一种基于分段序列分析（segmented sequence analysis，SSA）算法的在线异常值检测方法。具体来说，针对传感器数据的时间序列构建了一个分段线性模型，该模型是一个两层结构的分布式模型。第一层是位于单个节点的本地检测过程。第二层是位于簇头节点的集中式检测过程。

缺点：在现实世界中，传感器数据的概率分布通常很难提前获得。因此，基于统计的异常值检测方法通常不易于在实际的生产环境中进行推广。

4.2.2　基于聚类的方法

在数据挖掘领域，基于聚类的异常检测是传统的研究热点。各类相似的数据形成不同的簇，且每个簇中的数据与其他簇中的数据均具有较大的不同。对于未处于任意一个簇的数据，通常被认为是异常值。此外，当某个簇中的数据的个数显著地少于其他簇时，该簇中的数据也被认为是异常值。基于聚类的异常值检测方案能够在没有关于数据分布先验知识的情况下实施。因此，该类方法适用于新数据持续生成的场景。

文献 [373] 提出一种轻量化的 k-means 聚类方法，该方法旨在减少传感器节点的能量消耗、提升处理能力。然而，在算法的实现和运行环节，合适的 k 值通常很难提前获得。文献 [374] 提出一种分布式超球面（hyperspherical）聚类方法。在该方法中，数据首先被聚类，聚类生成的簇再进一步合并。为了降低通信开销，无线传感器网络中每个节点收到的簇的描述信息都是紧凑和简洁的。然而，该方法只能在单个节点的层面进行异常值的识别，存在一定的局限性。文献 [375] 基于密度提出一种针对具有噪声的应用（applications with noise）的空间聚类异常检测方案。针对时空数据库（spatial-temporal database），该方案将参数计算和类型识别结合起来。然而，由于实时的异常检测是在集中式的基站（centralized base station）进行的，瓶颈问题造成的影响不可避免。

缺点：基于聚类的异常值检测方法需要预先确定某些关键参数的合适数值，这在实际的生产环境中通常较难实现。此外，在处理较大规模的多维数据集时，这类方法需要消耗大量的计算资源。

4.2.3　基于分类的方法

基于分类的异常值检测方法基本上由两个阶段组成：训练（training）和检验（testing）。在训练阶段，使用标记过的数据对分类器进行训练。在检验阶段，未标记过的数据由训练阶段获得的分类器来进行检验。针对无线传感器网络，现有的基于分类的异常值检测方法主要基于两个数学模型：支持向量机（SVM）和贝叶斯网络（Bayesian network，BN）。

文献 [376] 提出的异常检测方案主要基于单类支持向量机（one-class support vector machine，OCSVM），该方法使用传感器数据的时空相关性表示传感器节点之间的关系，并由此得出无线传感器网络的相关性图（correlation graph）。基于传感器的读数，能够通过相关性图进行异常值检测，而且无须任何阈值（threshold）信息。文献 [377] 针对无线传感器网络中的数据提出一个无监督的异常值检测方法，该方法使用了一个名为中心超椭球面支持向量机（centered hyper-ellipsoidal SVM）的单类支持向量机的变体（variant）作为分类器。文献 [378] 基于单类支持向量机提出的异常值检测方案能够降低训练阶段和检验阶段的计算复杂度。一般而言，基于支持向量机的异常检测过程具有较高的准确率（accuracy）和较低的假阳性率（false positive rate，FPR）。然而，当训练数据中存在异常值时，单类支持向量机的性能会变差。文献 [379] 提出一个具有层次结构的异常值检测模型。第一层包含具有贝叶斯分类器的单个传感器节点。第二层通过来自不同传感器节点的检测结果判断传感器数据中是否存在异常值。

缺点：在处理较大规模的多维数据时，基于分类的异常值检测方法面临较高的计算开销。此外，分类器的性能很大程度上依赖于训练数据的质量。然而，在很多情况下，合适的训练数据很难获得。

4.2.4　基于谱分解的方法

基于谱分解的方法的基本理念如下。首先通过谱分解的方法获取数据的某些关键特征，然后用提取到的主成分来对多维数据进行降维（dimensionality reduction），不服从最小主成分组成形式的数据被认为是异常值。基于谱分解的异常值检测方法适用于高维数据。

文献 [380] 提出了一个基于单类主成分分类器（one-class principal component classifier，OCPCC）的分布式异常值检测模型。异常值检测是基于传感器节点的空间相关性来进行的。簇内的每个节点都构建一个局部的正常参考模型，并将该模型发送给簇头节点。簇头节点对收到的局部模型进行集成，获得全局的正常参考模型。该全局的正常参考模型被发送给簇内的每个节点，收到该模型的节点使用其进行异常检测。上述模型有一个缺点是其具有较高的假阳性率。文献 [381] 提出一个基于主成分分析（principal component analysis，PCA）的局部在线异常值检测方法。由于基于原始的主成分分析的异常值检测方法通常具有较高的计算开销，作者通过为原始的主成分分析引入一个递归的子空间跟踪技术来解决这个问题。

缺点：基于谱分解的异常值检测方法依赖于选择出合适的模型，这个过程需要较大的计算量。

4.2.5 基于最近邻的方法

基于最近邻居的异常值检测方法使用距离来表达数据之间的关系。对于单变量数据和多变量数据来说,最受欢迎的选择是欧氏距离。如果某个数据距离它的邻居们都很远,那么其被认为是一个异常值。异常的程度由距离来进行度量。这个理念在低维数据上应用得很好。

文献 [382] 为机械设备的状态监测设计了一个异常值检测方案,该方案是基于局部异常值因子(local outlier factor,LOF)的。首先将数据分成若干段(segment),分别提取每段的时域(time domain)特征,然后对获取到的特征应用主成分进行分析,通过主成分计算出局部异常值因子,基于该因子来评估数据段的异常程度。文献 [383] 提出一种面向无线传感器网络的 k 最近邻(k-NN)异常检测方法,该方法通过将异常检测任务从超球体检测区域重映射至超网格检测区域来降低异常值检测的时间复杂度。然而,该方法的性能需要在更多的具有动态变化性的数据样本上进行检验。文献 [384] 提出了一种基于局部异常因子的异常值检测方法。在该方法中,某个数据距离其最近邻居们的平均距离用 d 来表示,这些最近邻居距离各自最近邻居们的平均距离用 $\bar{d}_n$ 来表示,使用比值 $\dfrac{d}{\bar{d}_n}$ 来进行异常值检测。文献 [385] 提出一种面向无线传感器网络的基于支持向量机的 k 最近邻算法。训练数据的规模通过 k 最近邻技术来减小。这样,算法的训练阶段和优化阶段的延迟都被减小。为了对异常值进行识别,由核函数将数据映射至特征空间。然而,对 k 最近邻技术和支持向量机的使用不可避免地引入了较高的计算开销。

缺点:对于多模(multi-modal)数据和高维数据,基于最近邻的异常值检测方法需要大量的计算资源来应对计算复杂度的增加。

4.2.6 其他方法

孤立(isolation)作为集成学习(ensemble learning)的一个关键概念,在异常值检测领域具有重要的应用意义。在构建异常值检测器的过程中,需要充分考虑异常值的固有特性。总的来说,相比正常数据而言,异常值是很少的(few)且不同的(different)。换言之,异常值是比正常数据更加孤立的(isolated)。文献 [386] 提出一种基于孤立森林(isolation forest,iForest)的分布式异常检测模型。在该模型中,数据的局部孤立分数由局部检测器给出,最终的孤立分数由全局检测器基于若干个局部检测器的结果给出。

缺点:基于孤立理念的异常值检测方法对于靠近正常数据的异常值是不敏感的(insensitive)。

随着边缘计算(edge computing)[387] 的蓬勃发展,异常值检测领域里越来越多的研究者开始应用这个新兴的计算范式。文献 [363] 提出一种基于自动编码器(autoencoder)神经网络的异常值检测方案,该方案包含两部分:传感器和物联网云(IoT cloud)。在该方案中,位于分布式环境下的传感器节点能够独立进行异常值检测,无须与其他节点或者云进行通信。对于计算密集型的学习任务，则由云负责处理。文献 [388] 提出一种基于边缘计算的分布式传感器数据异常值检测模型。在该模型中，通过对时间序列的连续性和多源数据间的相关性进行分析来实施异常值检测。

缺点：目前，边缘计算中的任务卸载（task offloading）理论还不成熟，任务的卸载程度（offloading degree）依然是一个开放性的问题。因此，在实际应用环境下，无法确保有效的异常值检测。

目前无线传感器网络在多种应用场景下的部署是比较成熟的。通过对边缘设备和无线传感器网络节点进行合适的组合，整个网络的运行效率能够在消息开销和能量消耗方面得到很大的提升。因此，边缘计算的末端通常都采用无线传感器网络来采集数据。然而，边缘计算与无线传感器网络中异常检测相结合的研究较少，所以本章提出一种面向无线传感器网络的移动边云协同异常值检测方案。

4.3　移动边云协同数据异常值检测概述

本章提出一种面向无线传感器网络的移动边云协同异常值检测方案。引入边缘计算旨在降低检测时延和能量消耗。具体来说，在无线传感器网络和云之间构建边缘层。由于该边缘层距离底层的无线传感器网络较近，从传感器节点到边缘层的数据传输是比较高效的。计算密集型的异常值检测任务对能量消耗要求较高，不适合由传感器节点执行，可由边缘层来执行。此外，本章还提出了对异常值检测模型进行迭代优化的机制。具体内容包含以下三个方面。

- 为了获取训练数据，设计了一个基于角度的快速异常值检测（fast angle-based outlier detection，FastABOD）算法。对于高维数据逐渐增长的维度，传统的异常值检测方法中距离（distance）的概念越来越缺乏实际意义。本章提出的基于角度的快速异常值检测算法基于数据之间的角度变化来进行异常值检测。与原始的基于角度的异常值检测算法相比，本章提出的算法在时间复杂度方面降低了一个数量级。

- 传统的支持向量数据描述（support vector data description，SVDD）方法仅适用于输入空间（input space）为圆分布的（circular distribution）数据集。对于具有非圆分布的（non-circular distribution）输入空间的数据集，该方法的实际性能是无法得到保证的。为了解决这个问题，本章引入了核函数（kernel function）的概念。具体来说，采用了高斯（Gaussian）核函数，其不仅具有良好的健壮性，而且是独立于样本大小（sample size）的。当训练集中包含异常值时，传统的支持向量机描述方法易于给出宽松的决策边界（loss decision boundary）。为了解决这个问题，本章引入了模糊理论，基于模糊约束（fuzzy constraints）来确定最小的超球体（hypersphere）。上述模块构成了本章提出的异常值检测模型，即模糊支持向量数据描述模型（f-SVDD）。

- 设计了一种边云协同的机制。在该机制中，使用在线机器学习算法对异常值检测模型进行优化，进而提升异常值检测的准确率。模糊支持向量数据描述模型部署在边缘节点上，由边缘节点实施数据采集和异常值检测。云负责训练模糊支持向量数据描述模型，并对模型进行优化。

4.4 移动边云协同异常值检测方案

4.4.1 传统的异常值检测模型

无线传感器网络通常包含大量散布于特定区域的传感器节点，其部署目的为监测特定的物理现象。对于不同的应用场景，传感器节点形成的网络拓扑通常也是不同的。典型的无线传感器网络拓扑如图 4.1 所示。网络中的传感器节点被划分为七个簇，不同的簇通过虚线进行分割。每个簇具有一个簇头节点，该节点用灰色的点表示，簇中的其他节点用黑色的点表示。整个网络中只有一个汇聚节点（sink node），该节点用黑色的圆圈表示。簇头节点和汇聚节点之间的通信链路用点划线来表示。汇聚节点将传感器节点采集到的数据发送至云平台。

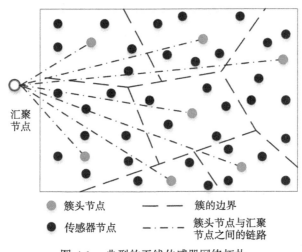

图 4.1　典型的无线传感器网络拓扑

传统的异常值检测模型的基本理念如下。簇内的传感器节点将采集到的数据发送给簇头节点。簇头节点基于收到的数据进行异常值检测，然后将检测结果发送给汇聚节点。这样的话，簇头节点在异常值检测过程中具有大量的能量消耗。一般而言，无线传感器网络的主要目的是采集数据和将数据转发给汇聚节点。由于传感器节点具有的能量很有限，传感器节点的计算能力在设计之初就较弱。当面临大量的复杂数据时，其处理能力显著不足。因此，相较于其他传感器节点，簇头节点的能量将会很快耗尽。通常，一定数量的节点失效将严重损害整个网络的可用性。

4.4.2 移动边云协同异常值检测

目前还没有关于边缘计算架构的公认的详细描述。本章通过大量的文献调研与实验评估，采用包含三个层的层次化架构：云层、边缘层和无线传感器网络层。云层具有充足的存储空间和强大的计算能力。边缘层包含移动边缘节点，主要负责异常值检测和面向云的数据上传。此外，边缘层还是连接云和无线传感器网络的中间件。无线传感器网络层包含不同种类的无线传感器网络，这些网络的主要作用是采集数据。

不同的无线传感器网络针对的物理现象通常是不同的，提供异常值检测的移动边缘节点也是多样的。对于每个无线传感器网络，需要移动边缘节点基于采集到的正常数据来构建相应的检测模型（如检测器）。这些检测模型应当能够在数据采集的过程中实现快速的异常值检测。此外，某些数据将被上传至云来对检测模型进行更新。

1. 基于角度的快速异常值检测

随着数据科学领域的发展，无线传感器网络将面临海量的高维数据。在处理这样的数据时，传统的方法具有过高的时延，这使得实时性要求无法得到满足。因此，无线传感器网络中高维数据的异常值检测问题亟待解决[389]。本节提出一种基于角度的快速异常值检测方法来解决上述问题。随着数据维度的增加，距离的概念越来越缺乏实际意义。因此，距离不再适用于描述异常值检测模型。于是有研究者尝试基于数据之间的角度变化来进行异常值检测，这个理念能够显著缓解维数灾难（curse of dimensionality）带来的影响。基于角度的异常值检测如图 4.2 所示。

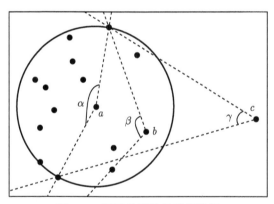

图 4.2　基于角度的异常值检测

在图 4.2 中，点 c 是一个人为引入的、明显的异常值。考虑图中其他点构成的簇，对于任意点 o，对角 $\angle xoy$ 进行检查，其中 $x \neq o$，$y \neq o$。位于簇中心周围的点形成的角之间趋向于具有较大的区别（如点 a），而位于簇边界周围的点形成的角之间趋向于具有较小的区别（如点 b）。对于异常值（如点 c）来说，所形成的角之间的区别要比位于簇边界周围的点形成的角之间的区别更小一些。因此，角的变化可以被用作异常值因子来对点的异常程度进行评估。具体的方案是基于加权余弦方差（weighted cosine variance，WCV）的，权值由相应的点之间的距离来表示。具体来说，对于点 $o \in D$，基于角度的异常值因子（angle-based outlier factor，ABOF）可以被表示为

$$\mathrm{ABOF}(o) = \mathop{\mathrm{VAR}}_{\substack{x,y \in D \\ (x \neq o, y \neq o)}} \frac{\langle \overrightarrow{ox}, \overrightarrow{oy} \rangle}{\mathrm{dist}(o,x)^2 \cdot \mathrm{dist}(o,y)^2} \tag{4-1}$$

其中，$\langle , \rangle$ 表示标量乘法，$\mathrm{dist}(,)$ 表示欧氏距离。

显然，点到簇中心的距离与所形成的角之间的区别是成反比的，而所形成的角之间的区别与 ABOF 的值是成正比的。这里，可以基于 ABOF 的值，将集合 D 中的所有点取出后进行升序排列。

然而，上述基于角度的异常值因子有一个不足。对于每个点来说，簇中所有其他的点对（pair of points）都需要进行考察。这部分操作的时间复杂度为 $O(n^3)$。对于较大规模的数据来说，这样的时间复杂度是无法给出令人满意的结果的。为了降低时间复杂度，本节提出基于角度的快速异常值检测（FastABOD）算法，该算法是基于 ABOD 方案进行改进的。在该方案中，仅使用了具有最大方差权值（maximum variance weight，MVW）的点。对于 k 个最近邻居中的点对，虽然随机选取 k 个点是可行的，但是由于最近的邻居们的权值是最大化的。因此，最近的邻居们最有可能比其他点给出更好的近似结果。上述结论对于低维数据是确定的，因为对于低维数据来说，距离的概念更加有意义。类似于式 (4-1) 中的 ABOF(o)，FastABOD 方案中包含一个基于角度的异常值因子 apprABOF，该因子也是基于加权余弦方差的，即

$$\mathrm{apprABOF}_k(o) = \mathrm{VAR}_{\substack{x,y \in N_k(o) \\ (x \neq o, y \neq o)}} \frac{\langle \overrightarrow{ox}, \overrightarrow{oy} \rangle}{\mathrm{dist}(o,x)^2 \cdot \mathrm{dist}(o,y)^2} \tag{4-2}$$

其中，$N_k(o)$ 表示点 o 的 k 个最近邻居。

由于这个近似仅涉及 k 个最近邻居，因此其时间复杂度为 $O(n^2 + n \cdot k^2)$。如前所述，ABOD 方案具有的时间复杂度为 $O(n^3)$，在实际的应用场景中，以这个时间复杂度去处理大量的数据是无法令人接受的。本节提出的 FastABOD 方案具有的时间复杂度为 $O(n^2 + n \cdot k^2)$，相比于 $O(n^3)$，时间复杂度降低了一个数量级。因此，训练数据的标记过程所涉及的计算开销得到了减少。

在数据采集过程中，移动边缘节点使用 FastABOD 方案进行异常值检测。对于单个的移动边缘节点，假定其数据采集范围（collection range）内有 n 个无线传感器网络节点。这些无线传感器网络节点采集到的数据用集合 $D_1, D_2, \cdots, D_n$ 来表示。不妨用 o_m 表示单个数据，该数据的维度为 m。基于文献 [390] 给出的分析，将阈值 p 设置为 $p = 0.01$。当 apprABOF(o_j) $< p$ 时，数据 o_j 被认为是异常值。不妨将异常值标记为 -1，正常值标记为 1。算法 4.1 给出了详细的 FastABOD 算法。

算法 4.1　FastABOD(D_i, p)

1: **for** $i = 1$ **to** n **do**
2: 　**for** $j = 1$ **to** m **do**
3: 　　**if** apprABOF(o_j) $< p$ **then**
4: 　　　$y_j = -1$
5: 　　**else**
6: 　　　$y_j = 1$
7: 　　**end if**
8: 　　$D_i \leftarrow D_i \setminus \{o_j\}$

9:　　　　$D_i \leftarrow D_i \cap \{(o_j, y_j)\}$
10:　　**end for**
11: **end for**
12: **return** D

简言之，算法 4.1 基于数据的角度变化对数据进行标记。标记过的数据作为训练数据来构建后续的检测模型。

2. 支持向量数据描述

支持向量数据描述（SVDD）[391] 是一种从支持向量机派生出来的单类分类方法。SVDD 使用该方法将数据映射至高维特征空间。由于该方法不要求数据是正态分布的，因此 SVDD 在处理非高斯（non-Gaussian）和非线性（non-linear）数据方面具有很强的优势。此外，SVDD 可以很容易地应用于函数拟合方面，这个特性为其他机器学习问题的分析提供了便利。

SVDD 通过非线性变换将原始数据映射至高维特征空间，期望能够获得一个封闭的、紧凑的圆（或超球体），且该圆（或超球体）能够包含全部（或尽可能多的）输入数据。为了不失一般性，本章的余下内容使用"超球体"这个术语。为了区分异常值和正常数据，将该圆的边界作为决策边界（decision boundary）。基于 SVDD 检测模型的构建过程如下。

对于包含 n 个数据的集合 $X = \{x_1, x_2, \cdots, x_n\}$，分别用 a 和 R 表示目标超球体的球心和半径。基于 SVDD 的优化问题可以表示为

$$\min_R \left(R^2 + C \sum_{i=1}^{n} \xi_i \right) \tag{4-3}$$
$$\text{s.t.} \ \|x_i - a\|^2 \leqslant R^2 + \xi_i$$

其中，ξ_i 为松弛变量（slack variable）；C 为惩罚因子。

具体来说，惩罚因子 C 用来在超球体的大小和其所包含的数据个数之间进行折中。为了更好地描述 SVDD 的基本理念，给出如图 4.3 所示的简化几何模型，其中数据用黑色的点来表示。

式 (4-3) 中描述的优化问题能够通过拉格朗日乘子（Lagrange multiplier）方法来求解。构建拉格朗日方程

$$L(R, a, \alpha_i, \xi_i) = R^2 + C \sum_{i=1}^{n} \xi_i$$
$$- \sum_{i=1}^{n} \alpha_i \left[R^2 + \xi_i - (x_i^2 - 2ax_i + a^2) \right] - \sum_{i=1}^{n} \gamma_i \xi_i \tag{4-4}$$

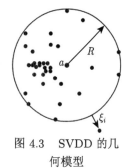

图 4.3　SVDD 的几何模型

其中，$\alpha_i \geqslant 0$，$\gamma_i \geqslant 0$。令 L 对 R、a、ξ_i 的偏导数分别为零，则有

$$\begin{cases} \sum_{i=1}^{n} \alpha_i = 1 \\ a = \dfrac{\sum_{i=1}^{n} \alpha_i x_i}{\sum_{i=1}^{n} \alpha_i} = \sum_{i=1}^{n} \alpha_i x_i \end{cases} \tag{4-5}$$

其中，$0 \leqslant \alpha_i \leqslant C$。

将式 (4-4) 和式 (4-5) 结合起来，可以得到

$$L = \sum_{i=1}^{n} \alpha_i (x_i \cdot x_i) - \sum_{i=1}^{n} \sum_{j=1}^{n} \alpha_i \alpha_j (x_i \cdot x_i) \tag{4-6}$$

然而，上述方法仅适用于输入空间是圆分布的数据集。当输入空间为非圆分布时，该方法无法确保给出令人满意的性能。因此，需要引入核函数来提升该方法的适应性。

令 ϕ 为将输入数据 x_i 映射至高维特征空间 $\phi(x_i)$ 的映射，则包含尽可能多的数据的超球体应当在高维特征空间中获得。式 (4-6) 中的内积能够使用核函数 $K(x_i, x_j)$ 来替代。如前所述，高斯核函数具有良好的健壮性，且是独立于样本大小的。此外，高斯核函数还具有较强的局部保持性（locality-preserving），多项式参数的变化对函数性能的影响是轻微的。因此，本章提出的模型选用了高斯核函数。在大多数情况下，应用场景中的传感器数据的异常值和正常数据不是线性可区分的（linearly separable）。此外，样本大小和特征空间的规模都很大。在上述情况下，高斯核函数能够很好地工作。具体来说，高斯核函数可以表示为

$$K(x_i, x_j) = \phi(x_i) \cdot \phi(x_j) = \exp\left(\frac{-(x_i - x_j)^2}{2\delta^2}\right) \tag{4-7}$$

那么，式 (4-5) 能够转化成如下的拉格朗日对偶问题：

$$\begin{aligned} &\max_{\alpha} \sum_{i=1}^{n} \sum_{j=1}^{n} \alpha_i \alpha_j K(x_i, x_j) - 1 \\ &\text{s.t.} \sum_{i=1}^{n} \alpha_i = 1 \end{aligned} \tag{4-8}$$

其中，$0 \leqslant \alpha_i \leqslant C$，$i = 1, 2, \cdots, n$。

对于式 (4-8) 中典型的二次优化问题，目标集合 $\alpha = (\alpha_1, \alpha_2, \cdots, \alpha_n)$ 中的元素能够被分为三类：①$\alpha_i = 0$ 表示位于超球体内部的正常数据；②$0 < \alpha_i < C$ 表示位于超球体边界上的正常数据；③$\alpha_i > C$ 表示位于超球体外部的异常值。那么，SVDD 的决策函数为

$$f(x_i) = \text{sgn}\left(\|\xi(x_i) - a\|^2 - R^2\right) \tag{4-9}$$

对于式 (4-9)，$f(x_i) \leqslant 0$ 表示 x_i 是正常数据，$f(x_i) > 0$ 表示 x_i 是异常值。

简言之，异常值检测模型是基于上述 SVDD 算法和由算法 4.1 获得的训练数据来构建的。由决策函数 $f(x_i)$ 标记过的数据被发送给云。然而，由于大多数情况下训练数据是不足的，所构建的异常值检测模型通常对整个无线传感器网络来说是不合适的。因此，需要对异常值检测模型进行优化。

如前所述，SVDD 的决策边界是由目标对象（即支持向量）给出的。通过引入核函数，能够获得更加灵活的边界，使得数据被映射至高维特征空间。然而，SVDD 有一个缺陷：当训练数据包含异常值时，SVDD 易于给出宽松的决策边界。由于 SVDD 的核心理念是获得一个封闭的、紧凑的圆（或超球体），且该圆（或超球体）能够包含全部（或尽可能多的）输入数据，那么这个圆（或球面）就是决策边界。一般而言，SVDD 只能给出关于目标集的一个描述。这样的话，当训练数据包含异常值时，异常值的特征也被纳入考量范围。由于异常值在训练过程中被当作正常数据来使用，所获得的决策边界在区分正常数据和异常值时是不精确的。通常，被误识别为正常数据的异常值的个数会增多，即异常值检测的假阴性率会增加。为了解决这个问题，本章提出的模型为上述超球体引入模糊理论来进行改进。基本思想为找到具有模糊约束的最小超球体。对于球心和半径分别为 a 和 R 的超球体，数据的描述可以通过对以下误差函数进行最小化来获得：

$$F(R,a) = R^2 + C \sum_i \xi_i \tag{4-10}$$

$$\text{s.t. } \|x_i - a\|^2 \lesssim R^2 + \xi_i, \forall i$$

其中，C 表示描述的规模（volume of the description）与误差（error）的折中。需要注意的是，参数 C 和松弛变量 ξ_i 均对噪声数据不具有容忍性（tolerance），它们均是在缺乏数据重要性信息的情况下进行调节的，而令人满意的数据描述方法需要涵盖这个方面。

一般而言，如果集合 A 模糊小于集合 B，则有

$$A \lesssim B \to A \leqslant B + d(1-\alpha) \tag{4-11}$$

那么，式 (4-10) 中的模糊不等式能够转化为

$$\|x_i - a\|^2 \leqslant (R^2 + \xi_i) + d_i(1-\alpha), \forall i \tag{4-12}$$

在式 (4-12) 中，d_i 表示数据的权值，潜在异常值带来的影响能够通过减小不确定性（uncertainty）数值 α 来降低。特别地，当 $\alpha = 1$ 时，该模糊数据描述退化为前述的 SVDD。

类似地，式 (4-12) 中的优化问题也可以通过拉格朗日乘子方法来求解。构建相应的拉格朗日方程

$$L(R, a, \alpha_i, \gamma_i, \xi_i) = R^2 + C \sum_i^n \xi_i - \sum_i^n \gamma_i \xi_i$$

$$- \sum_i^n \lambda_i \left[(R^2 + \xi_i) + d_i(1 - \alpha) - (\|x_i\|^2 - 2ax_i + \|a\|^2) \right] \tag{4-13}$$

其中，$\lambda_i \geqslant 0$，$\gamma_i \geqslant 0$。令 L 对于 R、a、ξ_i 的偏导数分别为零，则有

$$\begin{cases} \sum_{i=1}^n \alpha_i = 1 \\[2mm] a = \dfrac{\sum_{i=1}^n \lambda_i x_i}{\sum_{i=1}^n \lambda_i} = \sum_{i=1}^n \lambda_i x_i \\[4mm] C - \lambda_i - \gamma_i = 0 \end{cases} \tag{4-14}$$

其中，$0 \leqslant \alpha_i \leqslant C$。

由于后续的推导与前述的内容类似，为了避免冗余，略去具体过程。最终的推导结果为

$$\max_\alpha \sum_{i=1}^n \lambda_i K(x_i \cdot x_i) - \sum_{i,j=1}^n K(x_i, x_j) - \sum_{i=1}^n \lambda_i d_i(1 - \alpha) \tag{4-15}$$

其中，$0 \leqslant \lambda_i \leqslant C$。

对于式 (4-15) 中典型的二次优化问题，目标集合 $\lambda = (\lambda_1, \lambda_2, \cdots, \lambda_n)$ 中的元素能够被分为三类：①$\lambda_i = 0$ 表示位于超球体内部的正常数据；②$0 < \lambda_i < C$ 表示位于超球体边界上的正常数据；③$\lambda_i > C$ 表示位于超球体外部的异常值。那么，f-SVDD 的决策函数为

$$f(x_i) = \text{sgn}\left(\|\xi(x_i) - \lambda\|^2 - R^2 \right) \tag{4-16}$$

对于式 (4-16)，$f(x_i) \leqslant 0$ 表示 x_i 是正常数据，$f(x_i) > 0$ 表示 x_i 是异常值。

3. 模型优化

大多数机器学习算法采用的是批处理（batch）的处理模式。这种工作模式假定全部训练数据都是预先确定的，通过将定义在训练数据上的经验误差进行最小化来获得分类器，训练过程是基于全部现有数据的。这类方法在小规模的数据上应用得很好。然而，批处理的处理模式使得异常值检测模型无法进行增量学习（incremental learning）。在多数情况下，批处理的训练过程采用离线方式进行。因此，大量时间和计算资源的消耗是不可避免的。若训练数据的规模较大时，上述问题更加明显。此外，批处理处理模式的学习系统在更新时需要针对全部现有的数据进行一次全新的训练，即使新到的数据只占全部数据的很小一部分。当训练结束时，新获得的模型将替代旧的模型。然而，大量

数据的训练可能需要较长的时间,因此对于实时性要求较高的应用场景是不适用的。相反,在线学习(on-line learning)的处理方式持续地将新的数据传送给当前的模型。这样,学习的效果是逐渐积累的。对于小规模的增量数据,涉及的训练和学习都是比较迅速且高效的。由于传感器数据本身是连续的实时性流数据,其能够被在线学习方式高效地处理。在本章提出的模型中,移动边缘节点在随机移动的过程中进行异常值检测。与此同时,异常值检测模型基于在线学习方式进行迭代优化。

对于移动边缘节点来说,数据采集和异常值检测都是在其采集范围内进行的。移动边缘节点在异常值检测过程中使用了算法 4.1 和决策函数 $f(x)$。通过比较算法 4.1 和决策函数 $f(x)$ 二者给出的检测结果,计算出函数 $f(x)$ 的准确率。对于新的数据来说,若算法 4.1 和函数 $f(x)$ 给出的异常检测结果相左,那么将该数据添加进训练集合 D。上述迭代过程持续进行,直到函数 $f(x)$ 的准确率达到或者超过所要求的阈值。到那个时候,就可以在后续的随机移动过程中直接使用决策函数 $f(x)$ 进行异常值检测。简言之,算法 4.1 用来对输入数据进行分类,获得标记过的训练集 D。然后,集合 D 中的正常数据用来构建决策函数 $f(x)$。基本的原理是期望 f-SVDD 能够给出一个包含尽可能多的数据的超球体。如果有异常值混入正常数据中,那么决策函数 $f(x)$ 的准确率就会受到负面影响。为了更好地应对传感器数据的动态性,提出了上述迭代方法来更新函数 $f(x)$。

4. 移动边云协同

本章提出的异常值检测模型的移动边云协同方式如下。简言之,实际的异常值检测任务是在边缘层进行的,而异常值检测模型的训练和更新是在云上进行的。

边缘节点运行上述的 f-SVDD 构件,主要执行以下两项任务:①从底层无线传感器网络的传感器节点处采集数据,并将输入数据提供给云作为训练数据;②基于采集的数据进行异常值检测。

云基于收到的数据对 f-SVDD 进行训练。对于云给出的新版的检测模型,其相关参数(如球心和半径)发送给边缘节点。

4.5　方案验证与分析

4.5.1　数据集和实验参数

实验使用的数据集为著名 IBRL 数据集[392],该数据集名为英特尔伯克利研究实验室(Intel Berkeley Research Laboratory, IBRL)数据集。具体来说,该数据集由部署在上述实验室的 54 个传感器节点采集到的数据构成。具有防雨板的 Mica2Dot 传感器用来采集具有时间戳的拓扑信息、温度、湿度、光照以及电压,采集的时间间隔为 31s。上述实验室中 54 个传感器节点的详细部署如图 4.4 所示。

本节的实验所涉及的参数如表 4.1 所示。

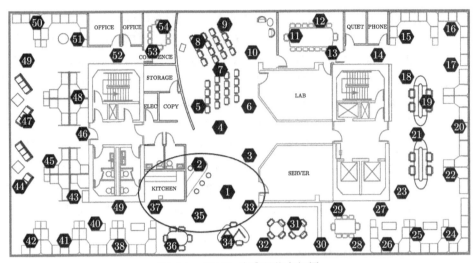

图 4.4　IBRL 传感器节点部署

表 4.1　实验参数

参数名称	数值
数据量/MB	10
数据项	157650
传感器的个数	54
边缘节点的个数	1
每个传感器节点的初始能量/J	100
每个边缘节点的初始能量/J	1000
传感器到边缘节点的数据传输时间/ms	6
每毫秒消耗的能量/J	0.001

4.5.2　模型构建

　　基于从 IBRL 数据集中选取的 90 个正常数据和 10 个异常值对分类模型和异常值检测模型进行评估。算法 4.1 的分类结果如图 4.5 所示。图 4.5（a）显示了上述 90 个正常数据和 10 个异常数据的分类结果。粗略地讲，这 10 个异常值具有零散的（patchy）分布模式。相反，这 90 个正常数据是密集分布的（densely distributed）。为了对正常数据的分布情况给出清晰的展示，图 4.5（a）中的虚线矩形区域在图 4.5（b）中进行了放大与重绘。

　　对于具有高斯核函数的 f-SVDD 模型，其基于训练数据获得的异常值检测模型如图 4.6 所示。具体来说，图 4.6（b）显示了超球体的构建。每个超球体的半径数值都标注在边界上。图 4.6（a）标识出了异常值检测模型的边界，位于决策边界之外的数据被认为是异常值。黑色的圆点表示支持向量，在正常情况下支持向量是位于边界上的，它们用来确定超球体的大小。在实验中，本章所提出的模型是使用正常数据训练获得的，因此图 4.6（a）中所有的叉号都是正常数据的支持向量。此外，需要注意的是，即使是经过良好训练的模型也存在一些误差，这是机器学习的一个本质特征。换言之，训练的结果无法与训练数据完全吻合。

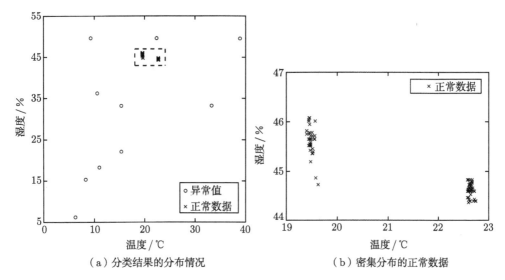

（a）分类结果的分布情况　　　　（b）密集分布的正常数据

图 4.5　FastABOD 的分类结果

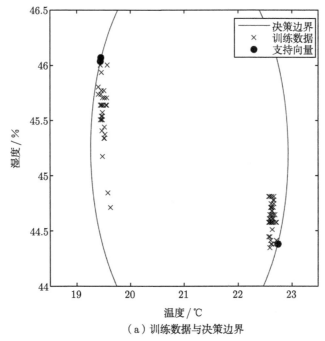

（a）训练数据与决策边界

图 4.6　f-SVDD 模型的训练结果

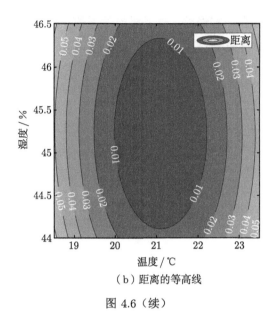

（b）距离的等高线

图 4.6（续）

4.5.3 数值结果与分析

为了进一步评估本章提出的模型，引入三种功能类似的方法来进行对比实验。第一种方法是传统的异常值检测方法（traditional outlier detection method, TODM）。对于 TODM 方法，异常检测是在局部的传感器节点上进行的，检测结果传输发送给汇聚节点。第二种方法是基于角度的异常值检测方法（angle-based outlier detection method, AODM）。对于 AODM 方法，移动边缘节点在移动过程中执行基于角度的异常值检测。具体来说，上述两种方法是基于本章提出的模型的部分模块进行实现的。第三种方法是文献 [393] 提出的移动数据清洗模型（mobile data cleaning model, MDCM）。MDCM 方法也使用了移动边缘节点来进行数据处理。为了方便提及，将本章提出的模型称为边云协同的移动异常值检测（mobile outlier detection with edge and cloud, MODEC）。

从数据维度、数据规模和异常值占比三个方面对上述四种方法涉及的检测时延（detection delay）和能量消耗（energy consumption）进行评估。详细的实验结果如图 4.7 ～ 图 4.9 所示。上述三个图中所显示的实验结果是基于大量实验的平均值绘制而成的。对于图 4.7 ～ 图 4.9 来说，每个图都对应 150 次独立的平行实验。作者认为多次实验求得的平均值要比单次实验更准确，且更具有一般性。

在本章提出的模型中，每个移动边缘节点都具有一个数据采集范围。当移动边缘节点沿着某个轨迹移动时，只有落入该数据采集范围的传感器节点所采集的数据才有可能被采集至该移动边缘节点上，后续的异常检测也是针对移动边缘节点所采集到数据进行的。换言之，底层传感器网络中的传感器节点采集到的数据只有一部分被移动边缘数据节点采集到。然而，对于传感器节点来说，数据的产生是连续的（continuous）。因此，部分数据没有被采集到边缘层，即移动边缘节点采集到的数据具有不均衡性（imbalance），可能存在移动边缘节点采集到的数据中本身就不包含异常值的情况。为了对这个情况进行一定程度的补偿,在本章的实验中将异常值的占比设置为 45%。这样的设置是基于大量的实验得出的。换言之,较高的异常值占比(如 45%)旨在更加方便地对本章提出模型的性能(performance)和适应性(adaptability)进行评估。从理论上讲,异常值的概念并不是简单的“很少的”。一组异常值整体上呈现出的样子也不是简单的“很少的且不同的”。对于某些异常值检测模型 [如基于孤立(isolation)理念的模型[394]] 来说,它们的检测原则本身就只能应对那些“很少的且不同的”异常值。本章提出的模型不是基于孤立理念的,因此该模型有能力应对那种存在“许多(many)”异常值的情况。此外,当异常值是“很少的”时,该模型也有能力应对。因此,采用了 45% 的较高的异常值占比,而且该设置在实验中应用正常。

如图 4.7 所示,数据维度 dd = 1, 2, 3, 4;数据规模 dv = 300,即每个传感器节点采集到的数据个数是 300 个;异常值占比 dar = 45%。如图 4.7(a)所示,对于检测延迟来说,当数据维度较低时(如 dd = 1, 2),TODM 方法的性能是最好的。当数据的维度较低时,传感器节点所具有的计算能力就足以满足检测需求。相反,当数据的维度较高时(如 dd = 3, 4),TODM 方法的性能是最差的。对于高维数据,传感器节点无法满足高维数据所对应的检测需求。由于 TODM 方法之外的三种方法都引入了移动边缘节点,这三种方法的检测时延相比于 TODM 方法均有所降低。此外,本章提出的 MODEC 方法显示了最好的性能。与 AODM 方法相比,MODEC 方法直接使用了基于 SVDD 的检测模型来进行异常值检测,基于 SVDD 的检测模型所需的训练时间要远少于 AODM 方法。与 MDCM 方法相比,MODEC 方法中的 FastABOD 算法具有的时间复杂度要远小于 MDCM 方法中采用的传统的 ABOD 算法。如图 4.7(b)所示,对于能量消耗来说,TODM 方法显示了最差的性能。由于异常值检测的任务由传感器节点来进行,不可避免地消耗了大量的能量。在 MODEC 方法中,绝大多数与异常值检测相关的计算任务都在边缘节点上进行。因此,传感器节点的能量消耗得到了显著的降低。

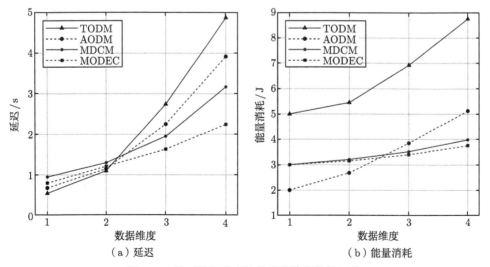

（a）延迟　　　　　　　　　　（b）能量消耗

图 4.7　针对数据维度的异常值检测性能评估

如图 4.8 所示，数据维度 dd = 1, 2, 3，IBRL 数据集中全部 54 个传感器节点相关的数据都涉及了，异常值占比 dar = 45%。随着数据规模的增加，四种方法的检测延迟和能量消耗均稳定增加。在检测延迟方面，TODM、AODM、MDCM 和 MODEC 四种方法的延迟数值依次减小。类似地，在能量消耗方面也是如此。由于 TODM 方法和 AODM 方法均使用单一的（onefold）检测算法来进行异常检测，它们的检测模型的规模都比较大。MDCM 方法和 MODEC 方法整体上要优于 TODM 方法和 AODM 方法，特别是当数据规模较大时。概括地讲，这个现象主要归功于 MDCM 方法和 MODEC 方法均采用了组合的（composite）检测模型。采集到的数据量越大，检测模型的性能越好。此外，MODEC 方法在检测延迟和能量消耗方面均优于 MDCM 方法。这是由于 MODEC 方法中基于 SVDD 算法构建的模型能够给出比 MDCM 方法更好的性能。

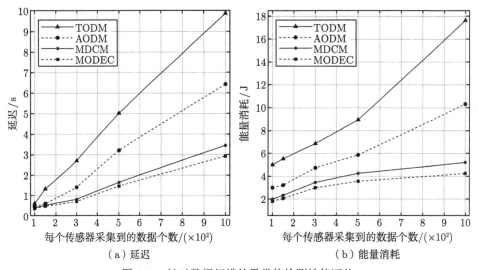

（a）延迟　　　　　　　　　　　　（b）能量消耗

图 4.8　针对数据规模的异常值检测性能评估

如图 4.9 所示，数据维度 dd = 1, 2, 3；数据规模 dv = 300，即每个传感器节点采集到的数据个数是 300 个；异常值占比 dar ∈ [35%, 55%]。如图 4.9（a）所示，对于检测延迟来说，随着异常值占比的增加，TODM 方法和 AODM 方法均显示出轻微的降低。当异常值的个数增加时，训练集变得更加不平衡。那么，基于正常数据构建的检测模型的规模将减小。因此，MDCM 方法和 MODEC 方法的延迟均显示出较为显著的降低。如图 4.9（b）所示，对于能量消耗来说，TODM、AODM 和 MODEC 三种方法对异常值占比的变化不敏感。这是因为以上三种方法将数据上传至云，所以异常值个数的增加对能量消耗的影响很小。由于 MDCM 方法是一个数据清洗模型，检测到的异常值被直接移除，剩余的正常数据被上传至云。因此，MDCM 方法具有的能量消耗是四种方法中最小的。

除了图 4.7 ~ 图 4.9 中关于能量消耗的分析，为了研究整个无线传感器网络的生存期，图 4.10 针对以上四种方法的可运行节点比例进行了展示。

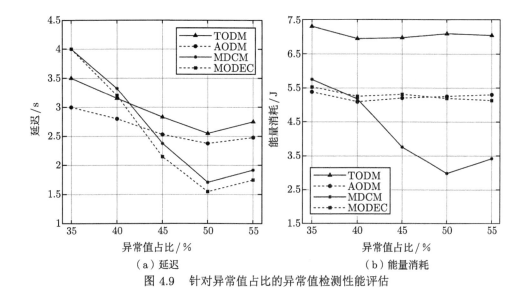

图 4.9　针对异常值占比的异常值检测性能评估

　　图 4.10 所对应的实验采用了如下参数设置：数据维度 dd $= 3$，数据规模 dv $= 300$，异常值占比 dar $\in \{35\%, 40\%, 45\%, 50\%, 55\%\}$。每个 dar 值进行 20 次实验，即总共进行 100 次平行实验。上述四种方法的可运行节点比例随着时间的推移逐渐减小。当 $t \in [0, 1500]$ 时，减小的趋势是比较缓和的。当 $t \in [1500, 4000]$ 时，四条曲线的下降趋势相比于 $t \in [0, 1500]$ 时可以说是锐减。总体而言，MODEC 方法显示了最好的性能，其可运行节点比例在 $k_4(3940, 0.6)$ 附近略低于 60%。对于另外三种方法 TODM、AODM 和 MDCM，60% 的可运行节点比例分别对应于点 $k_1(2320, 0.6)$、$k_2(2715, 0.6)$ 和 $k_3(3450, 0.6)$。当可运行节点的比例为 60% 时，相比于 MDCM 方法和 TODM 方法，MODEC 方法分别将网络的生存期延长了 14.2% 和 69.8%。

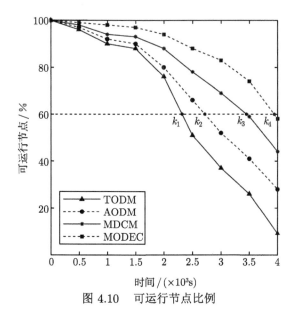

图 4.10　可运行节点比例

4.6　基于边云协同的移动边缘节点数据异常检测软件

基于 4.4 节论述的移动边云协同异常检测方案，本节设计并实现了基于边云协同的移动边缘节点数据异常检测软件。

4.6.1　软件功能描述

针对工业领域的智能制造执行系统所涉及的生产线以及生产过程，本软件针对上述领域的数据异常检测需求，设计了涵盖原始数据读取、无线传感器网络管理、边缘节点管理、数据预处理、数据查询与分析以及异常检测模型更新与部署的综合性解决方案。软件具有良好的兼容性，能够适应绝大多数工业生产环境下不同的生产线以及生产过程所产生的各类数据。软件能够同时管理多个无线传感器网络和多个边缘节点，能够实时地显示传感器网络的拓扑。在完成数据读取后，能够进行数据识别和数据清洗。对于整个网络中的所有边缘节点，周期性地进行异常检测模型的训练和更新。对于单个边缘节点，能够实时地更新其上的异常检测模型。此外，软件能够实时显示无线传感器网络和边缘节点的负载情况，针对边缘节点上的数据发起查询和分析操作。本软件功能丰富、实用性强、兼容性高，在工业领域的实际应用场景中具有很高的实用和研究价值。

4.6.2　软件设计与实现

本小节分析了工业制造环境中基于边云协同的移动边缘节点数据异常检测软件的设计目标，分析了相关领域的特点和所涉及的关键技术，基于需求分析给出了软件总体架构的设计方案，针对系统功能划分了逻辑模块，采用 C++ 程序设计语言结合 MFC 技术实现了一个面向智能制造领域生产环境的数据异常检测软件。

1. 制造执行系统

在工业领域，生产制造活动的核心是制造执行系统。制造执行系统的概念在 20 世纪 90 年代初被提出，其旨在加强物资需求计划（material requirement planning，MRP）的执行功能，把物资需求计划同车间作业现场控制通过执行系统联系起来。这里的现场控制包括可编程逻辑控制器（programmable logic controller，PLC）、数据采集器、条形码、各种计量及检测仪器、机械手等。制造执行系统设置了必要的接口，用于与提供生产现场控制的设施进行交互。制造执行系统能够帮助各类规模的企业实现生产计划管理、生产过程控制、产品质量管理、车间库存管理、项目看板管理等，提高企业制造执行能力。具体来说，制造执行系统通常包含传动系统、信号系统、控制系统、协同系统、机械制造系统和电力系统等。

1）传动系统

工厂环境中的机械传动系统通常包括五个部分：离合器、变速器、万向传动装置、驱动桥以及分动器。机械传动的作用是传递运动和力，常用机械传动系统的类型有齿轮传动、蜗轮蜗杆传动、带传动、链传动、轮系等。在实际应用当中最常见的是传送带，其具有的特性是速度可调，铺设和改道便捷，机动性好，能够进行三维立体空间多个方向的物件运送。针对传送带，其具有的数据信息有带面摩擦系数、当前速度、加速度、每平方米承重限制、额定功率、实际功率等。

2）信号系统

工厂环境中的信号系统是保证车间生产安全、实现工厂调度和运行现代化以及提高生产效率必不可少的关键系统设备。通常包含流水线自动监控系统、流水线自动防护系统和流水线自动运行系统。三个子系统通过信息交换组成闭环系统，实现车间内安全的生产指挥、运行调整和自动化等功能为一体的信号系统。具体来说，信号系统按照布点方式可分为固定式和移动式，其信号传输方式可分为连续式和点式。

3）控制系统

控制系统是指由控制主体、控制客体和控制媒体组成的具有自身目标和功能的管理系统。具体来说，其包含控制器、被控对象、执行机构和变送器四个构件。控制系统有两种常见的分类方法。

（1）按控制原理的不同，自动控制系统分为开环控制系统和闭环控制系统。

开环控制系统：在开环控制系统中，系统输出只受输入的控制，控制精度和抑制干扰的特性都比较差。在开环控制系统中，基于按时序进行逻辑控制的称为顺序控制系统；由顺序控制装置、检测元件、执行机构和被控工业对象所组成。主要应用于机械、化工、物料装卸运输等过程的控制以及机械手和生产自动线。

闭环控制系统：闭环控制系统是建立在反馈原理基础之上的，利用输出量同期望值的偏差对系统进行控制，可获得比较好的控制性能。闭环控制系统又称反馈控制系统。

（2）按给定信号分类，自动控制系统可分为恒值控制系统、随动控制系统和程序控制系统。

恒值控制系统：给定值不变，要求系统输出量以一定的精度接近给定希望值的系统，如生产过程中的温度、压力、流量、液位高度、电动机转速等自动控制系统属于恒值系统。

随动控制系统：给定值按未知时间函数变化，要求输出跟随给定值的变化，如跟随卫星的雷达天线系统。

程序控制系统：给定值按一定时间函数变化，如程控机床。

4）协同系统

工厂环境下各个设备都具有很强的完备性和独立性，甚至可以说每个设备都是自成一体的，在多个方面都有着严格的规定，如输入/输出规范，原材料的线度、体积，半成品的定义规范，成品的形态、质量参数等。因此，车间生产环境下通常都缺乏性能较好的、高效的动态协同管理平台。协同系统功能较弱时，缺乏动态业务数据的支撑，车间内众多生产设备无法高效地进行协同，降低了资源利用率与生产效率。针对工业环境下车间的多样性和制造设备的专用性，良好的协同系统通常都是针对特定领域开发的专门系统，直接面向特定的企业与较为固定的需求。

5）机械制造系统

工厂环境下的机械制造系统通常指一组按次序排列的机器，由自动装卸及传送机器连接并经计算机系统集成一体，原材料和代加工零件在零件传输系统上装卸，零件在一台机器上加工完毕后传到下一台机器，每台机器接受操作指令，自动装卸所需工具，无须人工参与。机械制造系统的组成通常包括加工设备、信息控制以及存储和搬运三部分。加工设备主要采用加工中心和数控车床，前者用于加工箱体类和板类零件，后者则用于加工轴类和盘类零件。信息控制系统的结构组成形式很多，但一般多采用群控方式的递阶系统。第一级为各个工艺设备的计算机数控装置（computer numerical control，CNC），实现各加工过程的控制；第二级为群控计算机，负责把来自第三级计算机的生产计划和数控指令等信息分配给第一级中有关设备的数控装置，同时把它们的运转状况信息上报给上级计算机；第三级是控制计算机，其功能是制订生产作业计划，实施机械制造系统运行状态的管理以及各种数据的管理；第四级是全厂的管理计算机。

6）电力系统

电能目前是工厂正常生产的动力之源。工厂的电力系统主要解决的就是工厂正常运转所需要的电能的供应和分配。一些特殊大型的工业工厂会有自己的发电站，其余大部分工厂都是通过电力系统的降压变电所来进行电能的供应。因此，工厂只有确保电力系统供电的可靠性和安全性，才能保证工厂生产的顺利进行。工厂的电力系统通常分为强电部分和弱电部分。强电部分通常包含高压柜、变压器和低压配电柜等，弱电部分通常包含自控系统、安防/门禁/消防、电话/广播等。

2. 生产过程

工厂环境下的生产过程通常可以分为产品设计、自动化物流、制造过程、质量检测、设备状态以及监测与控制。

1）产品设计

产品设计是一个创造性的综合信息处理过程，通过多种元素如线条、符号、数字、色彩等方式的组合把产品的形状以平面或立体的形式展现出来。它是将人的某种目的或需要转换为一个具体的物理或工具的过程；是把一种计划、规划设想、问题解决的方法，通过具体的操作，以理想的形式表达出来的过程。

2）自动化物流

自动化物流是指物流作业过程的设备和设施自动化，包括运输、装卸、包装、分拣、识别等作业过程。例如，自动识别系统、自动检测系统、自动分拣系统、自动存取系统、自动跟踪系统等。工厂环境中充分利用各种机械和运输设备、计算机系统和综合作业协调等技术手段，通过对物流系统的整体规划及技术应用，使物流的相关作业和内容省力化、效率化、合理化，快速、精准、可靠地完成物流的整个过程。

3）制造过程

制造过程是指通过对各类原材料的加工、组合来形成半成品和成品的过程。在制造过程中，通常必须涉及各类机械设备的控制与协同，整体的制造流程环节众多、逻辑性强。不同目的的制造行为的具体制造过程可能千差万别，因此与制造过程相关的信息不仅复杂，而且庞杂。

4）质量检测

质量检测是指检查和验证产品或服务质量是否符合有关规定的活动。质量检测有时也可以称为测试或实验，是指对给定的产品、材料、设备、生物体、物理现象、工艺过程或服务，按照规定的程序确定一个或多个特性或性能的技术操作。质量检测通常分为全数检验和抽样检验。为确保检测结果准确到一定程度，必须在规定的检测范围内按照规定程序进行检测。检测结果应记录在案，通常是采用检测报告或检测证书等方式。工厂环境下通过质量检测对终端产品的质量进行把控，若出现不合格的情况，则根据不合格指标进行具体分析，找出不合格的原因并追溯到相应的生产过程进行改进。

5）设备状态

工厂环境下制造执行系统在实施生产过程时存在各类机械设备之间的控制与协同，这些设备会实时反馈一些数据信息来表征其工作状态。通过检查监测等手段收集、分析和处理设备技术状态变化的信息，及早发现或预测设备的功能失效和故障，适时地采取维修或更换对策，以保证设备处于良好的技术状态。一般来说，设备在实际使用中经常处于三种技术状态：第一种是完好的技术状态，即设备性能处于正常可用的状态；第二种是故障状态，即设备的主要性能已丧失的状态；第三种是处于上述两者之间的状态，即设备已出现异常、缺陷，但尚未发生故障的状态，这种状态有时称为故障前状态。

6）监测与控制

在工厂制造环境中，虽然各种生产设备都独立完成自身的生产任务，但它们之间不可避免地存在着互相联系，这就给工厂制造环境的监测与控制增加了复杂性。因此，针对各种生产设备的监测与控制需要完成车间现场数据的采集和分析，进而使整个车间的设备很好地进行融合，协同完成既定的工作任务。

3. 基于无线传感器网络的数据采集

目前，针对生产现场的数据采集方式主要有两种，包括自动化数据采集和人工数据采集。

自动化数据采集往往依托于通信条件比较好的生产设备以及各种传感器的应用。一般来说，生产设备运行状态、能耗、生产缺料等智能监控功能属于自动化数据采集的范畴，采用的技术有环境监测传感器、智能测控装置、智能网关、监控服务器等，实现对传动机、变频器等生产机器设备运行状态、仪器仪表能耗及生产缺料的无线采集、传输、预警监测。人工数据采集大多是作为自动化数据采集的补充方式或替代方式，适用于自动化采集实现难度较大、经济成本较高的现场。

无线传感器网络主要由密集部署在目标区域中的大量传感器节点组成，每个节点上都有一个或多个传感器。这些嵌入传感器的节点通过无线网络相互连接，并协作以收集来自不同位置的高保真数据。收集的数据被处理并传输到接收节点，接收节点能够通过通信设备再将数据传递给最终用户。但是作为无线传感器网络的核心组件，传感器节点却有着严格的资源限制和约束，如电池电量、存储容量、计算能力和通信带宽等。有限的资源和能力使传感器节点生成的数据不可靠且不准确。尤其是当电池电量耗尽时，生成错误数据的可能性将迅速增大。此外，无线传感器网络节点通常随机部署在不受控的恶劣环境（如原始森林、荒漠和化工厂）中，这些环境中经常发生不可靠的动态变化。因此传感器节点非常容易受到环境因素的干扰和人为恶意的数据破坏，这些威胁都会造成传感器网络采集到的数据出现异常值。上述传感器节点内部和外部的问题均可能导致传感器数据不可靠，从而进一步影响原始数据的质量和汇总结果。由于使用不准确和不完整的数据无法准确地检测出现实世界中发生的实际事件，如森林火灾、地震和化学泄漏等，因此在决策过程之前确保传感器数据的可靠性和准确性非常重要。为了解决无线传感器网络中存在的数据不可靠问题，在无线传感器网络中引入了异常值检测技术。快速高效地对无线传感器网络中的异常值进行检测可以及时发现无线传感器网络中出现的异常情况，这对监测环境变化和保障传感器网络的信息安全都具有十分重要的意义。因此，如何保障和提高传感器网络的稳定性和上报数据的质量，及时检测到无线传感器网络的异常值是数据采集领域内一个急需解决的热点问题。

4. 数据中的异常值

传感设备自身硬件的缺陷和部署环境的影响，往往使得传感数据面临异常事件的考验，发送和处理错误信息可能会导致无线传感器网络的安全性受到威胁。异常值检测技术面向异常事件，及时发现和分析处理异常，为传感数据安全和网络稳定提供了强有力的保障。同时，异常值检测技术能够保留正常数据波动，识别清洗异常数据，为终端用户提供更可靠的传感信息。

异常值检测（也称为离群值检测）是指发现那些在特定时间段内明显偏离正常数值的测量值。目前无线传感器网络异常值检测的研究中，大多使用统计和机器学习的方法来进行异常值检测，如分类和聚类方法等。但是，由于受到无线传感器网络节点计算能力等资源的限制，机器学习效果没有想象中那么好。从检测的方式看，异常值检测大体可以分为集中式检测和分布式检测。在集中式检测中，通常在中央数据处理处（汇聚节点或基站）执行异常值检测。在分布式检测中，异常值检测在每个传感器节点上进行。在大多数情况下，每个节点会与它的邻居节点之间进行协同检测。对于集中式检测，每个节点的数据都需要传输到汇聚节点和基站，其通信开销非常高。在无线传感器网络中，节点之间的无线通信是能量快速消耗的主要原因，传输一个比特的能耗要比在一个节点中处理数千个比特的能耗还要多。因此，目前主流的检测方法都优先选择能够提高检测效率和有效性的分布式检测方式。

4.6.3 软件整体架构

针对工业制造环境中广泛部署的无线传感器网络，提出边云协同的移动边缘节点数据异常检测方案，并对方案进行代码实现，形成面向工业制造环境的数据异常检测软件。该软件的应用场景中通常包含有异构无线传感器网络、移动边缘节点以及云服务器，软件的功能主要包含数据采集、模型训练、模型更新和数据异常检测。边云协同的移动边缘节点数据异常检测总体架构如图 4.11 所示。

（1）面向工业的制造环境中包含有多种多样的制造执行系统，这些系统本身具有一定的数据产生和管理功能，也统称为生产设备。面对具体的生产任务，上述生产设备就会参与具体的生产过程。由于生产任务具有多样性，那么相应的生产过程也具有多样性。因此，工厂环境中多样化的生产设备和生产过程将持续不断地产生大量多源异构的数据，这些数据又称为原始数据。一般来说，生产过程可以包含产品设计、自动化物流、制造过程、质量检验、监测与控制以及设备等。此外，各类生产设备通常构成制造执行系统，其中可以包含传动系统、控制系统、信号系统、机械制造系统、协同系统以及电力系统等。

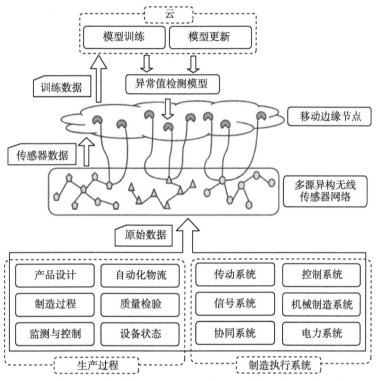

图 4.11　边云协同的移动边缘节点数据异常检测软件总体架构

（2）在工业 4.0 时代，现代化生产线面临的是多变的生产任务，因此生产线中生产设备的组成以及位置顺序均具有多样性。换言之，生产线的构成和运行方式是不固定的。那么采用固定节点来对潜在数据进行采集，这种传统的基础设施型的有线网络架构是无法实现的。因此，越来越多的工业制造环境引入了无线传感器网络来进行数据采集，该类型的网络具有部署灵活、组网方便等特点，最重要的是改变网络拓扑、增加/删除节点的操作十分方便。上述优点使得无线传感器网络非常适用于工业制造环境中的数据采集工作。针对生产线中不同的生产设备以及多样化的生产过程，通常人们部署若干个多源异构的无线传感器网络来采集各类原始数据。

（3）对于多源异构的无线传感器网络产生的传感器数据，这些数据的进一步聚合与分析通常受限于路由协议与无线传感器节点能耗的制约。换言之，由于无线传感器网络本身是通过节点以自组织方式形成网络拓扑的，其不具有网络基础设施，那么节点自身携带的十分有限的能量就显得很宝贵。当单个节点的能量耗尽，其节点生命期完结，无法有效地参与整个网络中的各项工作。当整个无线传感器网络中正常工作的无线传感器网络节点个数占全部节点个数的百分比小于某个阈值时，整个无线传感器网络就无法正常工作。通常无线传感器网络的节点在进行节点间通信和数据传输时消耗的能量比数据采集操作所消耗的能量要多好几倍。因此，引入边缘计算的理念来缓解整个异常检测体系结构中无线传感器网络的能量消耗。从逻辑关系上看，多源异构无线传感器网络的上层是边缘计算层。边缘计算层包含若干个移动边缘节点，这些节点随机游走（random walk）[395-396]于全体无线传感器网络节点的部署区域。每个边缘节点的无线通信范围形成一个位置动态变化的数据收集域，边缘节点主动对处于该数据收集域的无线传感器网络节点执行数据收集操作。

（4）为了弥补传统云计算模型的传输时延和实时性检测缺陷，针对传感器数据的异常值检测模型部署在边缘节点上，即在边缘节点上执行异常值的检测。由于异常值检测模型需要面对源源不断的新数据，那么异常值检测模型就需要进行更新。为了减少边缘节点的计算和存储开销，将异常值检测模型的训练和更新都放在云端。这样的设计还可以保证更加迅速的模型训练和模型更新。

（5）由于工厂环境所涉及的地域较为宽广，生产线的构成和部署随生产任务的不同经常产生变化。因此，各个生产部门以及各类生产设备的分布具有区域性和不定性。在这种情况下，为了获得高扩展性和通用性，使用基于分布式云的存储方式来对数据进行存储。当异常值检测模型由云端训练得出后，该异常值检测模型会被发送给所有移动边缘节点。

4.6.4 软件模块划分及关联

本软件中涉及的主要模块和各个模块之间的关系如图 4.12 所示。

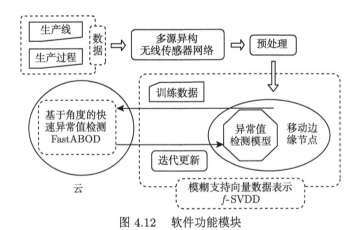

图 4.12　软件功能模块

生产线和生产过程中产生原始数据。这些原始数据由部署在制造环境中多源异构无线传感器网络进行采集。通常，无线传感器在对原始数据进行采集后会执行一定的预处理工作。移动边缘节点会对位于自身数据收集域的无线传感器进行数据收集，原始数据在无线传感器处经过简单的预处理之后即可被边缘节点收集。边缘节点上的异常值检测模型会对收集到的数据进行异常值检测。此外,移动边缘节点还包含一个重要的构件:模糊支持向量数据表示模块。该模块引入模糊数学的理念来解决异常值检测中的宽松边界问题,进而使得异常值检测更加准确。在云端,用基于角度的快速异常值检测(FastABOD)方法进行异常值检测模型的训练以及更新。在整个异常值检测系统运行之初,移动边缘节点收集到的数据会首先被上传至云端,由云端来训练出异常值检测模型的第一个版本。该版本的异常值检测模型交由所有移动边缘节点来进行后续的异常值检测。移动边缘节点持续地收集数据,并将收集到的数据上传至云端。云端根据新近获得的数据来对异常值检测模型进行迭代更新,并将最新得到的异常值检测模型交由所有移动边缘节点。

4.6.5　软件流程图

本软件的设计和使用流程如图 4.13 所示。

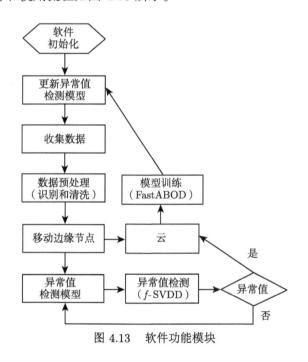

图 4.13　软件功能模块

软件启动完成初始化之后,首先基于 FastABOD 方法的训练结果对异常值检测模型进行更新。如果当前没有新的 FastABOD 方法训练结果,模型就不需要更新。在完成对异常值检测模型的更新后,进行数据收集操作。软件收集到的数据需要经过数据预处理这个环节,具体来说包含数据识别和数据清洗。这里数据识别是指数据类型的判定与分类,数据清洗是指去除与所关心现象明显无关的其他背景噪声数据。上述数据收集与数据预处理操作均由移动边缘节点来完成。此外,经过数据预处理后,由移动边缘节点上的异常值检测模型对数据进行异常值检测。异常值检测模型 f-SVDD 给出异常值判断结果后,如果当前被检数据被判定为异常值,那么将该数据上传至云端,基于

FastABOD 方法对异常值检测模型进行训练以及更新。

4.6.6 软件典型应用场景

智能制造的概念包含智能制造系统和智能制造技术。智能制造系统不仅能够在实践中不断地充实知识库，具有自学习功能，还有搜集与理解环境信息和自身的信息，并进行分析判断和规划自身行为的能力。智能制造技术涉及方方面面的专业技术，同时结合互联网、物联网、大数据、云应用等场景，实现智能与智慧。所谓"环境信息和自身的信息"通俗讲即为各类数据，企业管理系统必须对接生产数据，才能有效地分析和智能化地控制与应用。目前，绝大多数企业缺乏针对工厂环境下海量数据的感知、采集以及管理软件。尤其在面对多变的生产任务时，一成不变的数据采集和管理方案及其对应的软件无法胜任多种多样的生产线构成以及不同规范的生产过程中产生的数据。由于数据采集与工厂的管理和生产的管理密切相关，需要使用科学合理的方式对生产过程中产生的数据进行采集和管理。通过引入边缘计算的理念，运用边缘节点提供灵活的、高实时性的数据异常值检测，能够很好地弥补云计算在实时性方面的不足。此外，边缘节点的引入能够显著减少需要上传至云端的数据量，节约了宝贵的带宽资源。

4.6.7 软件运行环境及安装流程

本小节给出本软件的运行环境，包括支持的操作系统平台和软件运行的必备组件。

1. 运行环境

1）操作系统平台

经过大量测试，本软件可以在 Windows 7/8/10/11 版本及更高版本的操作系统上稳定、流畅地运行。推荐的操作系统平台为 Windows 7/8/10/11。

2）运行支撑环境

本软件安装需要的磁盘空间为 45.8MB。推荐使用者配备 4GB 的内存，为了保证软件的正常使用，最小的内存容量为 2GB。由于软件在长时间使用的过程中会产生大量的数据文件，因此还需要有额外的磁盘存储空间，推荐至少保证有 1GB 的额外磁盘空间。操作系统中需要安装.Net Framework 3.5 SP1 版本或更高版本的支持库来支持图形化界面的显示。

2. 安装流程

（1）双击运行软件安装程序后显示如图 4.14 所示界面。安装程序向导提示可以选择安装语言，包含简体中文和英语两种安装语言。

（2）选定安装语言之后，安装程序向导提示将安装"基于边云协同的移动边缘节点数据异常检测软件"的 1.0 版本到当前计算机系统，如图 4.15 所示。为了保证安装过程顺利完成，在单击"下一步"按钮前应关闭所有当前正在运行的其他应用程序。

（3）单击"下一步"按钮后，将显示如图 4.16 所示界面。安装程序向导提示使用者选择软件的安装路径，默认的路径为"C:\Program Files (x86)\基于边云协同的移动边缘节点数据异常检测软件"。如果使用者需要指定其他安装路径，可以单击"浏览"按钮进行选择。此外，本界面提示用户软件安装至少需要 45.8MB 的可用磁盘空间。

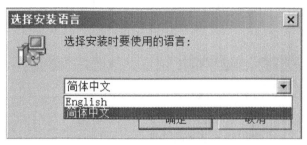

图 4.14　选择安装语言

图 4.15　安装界面

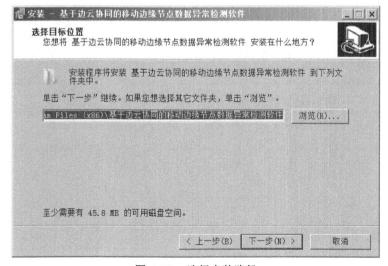

图 4.16　选择安装路径

（4）单击"下一步"按钮后，将显示如图 4.17 所示界面。安装程序向导提示用户选择开始菜单中存放软件快捷方式的子文件夹，默认的文件夹为"基于边云协同的移动边缘节点数据异常检测软件"。如果使用者需要指定其他的文件夹，可以通过单击"浏览"按钮进行选择。

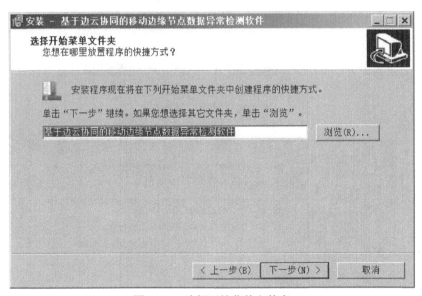

图 4.17 选择开始菜单文件夹

（5）单击"下一步"按钮后，将显示如图 4.18 所示界面。安装程序向导提示是否执行附件任务"创建快速运行栏快捷方式"，如果不需要在快速运行栏创建快捷方式，那么可以取消勾选。

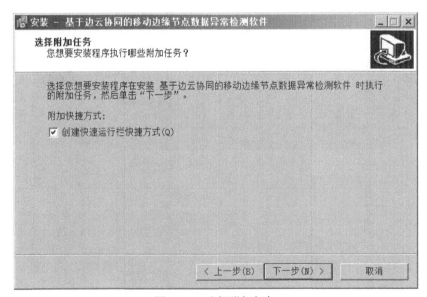

图 4.18 选择附加任务

（6）单击"下一步"按钮，显示如图 4.19 所示界面。安装程序即将准备执行安装操作，此时需要使用者确认的信息有两项内容：目标位置、开始菜单文件夹路径。如果使用者需要对这些安装参数信息进行更改，可以依次单击"上一步"按钮对相应信息进行修改。如果确认无误，则单击"安装"按钮进行安装。

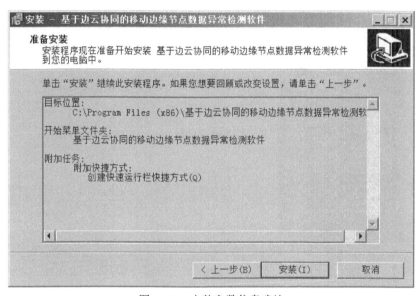

图 4.19　安装参数信息确认

（7）单击"安装"按钮后，将显示如图 4.20 所示界面。安装程序执行解压缩操作，将本软件的可执行程序 Edge-cloud OD.exe 解压缩到之前安装参数信息指定的目标位置。不同的计算机系统存在性能差异，这个解压缩过程大概会持续 3 ～ 10s。

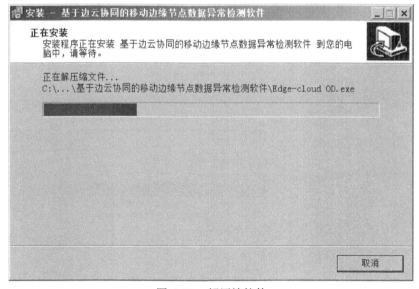

图 4.20　解压缩软件

（8）解压缩过程结束后，将显示如图 4.21 所示界面。此时软件安装完成，可以点击完成按钮来结束安装。默认情况下将自动运行软件。若使用者不需要软件在结束安装后自动启动，需要取消选中"运行 基于边云协同的移动边缘节点数据异常检测软件"复选框。

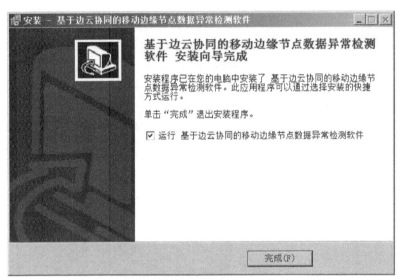

图 4.21　安装完成

（9）图 4.22 显示了本软件在操作系统桌面上的快捷方式，即 Edge-cloud OD 图标。本软件的图标设计采用的是云与边缘节点相结合的示意图，使用者可以通过双击图标来运行软件。

图 4.23 显示了本软件在开始菜单中的快捷方式。除了双击操作系统桌面上的快捷方式以外，使用者还可以通过单击开始菜单中的快捷方式来运行软件。

图 4.22　软件桌面快捷方式

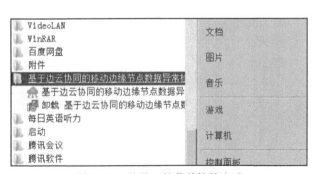

图 4.23　软件开始菜单快捷方式

4.6.8 软件使用说明

1. 软件主界面区域划分

本软件运行后显示的界面如图 4.24 所示。软件主要包含七个区域:"读取原始数据"、"无线传感器网络"、"边缘节点"、"数据预处理"、"模型更新与部署"、"网络节点与异常值检测模型"和"查询/分析"。

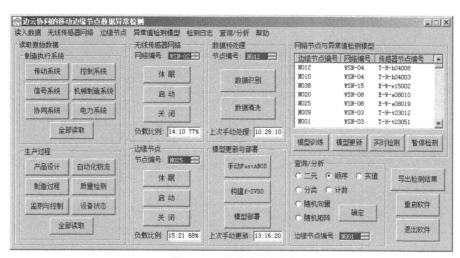

图 4.24　软件启动界面

1)读取原始数据

总体来说,本区域针对的是系统,以系统处理对象实施原始数据的读入。本区域分为两个独立的子区域:"制造执行系统"与"生产过程",分别对应于相应的原始数据。"制造执行系统"中包括常见的"传动系统"、"控制系统"、"信号系统"、"机械制造系统"、"协同系统"和"电力系统"。"生产过程"中包括"产品设计"、"自动化物流"、"制造过程"、"质量检测"、"监测与控制"和"设备状态"。上述这些系统所产生的原始数据均由软件的内置数据类型来进行处理。主菜单中的"读入数据"栏目与主界面上的"读取原始数据"功能相同。此外,为了方便用户使用,在主界面上单独列出了读取采集到的各个子系统原始数据的按钮,而且对制造执行系统和生产系统分别设置了"全部读取"的按钮。

针对"传动系统"读取原始数据的操作界面如图 4.25 所示,单击"开始"按钮之后,首先检查传动系统中所有传感器的功能是否正常,如果有无法正常工作的传感器,则弹出窗口进行提示。如果所有传感器均正常工作,那么执行数据采集任务。

针对"制造执行系统"中所有六个系统进行原始数据读取的操作界面如图 4.26 所示,具体步骤与单个系统的原始数据读取操作类似。

2)无线传感器网络

本区域对整个生产环境中的所有无线传感器网络进行管理。当前生产环境中的每个无线传感器网络均具有一个唯一的标识,目前标识的编号规则为 WSN-01 ~ WSN-99,

即最多可以管理 99 个不同的无线传感器网络。对于每个无线传感器网络,均可以执行三个操作:"休眠"、"启动"和"关闭"。对于无线传感器网络来说:休眠是指网络中所有节点不关机,但不进行任何业务操作,仅以最低功耗维持开机;启动是指对网络中所有节点进行开机,并准备进行常规的业务操作;关闭是指网络中所有节点均关机。本区域底部的"负载比例"是指某个时间点时整个生产环境中所有无线传感器网络的工作负载情况。若负载比例为 77%,那么表示全部无线传感器网络中的 77% 处在常规工作状态。

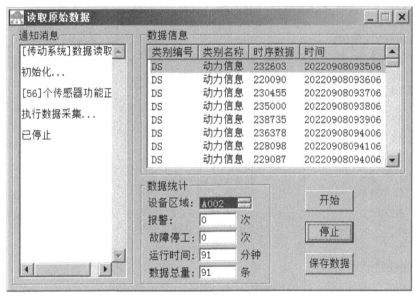

图 4.25 传动系统数据读取

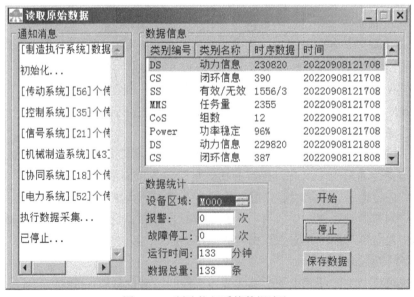

图 4.26 制造执行系统数据读取

3）边缘节点

本区域对整个生产环境中的所有边缘节点进行管理。当前生产环境中的每个边缘节点均具有一个唯一的标识，目前标识的编号规则为 N001 ～ N999，即最多可以管理 999 个不同的边缘节点。对于每个边缘节点，均可以执行三个操作："休眠"、"启动"和"关闭"。对于边缘节点来说：休眠是指节点不关机，但不进行任何业务操作，仅以最低功耗维持开机；启动是指对节点进行开机，并准备进行常规的业务操作；关闭是节点关机。本区域底部的"负载比例"是指某个时间点时整个生产环境中所有边缘节点的工作负载情况。若负载比例为 68%，那么表示全部边缘节点中的 68% 处在常规工作状态。

4）数据预处理

本区域包含三个功能：选择边缘节点、"数据识别"与"数据清洗"。"数据识别"功能对选定的边缘节点上的传感器所收集到的所有数据进行识别，对数据的数据类型进行判定，并分类。"数据清洗"功能对当前传感器所收集到的所有数据去除背景噪声。本区域底部的"上次手动处理"给出了最后一次人为进行数据预处理的时间。

5）模型更新与部署

本区域包含三个功能：手动进行 FastABOD 检测、手动构建 f-SVDD 异常值检测模型和将异常值检测模型部署到所有边缘节点上。"手动 FastABOD"操作是指人为地在任意时间令云端运行 FastABOD 模型，基于已有训练数据或者针对新获得的异常值（边缘节点上传的）进行模型训练。手动"构建 f-SVDD"异常值检测模型是指人为地在任意时间基于云端的 FastABOD 模型和当前已有的 f-SVDD 模型来生成新的 f-SVDD 异常值检测模型。"模型部署"按钮是指将新生成的 f-SVDD 异常值检测模型部署到"边缘节点"区域中当前选定的边缘节点上。本区域底部的"上次手动更新"给出了最后一次人为进行模型更新与部署的时间。

6）网络节点与异常值检测模型

本区域给出了网络中现有节点的详细信息以及异常值检测模型在整个网络层面的相关操作。网络中的节点通过三个要素进行描述："边缘节点编号"、"网络编号"及"传感器节点编号"。本区域底部的四个按钮："模型训练"、"模型更新"、"实时检测"和"暂停检测"是在整个网络层面对所有节点进行的操作，这与前述的"数据预处理"区域和"模型更新与部署"区域中的操作不同，它们仅针对单个的网络或节点。

7）查询/分析

本区域可以对指定边缘节点上的数据发起查询和分析操作。为了提高软件使用的便捷性，使用单选按钮将软件的查询与分析任务列出，由使用者直接进行选择。

2. 功能按钮

软件主界面右下角有三个功能按钮："导出检测结果"、"重启软件"和"退出软件"。"导出检测结果"按钮用来将整个网络中所有节点上当前获得的异常值检测结果导出为文件，如图 4.27 所示。单击"重启软件"按钮或"退出软件"按钮将提示用户进行选择，如图 4.28 和图 4.29 所示。

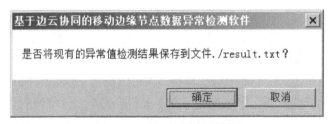

图 4.27　保存异常检测结果

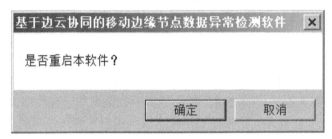

图 4.28　重启软件

图 4.29　退出软件

本 章 小 结

　　本章提出一种面向无线传感器网络的移动边云协同异常值检测方法，其主要构件和特征如下。在无线传感器网络的上层引入移动边缘节点能够避免传感器节点执行复杂的操作，并且能够提升异常值检测的性能。此外，传感器节点能量消耗的减少延长了传感器节点和整个无线传感器网络的生存期。针对高维数据，设计了基于角度的快速异常值检测算法来获取训练数据。针对异常值检测模型的构建，设计了与高斯核函数结合的 f-SVDD 算法。为了提升异常值检测的准确率，设计了在线机器学习算法对异常值检测模型进行迭代优化。针对 IBRL 数据集的实验结果显示本章所提出的方法能够提升异常检测的准确率，降低检测时延，减少能量消耗。与现有方法相比，本章所提出的方法在延迟、能量消耗和网络生存期三个方面具有较为明显的优势，其在面向无线传感器网络的高维数据异常值检测方面具有一定的高效性。此外，为了监控边缘节点的移动行为，需要研发一个统一的边缘层管理机制。在该机制中，边缘节点的移动策略（如随机游走）应当能够自动适应底层无线传感器网络的动态变化。通过改进本章提出的异常检测方案的相关算法，能够进一步改善异常检测的准确率，并降低计算开销。

　　基于本章所研究与提出的理论，设计并实现了基于边云协同的移动边缘节点数据异常检测软件。该软件涵盖了智能制造领域多样化的生产线和生产过程中与数据读取、无线传感器网络管理、边缘节点管理、数据预处理和数据异常检测相关的绝大多数操作。未来需要在软件中添加满足用户定制化需求的动态模块，使得软件在实际的生产环境中具有较高的灵活性，能够提供更多的功能。

第 5 章 基于局部敏感哈希的分布式
边缘数据异常值检测

针对海量的多源异构数据，邻近数据的寻找和判断是一项十分耗时的任务，如何降低需要检索的样本空间的规模是数据异常值检测过程中一个至关重要的环节。围绕局部敏感哈希来构建分布式边缘数据异常值的检测模型是一种兼顾高效性和有效性的创新性解决方案。

5.1 异常检测中两种计算模式的区别

随着物联网的迅速发展，人类生产和生活的各个领域都出现了大量的物联网设备。在工业领域，智能工厂中的各类制造过程涉及的物联网设备的数量也持续增长。此外，由部署在智能工厂中的各类传感器产生的传感器数据近年来也呈现爆炸式增长。一般来说，这些传感器数据可以分为两类：①表示特定时间点的实时信息的状态数据（state data），如温度、湿度等；②表示某个时间段内的信息总量的累积数据（accumulated data），如能量消耗、故障次数等。上述两类信息的一个共有特点是它们都具有严格的次序关系（sequential order）。因此，可以认为它们属于时间序列[397]。通常，人们普遍认为时间序列能够表示变量的实时性变化和随时间变化的趋势。

传统上，智能工厂中采集到的数据被传输至云计算中心进行异常检测。异常检测的结果以及相关的决策由云计算中心反馈给智能工厂。然而，随着数据量的爆炸式增长，绝大多数基于云的数据处理方法面临着性能的降低。导致性能降低的关键因素通常有网络延迟、带宽消耗和网络抖动（jitter）等。

作为云计算的互补计算范式（computing paradigm），边缘计算[387]选择性地将一些计算任务和存储任务卸载（offload）至网络的边缘，即数据能够在边缘节点上进行处理。边缘计算这种新型的计算范式具有以下优点[398]：①边缘计算的数据处理方式能够减少数据传输的延迟；②传输至云的数据量显著减少；③数据的安全与隐私得到了加强。边缘计算能够满足网络对移动性、实时性、可靠性以及安全与隐私的需求，因此具有广泛的应用场景[399]。

对于异常检测来说，图 5.1 将边缘计算和云计算两种处理模式进行了对比。传统的云计算模式通过无线/有线骨干网将采集到的数据发送给云。由云给出的异常检测结果通过上述路径再发送给智能工厂。一般来说，对于这种处理方式，传输延迟要大于计算延迟。因此，智能工厂中各类设备的实时性需求很难得到满足。相比之下，边缘计算模式能够选择性地将某些任务进行卸载。这些任务原本是由云进行处理的，将它们进行卸载就是指改由边缘节点对任务进行处理，如数据预处理、实时决策、异常检测以及隐私策略的实施等。

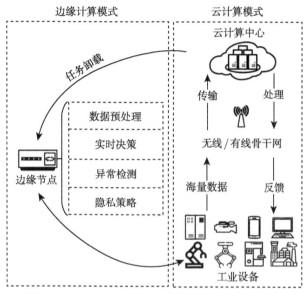

图 5.1　边缘计算模式与云计算模式的对比

5.2　局部敏感哈希数据异常值检测方案概述

对于智能工厂中的物联网设备来说，人们采集到的传感器数据能够实时地展现各类系统的状态。通过对采集到的数据进行分析，能够实现针对各类制造过程的监测、控制和决策。然而，数据中存在的异常经常导致不合适的指令和错误的操作。因此，采集到的数据的合法性和质量是至关重要的。针对数据进行及时且准确的异常检测对于加强制造过程的稳定性和安全性来说具有十分重要的应用价值[400]。一般来说，在传感器数据的采集和传输过程中，数据的异常是不可避免的。由于种种原因，当原始数据被传输至云，数据分析的可靠性就很难得到保证了。对于边缘计算来说，针对原始数据的异常检测能够在边缘节点上进行。这样，后期潜在的需要传输至云的数据的质量就得到了提高，需要被传输至云的数据的体量也得到了减少，延迟和带宽消耗这两个网络性能指标也得到了改善。

本章提出一种基于局部敏感哈希（locality sensitive Hashing，LSH）的改进型 k 最近邻（k-NN）异常检测方案。局部敏感哈希用来提供一个数据预处理操作，该操作能够显著减少需要处理的数据量，给后续由 k 最近邻算法执行的操作提供了很大的便利。具体来说，局部敏感哈希将在较大的集合 X 中寻找近邻元素的任务转化为在集合 X 的一个较小的子集中寻找近邻元素。因此，计算效率能够得到显著的提升，这对于高维数据尤为明显。此外，本章提出的方案基于计算任务的计算密集程度将它们分配给云和边缘节点进行处理。这样的设计能够进一步对计算效率和实时性响应实现提升。为了确保异常检测的准确性，基于余弦相似度（cosine similarity，CS）对由局部敏感哈希和 k 最近邻给出的异常检测结果进行二次检测。

5.3 相关工作

本节对现有的异常检测方法进行总结与分析。如表 5.1 所示，现有的代表性文献可以分为五类：基于统计的（statistical-based）方法、基于聚类的（clustering-based）方法、基于距离的（distance-based）方法、基于密度的（density-based）方法和基于分类的（classification-based）方法。

表 5.1 五类代表性文献

类别	文献
基于统计的方法	[401-405]
基于聚类的方法	基于层次聚类的方法 [406-411]
	基于划分聚类的方法 [412-413]
基于距离的方法	[414-419]
基于密度的方法	[384, 420-424]
基于分类的方法	基于神经网络的方法 [425-427]
	基于支持向量机的方法 [428-430]
	基于孤立的方法 [394, 431-432]

5.3.1 基于统计的方法

绝大多数的基于统计的方法的理论基础根植于假设（hypothesis），即假定采集到的数据服从某个分布模型，如高斯分布、泊松分布等。如果某个数据样本服从特定的分布模型，那么就认为该数据样本是正常的。当该数据样本不服从特定的分布模型时，就认为它是异常的。基于统计的方法的优点是存在众多成熟的理论模型可以直接使用。一般来说，这类方法能够确保较高的可获得性和准确性。基于统计的方法的缺点是大多数基于统计的方法需要进行大量的实验来获取一些先验信息（prior information），如数据分布、参数估计和置信区间等。一般来说，在实际的应用场景中，这些先验信息很难提前获得。此外，这类方法不适用于高维数据。

文献 [401] 提出一种基于马尔可夫链的在线异常检测模型，该模型使用马尔可夫链给出的量化振幅（quantized amplitude）进行异常检测。文献 [402] 针对动态网络子域中的过度通信提出一种局部统计扫描方法，该方法用来对异常活动进行检测。文献 [403] 提出一种基于直方图的异常检测方法，该方法针对流数据的不同特征生成直方图。具体来说，使用固定宽度或者动态宽度的表面（facet）对单变量的特征密度进行建模，通过计算数据样本的异常分数来进行异常检测。文献 [404] 提出使用中位数和中位数绝对偏差（median absolute deviation，MAD）来进行异常检测。此外，在进行异常检测之前，基于主成分分析法对数据进行了降维。文献 [405] 提出一种深度自编码（deep autoencoding）高斯混合模型来进行无监督的异常检测，原始的数据样本都以一种低维的表示形式被输入进高斯混合模型中。

5.3.2　基于聚类的方法

基于聚类的方法的核心理念为将采集到的数据基于某个准则（如距离）划分为不同的簇。划分的主要思想是使处于相同簇内的数据样本之间的相似性尽可能地高，而处于不同簇内的数据样本之间的相似性尽可能地低[433]。最后，不属于任何簇的数据样本被认为是异常的。基于聚类的方法的优点是算法的结构简单，处理速度较快，而且不需要类标签和其他先验知识。基于聚类的方法的缺点是对于大多数基于聚类的方法，异常检测的性能完全依赖于聚类结果的质量。此外，这类方法在处理高维数据时耗费的时间较长。

1. 基于层次聚类的方法

基于层次聚类的方法将数据划分为不同的层，这样便得到树形的（tree-shaped）聚类结构。常见的划分策略分为由下向上的集成（bottom-up aggregation）和由上向下的拆分（top-down split）。文献 [434] 将层次聚类中分类（categorical）数据的相似性度量方法进行了总结和对比，并给出了判断不同情况下应该使用哪种相似性度量方法的准则。文献 [406] 提出了一种名为 BRICH 的高效数据聚类方法，该方法基于树形结构对数据进行处理。树形结构的每个叶子节点存储一个簇，且簇是由中心（center）和半径（radius）进行刻画的。数据样本需要被分配到最近的叶子节点。不属于任何叶子节点的数据样本被认为是异常的。文献 [408] 对代码异常（code anomaly）进行了研究，即非典型的（untypical）代码段。具体来说，讨论了代码向量表示的获取以及基于向量化（vectorized）数据的异常检测。文献 [409] 指出传统的非增量式（non-incremental）层次聚类算法在进行异常检测时具有有效性低（low effectiveness）和稳定性差（poor stability）的缺点。文献 [409] 提出的方案基于自定的准则动态调整最优的簇个数，避免了人工选取簇个数的操作，进而缓解了有效性低和稳定性差的问题。文献 [410] 基于豪斯多夫距离（Hausdorff distance）[435] 提出一种混合的基于网格的层次聚类方法。基于两两（pairwise）豪斯多夫距离，使用不同版本的层次聚类算法对基于网格的轨迹进行了聚类。该方法适合于度量不同长度的轨迹之间的相似性。文献 [411] 提出一种聚合的（agglomerative）层次聚类算法，该算法用来识别具有数字属性和分类属性的混合数据集中的异常值。此外，还设计了一种相似性度量方法来处理数据的数字属性和分类属性。

2. 基于划分聚类的方法

基于划分聚类的方法的基本理念如下。首先，采集到的数据被分为若干个簇，初始的簇中心是随机选取的。然后通过使用启发式算法对数据进行迭代的重分配，直到获得清晰的聚类结果。在基于划分聚类的方法中，著名的 k-means 算法最初由文献 [412] 提出，该算法首先随机选取 k 个数据样本作为初始的 k 个簇中心，剩余的数据样本被分配至最近的簇。然后计算每个簇内所有数据样本的平均值来对簇中心进行更新。上述过程往复进行，直到聚类的准则函数（criterion function）达到收敛，即无须再对任何簇中心进行更新。到这个时候，不属于任何簇的数据样本被认为是异常的。在原始的 k-means

算法中，初始的簇中心的选择对于后续聚类结果的质量是至关重要的。文献 [436] 将信息论和原始的 k-means 算法进行结合，具体的作用有两个：①优化初始簇中心的选择；②自动确定簇的个数。

5.3.3　基于距离的方法

基于距离的方法通常使用距离函数来计算数据样本之间的距离。对于数据样本 x，其与数据集中剩余数据样本之间的距离分别与预先定义好的阈值进行比较。一般来说，当距离大于阈值时，数据样本 x 被认为是异常的。基于距离的方法的优点是不需要提前对数据分布进行估计。此外，基于距离的方法在处理高维数据时的性能要优于基于聚类的方法。基于距离的方法的缺点是对于大多数基于距离的方法，异常检测的性能受参数设置的影响较大，而且参数选择不是一个轻易能做好的任务。

文献 [414] 提出一种线性回归模型来对时间序列进行异常检测。具体来说，作者设计了多个与 Huber-skip 估计和最小截平方和（least trimmed squares，LTS）估计相关的算法来进行异常检测。文献 [415] 提出若干非参数（non-parametric）方法来进行准确的周期性（periodicity）检测。使用面向时间序列的周期性的距离度量方法来进行异常检测。在各种基于距离的方法中，使用最为广泛的理念是 k 最近邻算法[416]。采用该理念的方法基于数据样本间的邻近性（proximity）来进行异常检测，具体的做法很简单，而且不需要任何训练。但是，k 最近邻算法在计算数据样本间的距离时具有较高的计算开销。文献 [417] 提出一种名为 k-NN-SVM 的异常检测方法。针对训练集的索引操作是基于 R*-tree 的理念进行的。由 k 最近邻算法选取的数据标签用来判断是否需要用支持向量机对训练集执行进一步的训练。尽管该方法能够降低训练时间，但是由于 k 最近邻算法和支持向量机二者在处理高维数据时具有大量的计算开销，因此该方法对高维数据的处理效率是较低的。文献 [418] 提出一种高效的异常检测方法来处理日志（log）数据。首先设计了基于 N 元（N-gram）模型和频繁模式挖掘（frequent pattern mining，FPM）的日志解析方法对数据向量进行降维。然后使用聚类和自训练（self-training）方法从历史日志中自动获得标记过的日志数据。最后，使用加权平均方法来提升 k 最近邻算法在不均衡的（imbalanced）数据集上的准确性。

5.3.4　基于密度的方法

一般来说，基于距离的方法没有考虑数据的局部稀疏性。在基于密度的方法中，不仅涉及数据的邻近性，还涉及数据的局部稀疏性。基于密度的方法的优点是能够很好地应对数据的局部稀疏性，这使得对局部异常的检测更加准确。基于密度的方法的缺点是随着数据维度的增加，大多数基于密度的方法在执行时所耗费的时间也显著增加。

文献 [384] 提出了局部异常值因子（local outlier factor，LOF）异常检测方案。在该方案中，数据样本的局部密度与它的邻居数据样本的局部密度进行比较。这里，密度是基于数据样本之间的距离计算得出的。一般来说，距离越大，密度越小，反之亦然。由于基于局部异常值因子的方法通常都具有较高的时间复杂度，它们不适用于处理大量的高维数据[437]。文献 [420] 提出了一种无监督的基于密度的异常检测方法。在该方法中，数据样本的局部异常分数被用来表示其偏离其他数据样本的程度。文献 [421] 提出一种基于连接性的异常值因子（connectivity-based outlier factor，COF）模型。当某个模式本身具有和某个异常值的邻居密度相似的密度时，原始的局部异常值因子的异常检测性能较差。针对上述情况，基于连接性的异常值因子模型的性能要优于基于原始的局部异常值因子的模型。然而，基于连接性的异常值因子模型的算法执行时间通常要大于基于原始的局部异常值因子的模型。在文献 [422] 中，为了提取不同的数据特征，作者研究了多种交通数据。此外，为了检测北京市的交通异常区域，提出了一种基于网格的局部异常值因子算法。文献 [423] 提出一种面向数据流的快速异常值检测算法，该算法通过使用 Z-score 剪枝（pruning）来降低局部异常值因子算法的计算开销。文献 [424] 提出一种灵活的参数概率度量方法。该方法适用于在混合的数字（numerical）和分类（categorical）输入空间（input space）进行大规模的异常检测，具有较低可能性（low likelihood）的数值被认为是异常的。

5.3.5　基于分类的方法

按照所采用的核心构件，基于分类的方法可以被分为两类：多类分类器（multi-class classifier）和单类分类器（one-class classifier）。前者给属于不同类的数据赋予不同的标签。后者标明一个可识别的周界（perimeter）来包含正常数据。基于分类的方法的优点是存在众多成熟的数学模型，这些模型可以直接被用来进行异常检测，而且异常检测的准确性被认为是具有较强稳定性的。基于分类的方法的缺点是大多数基于分类的方法对于靠近正常数据的异常数据不够敏感。

1. 基于神经网络的方法

基于神经网络的方法模拟人类的神经系统来进行计算和自主学习，基于大量的前期训练来进行异常检测。基于神经网络的方法的优点是不需要任何先验信息，原始数据不需要具有某些统计学的假设。因此这类方法能够很好地应对干扰项（distractors）。文献 [425] 提出一种基于卷积神经网络（convolutional neural network，CNN）的异常检测模型。首先将所提取出的数据特征使用独热编码（one-hot encoding）转换成二进制向量，然后对卷积神经网络进行训练，进而得到异常检测模型。文献 [426] 在检测模型的训练阶段使用了不同的深度神经网络，如卷积神经网络和递归神经网络（recurrent neural network，RNN）。此外，采用声发射训练（acoustic emission training）来对数据进行降维，进而降低了计算开销。文献 [427] 展示了若干基于深度学习技术的异常检测方法在网络安全领域的应用，着重介绍了基于多层感知机（multilayer perceptron，MLP）深度学习的方法。

2. 基于支持向量机的方法

基于支持向量机的方法的核心构件是定义在特征空间上的线性分类器。对于包含有核技巧（kernel trick）的支持向量机，其在实质上已经成为非线性分类器。一般来说，基于支持向量机的方法会生成一个包含正常数据的区域，位于该区域外的数据样本被认为是异常的。由于基于支持向量机的方法的性能对参数选择的结果比较敏感，研究者们在这个方面进行了大量的研究。文献 [428] 针对数据的异常检测提出一种数据驱动的超参数（hyperparameter）优化方法来对单类支持向量机进行改进。文献 [429] 提出一种基于无监督的深度信念网络（deep belief network，DBN）的线性单类支持向量机模型，该模型旨在对大规模的高维数据进行异常检测。文献 [430] 提出一种基于广义支持向量数据描述（generalized support vector data description，GSVDD）的异常检测方法。首先构建多个超球体来容纳属于不同类的数据。然后根据贝叶斯理论基于参数的概率性行为（probabilistic behavior）给数据样本赋予概率信息，这些概率信息用来进行分类操作。

3. 基于孤立的方法

基于孤立的方法的理论基础为假定异常数据是"少（few）且不同（different）"的，与正常数据相比，异常数据更容易被孤立。基于孤立的方法的优点是在异常检测器的构建过程中，充分考虑了潜在异常数据的内在的、固有的特征[431]。文献 [394] 提出一种基于孤立的分布式异常检测方案，该方案使用了最近邻集成（nearest neighbor ensembles，NNE）的理念。此外，还采用了孤立森林（isolation forest，iForest）算法[432] 和局部异常因子算法。

5.4　基于局部敏感哈希的改进型 k-NN 异常检测

5.4.1　基本模型

总体来说，本章提出的模型是一个基于边缘计算的分布式异常检测模型。如图 5.2 所示，云计算中心和边缘节点相互协作。具体来说，本章提出的模型包含三个构件：k 最近邻、局部敏感哈希和余弦相似度。传统的 k 最近邻算法由局部敏感哈希[438] 进行改进。云计算中心负责哈希表（Hash table）的生成和更新，并将最新的哈希表发送给边缘节点。各类传感器采集到的数据由边缘节点使用其配备的 k 最近邻算法进行异常检

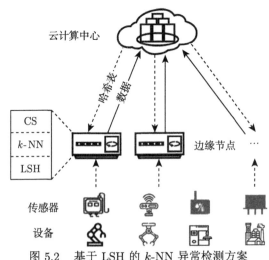

图 5.2　基于 LSH 的 k-NN 异常检测方案

测。在上述过程中，哈希表的作用是减小由 k 最近邻算法处理的数据量。对于由局部敏感哈希和 k 最近邻给出的检测结果，由余弦相似度进行二次检测来提高检测精度。

5.4.2　算法流程

k 最近邻、局部敏感哈希和余弦相似度三个主要构件之间的交互如图 5.3 所示。这个简明的流程图旨在展示上述三个构件之间的关系。因此，图中只标示出了关键性的操作。本章后续的小节会详细介绍上述三个主要构件的思路和算法。

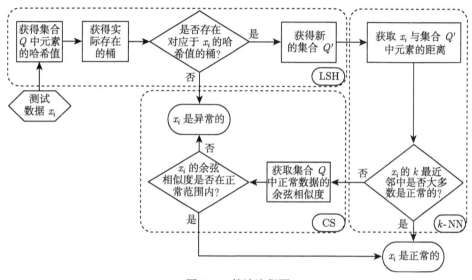

图 5.3　算法流程图

如图 5.3 所示，对于待测的数据样本 x_i，其首先由局部敏感哈希进行处理。对于局部敏感哈希来说，通过已经标记过的训练集 Q 中数据样本的哈希值来获得实际存在的桶（bucket）。对于待测的数据样本 x_i 的哈希值，如果不存在相应的桶，那么认为 x_i 是异常的。相反，如果存在相应的桶，那么基于容纳该哈希值的桶来获得一个新的集合 Q'，且集合 Q' 是集合 Q 的子集。然后，算法流程由 k 最近邻接手处理。对于 x_i，计算出其与集合 Q' 中所有数据样本之间的距离。如果 x_i 的 k 个最近邻居中大多数数据样本是正常的，那么初步认为 x_i 也是正常的。相反，如果 x_i 的 k 个最近邻居中大多数数据样本是异常的，那么初步认为 x_i 也是异常的，即由局部敏感哈希和 k 最近邻构成的组合认为 x_i 是异常的。此时，针对初步判断为异常的数据，由余弦相似度进行二次检测。计算出训练集 Q 中全部正常数据的余弦相似度数值，得到一个"正常的"余弦相似度数值范围。如果 x_i 的余弦相似度数值处在该范围内，那么认为 x_i 是正常的。相反，如果 x_i 的余弦相似度数值不在该范围内，那么认为 x_i 是异常的。

5.4.3　k 最近邻

基于 k 最近邻的异常检测的核心思想是度量数据样本之间的邻近性。对于数据样本 x_i，考虑与之最"相似的"数据样本，即样本空间中距离其最近的 k 个数据样本。如

果这 k 个数据样本中大多数是异常的，那么就认为 x_i 也是异常的，反之亦然。

不妨将包含 n 个数据样本的 m 维数据集表示为

$$X = \{x_i \mid x_i \in R^m\}, i = 1, 2, \cdots, n \tag{5-1}$$

具体来说，数据样本 x_i 可以用矩阵表示为

$$\boldsymbol{x}_i = [x_{i1}, x_{i2}, \cdots, x_{im}]^{\mathrm{T}} \tag{5-2}$$

基于欧氏距离，数据样本 x_i 和 x_j 之间的距离可以表示为

$$d(x_i, x_j) = \sqrt{\sum_{d=1}^{m}(x_{id} - x_{jd})^2} \tag{5-3}$$

若将数据样本 x_i 的 k 个最近邻居用集合 $N_k(x_i)$ 表示，将正常数据和异常数据的类别分别用 c_1 和 c_2 来表示。那么，类集合 $C = \{c_1, c_2\}$。基于多数投票（majority voting）原则，x_i 的类别可以通过以下方式来确定：

$$c(x_i) = \underset{c_j}{\mathrm{argmax}} \sum_{x_s \in N_k(x_i)} I(y_s = c_j) \tag{5-4}$$

其中，$s = 1, 2$；$j = 1, 2, \cdots, k$；$I(\cdot)$ 是一个指示函数。当 y_i 与 c_j 相等时，$I(\cdot)$ 的值为 1；当 y_i 与 c_j 不相等时，$I(\cdot)$ 的值为 0。

基于上述分析，本节在算法 5.1 中给出详细的 k 最近邻算法，其中 Q 为标记过的训练集。

算法 5.1　$k\text{-NN}(k, Q, x_i)$

1: $D \leftarrow \varnothing$
2: $C \leftarrow \{c_1, c_2\}$ 　　　　　　　// 类集合
3: **for** $j = 1$ **to** $|Q|$ **do**
4: 　　$D \leftarrow D \cup \{d(x_i, q_j)\}$ 　　// x_i 与集合 Q 中数据样本之间的距离
5: **end for**
6: $L \leftarrow \mathrm{sort}(D, \mathrm{ascending})$ 　　// 距离按照升序方式排序后的列表
7: $N_k(x_i) \leftarrow \mathrm{top}(L, k)$ in Q 　　// 距离 x_i 最近的 k 个数据样本
8: **if** $c(x_i) == c_1$ **then**
9: 　　**return** 1 　　　　　　　// x_i 是正常的
10: **else**
11: 　　**return** 0 　　　　　　　// x_i 是异常的
12: **end if**

5.4.4　局部敏感哈希

与 k 最近邻算法类似，局部敏感哈希是另一个基于最近邻居理念的算法，其设计的初衷是处理大规模的高维数据。局部敏感哈希的最主要的特点是其对位置的敏感性。

局部敏感哈希的基本理念如下：在原始的样本空间中近邻的两个数据样本经过哈希操作之后，依然近邻的概率是极高的。由于局部敏感哈希具有快速索引的能力，其适用于对动态数据集进行增量索引（incremental indexing），且索引更新的开销较小。

对于集合 S，考虑任意两个元素 $p, q \in S$。若称 $H = \{h : S \to U\}$ 是一个 $(r, c \cdot r, p_1, p_2)$-sensitive 哈希函数集合，是指对于 $\forall h \in H$，以下两个公式成立：

$$P(h(p) = h(q)) \geqslant p_1, \|p, q\| \leqslant r \tag{5-5}$$

$$P(h(p) = h(q)) \leqslant p_2, \|p, q\| > c \cdot r \tag{5-6}$$

其中，$c > 1$；$r > 0$；$p_1 > p_2$；$\|\cdot\|$ 是指两个元素之间的距离。

具体来说，相互近邻的元素被映射至相同的桶内的概率是极高的。相反，彼此远离的元素被映射至相同的桶内的概率是极低的。由于在 5.4.3 节中引入了欧氏距离，因此相应的局部敏感哈希函数可以表示为

$$\text{hash}(x_i) = \left\lfloor \frac{|x_i \cdot \boldsymbol{l} + b|}{a} \right\rfloor \tag{5-7}$$

其中，x_i 是一个 m 维的数据样本；a 是桶的宽度；b 是在区间 $[0, a]$ 上均匀分布的随机变量；$\boldsymbol{l}$ 是一个 m 维的向量，且 $\boldsymbol{l} \sim N^m(0, 1)$。

在式 (5-7) 中，可以认为 x_i 被投影到一个随机的线段上，该线段由若干等长的子段构成，且每个子段的长度为 a。换言之，这些子段表示桶。

对集合 X 中的所有数据样本进行投影后，可以获得一个哈希表，该哈希表包含若干个桶。尽管可能存在少量错误的分类，通常认为位于相同的桶内的数据样本是相互近邻的。因此，集合 X 被划分为若干个不相交的子集。当集合 X 作为训练集时，在较大的集合 X 中寻找近邻元素的任务被转化为在集合 X 的一个较小的子集中寻找近邻元素。因此，所涉及的计算开销和处理时延都得到了较大的提升。上述基于局部敏感哈希的数据预处理操作作为后续 k 最近邻算法要执行的操作提供了很大的便利。由于局部敏感哈希操作很可能生成一个较大的哈希表，这样的哈希表需要较大的索引空间（indexing space）。因此，在本章的模型中，哈希表是由云计算中心负责生成的。此外，由于数据是持续不断地产生的，边缘节点会即时地将采集到的新数据传输至云计算中心。那么，对哈希表的定期更新也是由云计算中心负责进行的。云计算中心将哈希表进行更新后就发送给边缘节点。换言之，边缘节点一直使用的是最新版本的哈希表。

基于上述分析，本节在算法 5.2 中给出详细的局部敏感哈希算法。

算法 5.2　LSH(Q, X)

1: $H \leftarrow \varnothing$

2: $B_{\text{no}} \leftarrow \varnothing$

3: **for** $j = 1$ **to** $|Q|$ **do**

4:　$h \leftarrow \text{hash}(q_j)$

5:　$H \leftarrow H \cup \{h\}$　// 训练集 Q 中所有元素的哈希值

```
 6: end for
 7: h_max = max {h}
       ∀h∈H
 8: for j = 0 to |h_max| do
 9:    B_j ← ∅    // 可能存在的桶
10: end for
11: for j = 1 to |H| do
12:    switch (h_j)    // 实际存在的桶
13:    case 0 : B_0 ← B_0 ∪ {h_j}, break
14:    case 1 : B_1 ← B_1 ∪ {h_j}, break
15:    ···
16:    case h_max : B_{h_max} ← B_{h_max} ∪ {h_j}, break
17: end for
18: for j = 0 to h_max do
19:    if B_j ≠ ∅ then
20:       B_no ← B_no ∪ j    // 实际存在的桶的编号
21:    end if
22: end for
23: for i = 1 to |X| do
24:    j ← hash(x_i)
25:    if (j ∩ B_no) ≠ ∅ then
26:       // 存在一个桶, 其编号等于 x_i 的哈希值
27:       Q' ← Q_{B_j}    // 新的训练集 Q', 其元素为桶 B_j 中的全部哈希值所对应的数据样本
28:       if k-NN(Q', x_i) then
29:          X_n ← X_n ∪ {x_i}    // 将 x_i 加入正常数据的集合 X_n
30:       else
31:          X_a ← X_a ∪ {x_i}    // 将 x_i 加入异常数据的集合 X_a
32:       end if
33:    else
34:       // 不存在一个桶, 其编号等于 x_i 的哈希值, 那么认为 x_i 是异常的
35:       X_a ← X_a ∪ {x_i}
36:    end if
37: end for
```

在算法 5.2 中，哈希值集合 H 中所有哈希值的最大值用 h_{max} 来表示。由于集合 H 是形如 $\{0, 1, \cdots, h_{max}\}$ 的，那么最多存在 $h_{max} + 1$ 个桶。每个桶内的哈希值分别用集合 B_0、B_1、$\cdots$、$B_{h_{max}}$ 来表示。然而，在实际的运算中，集合 $\{0, 1, \cdots, h_{max}\}$ 中的元素可能会存在缺失，即元素的个数可能会少于 $h_{max} + 1$。因此，引入集合 B_{no} 来表示实际存在的桶的编号。如果 x_i 的哈希值 $hash(x_i) \notin B_{no}$，那么不存在容纳该哈希值的桶。这样的话，认为 x_i 是异常的。如果 $hash(x_i) \in B_{no}$，那么将集合 $B_{hash(x_i)}$ 中全部的哈希值所对应的数据样本作为 $k\text{-}NN(\cdot)$ 的输入，即作为算法 5.1 的输入。因此，用集合 Q' 替换集合 Q 提升了计算开销和处理时延。针对 x_i 的异常检测后续由 $k\text{-}NN(\cdot)$ 进行。最后，异常数据和正常数据分别用集合 X_a 和集合 X_n 来表示。

5.4.5　余弦相似度

尽管前述的局部敏感哈希和 k 最近邻的组合能够高效地给出异常检测的结果，异常检测的性能很大程度上依赖于参数 k 的取值。为了进一步确保异常检测的准确性，引入余弦相似度来对异常检测的结果进行二次检测。余弦相似度的基本理念是度量两个向量之间的角度的余弦值。对于数据样本 x_i 和 x_j，它们之间的余弦相似度为

$$\operatorname{sim}(x_i, x_j) = \cos(\theta) = \frac{x_i \cdot x_j}{\|x_i\| \, \|x_j\|} = \frac{\sum\limits_{d=1}^{m}(x_{id} \cdot x_{jd})}{\sqrt{\sum\limits_{d=1}^{m}(x_{id})^2} \cdot \sqrt{\sum\limits_{d=1}^{m}(x_{jd})^2}} \tag{5-8}$$

其中，θ 为 x_i 和 x_j 之间的角度。

由于余弦的值域为 $[-1, 1]$，靠近 1 的相似度数值表示 x_i 和 x_j 是相似的，而靠近 -1 的相似度数值表示 x_i 和 x_j 是不相似的。基于上述分析，在算法 5.3 中给出详细的余弦相似度算法。

算法 5.3　$\mathrm{CS}(Q_n, X_n, X_a, \boldsymbol{\alpha})$

1: **for** $j = 1$ **to** $|Q_n|$ **do**
2: 　　$s \leftarrow \operatorname{sim}(q_s, \boldsymbol{\alpha})$
3: 　　$S \leftarrow S \cup \{s\}$　　// 训练集 Q 中正常数据的余弦相似度数值
4: **end for**
5: $s_{\min} \leftarrow \min\limits_{\forall s \in S}\{s\}$　　// 正常余弦相似度数值的下界
6: $s_{\max} \leftarrow \max\limits_{\forall s \in S}\{s\}$　　// 正常余弦相似度数值的上界
7: **for** $j = 1$ **to** $|X_a|$ **do**
8: 　　$s_j \leftarrow \operatorname{sim}(x_j, \boldsymbol{\alpha})$　　// 由局部敏感哈希和 k 最近邻给出的异常数据样本 x_j 的余弦相似度数值
9: 　　**if** $s_j \geqslant s_{\min}$ && $s_j \leqslant s_{\max}$ **then**
10: 　　　　$X_a \leftarrow X_a \setminus \{x_j\}$
11: 　　　　$X_n \leftarrow X_n \cup \{x_j\}$　　// x_j 的余弦相似度数值处在正常的余弦相似度数值范围内，那么认为 x_j 是正常的
12: 　　**end if**
13: **end for**
14: **return** X_a

在算法 5.3 中，参数 $\boldsymbol{\alpha}$ 是 m 维向量 $[1, 1, \cdots, 1]^{\mathrm{T}}$。训练集 Q 中的正常数据（即集合 Q_n）用来计算余弦相似度数值的范围，即 $[s_{\min}, s_{\max}]$。对于数据样本 $x_j \in X_a$，如果其相似度数值 s_j 处在区间 $[s_{\min}, s_{\max}]$ 内，那么认为 x_j 是正常的。相反，如果其相似度数值 s_j 不在区间 $[s_{\min}, s_{\max}]$ 内，那么认为 x_j 是异常的。最后，异常数据用集合 X_a 来表示。

5.5 实验与分析

5.5.1 参数设置和性能指标

在本章的实验中，应用了本书作者在文献 [439] 中使用的硬件和软件设置。尽管文献 [439] 提出的边云协同架构旨在对无线传感器网络中时间序列的模式异常进行检测，但实验环境可以用来评估本章提出的模型。文献 [439] 中所进行的实验主要关注分析边云协同机制的性能，使用了 15 个边缘节点和 1 个云节点。在本章的实验中，为了能够更好地分析边缘计算的性能，使用 30 个边缘节点和 1 个云节点。具体来说，这 30 个边缘节点都基于配备有 nRF905 无线模块的 MSP430 单片机进行实现。MSP430 平台能够以 25MHz 的频率进行运算，其具有的 RAM 容量为 100KB。云节点是一台 HP Z6 G4 工作站，具备 32 个 2.3GHz 的核心和 32GB RAM。此外，云节点运行的操作系统是 Debian Stretch 9.4.0[440]。对于 30 个边缘节点，MSP430 单片机上运行的操作系统是 FreeRTOS[441]。为了简单起见，消息协议、消息格式以及相关的功能要求都是基于 TCP/IP 的。具体来说，边缘节点和云节点之间的通信是基于 HTTP 实现的。云节点上运行有一个 Apache HTTP 服务器[442]。

对于不同的 k 值，k 最近邻算法通常会给出不同的输出结果。一般来说，较小的 k 值易于导致过拟合（overfitting），因为模型变得比较复杂。较大的 k 值易于得出宽松的决策边界（loose decision boundary），因为模型变得比较简单。为了确定合适的 k 值，使用十倍交叉验证法进行了大量的实验。为了不失一般性，上述实验采用了两个著名的数据集。第一个是英特尔伯克利研究实验室（Intel Berkeley Research Laboratory，IBRL）数据集[443]，该数据集也被用来评估本书作者在文献 [431] 中提出的移动边云协同异常值检测模型。第二个是 KDD CUP 99 数据集[444]。如图 5.4 所示，实验结果表明当 $k = 9$ 时，基于 k 最近邻算法的异常检测的准确率是最佳的。

图 5.5 ~ 图 5.8 中显示的实验结果对应于基于 KDD CUP 99 数据集进行的实验，该数据集被广泛应用于异常检测算法的评估中。在本章的实验中，为了能够更好地对比具有不同维数的数据，对该数据集进行了预先的归一化（normalization）。具体来说，采用了以下三个算法与本章提出的模型进行对比实验：固定宽度聚类（fixed-width clustering，FWC）[374]、传统的 k 最近邻（k-NN）[445] 和单类支持向量机（one-class SVM）[446]。为了便于表述，将本章提出的算法简称为 LKC。在固定宽度聚类算法中，将宽度设置为 $w = 40$。在传统的 k 最近邻算法中，将最近邻的个数设置为 $k = 1000$。这样设置的原因是由于没有涉及局部敏感哈希的操作，k 最近邻算法使用了集合 Q，而不是集合 Q 的较小的子集 Q'。对于单类支持向量机算法，将期望的异常比例（expected ratio of anomalies）和径向基函数（radial basis function，RBF）的宽度分别设置为 $v = 1\%$ 和 $\sigma^2 = 12$。在本章提出的 LKC 算法中，将最近邻的个数设置为 $k = 9$。实验涵盖了以下六个异常检测领域的重要性能指标：受试者工作特征（receiver operating characteristic，ROC）、精确率（precision）、召回率（recall rate）、F1 分数（F1-score）、准确率和延迟（delay）。

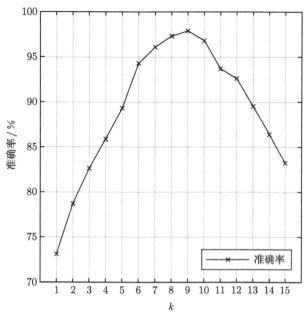

图 5.4　k 最近邻算法的准确率在不同 k 值时的变化

5.5.2　数值结果与分析

针对不同的置信水平 $\delta \in \{80\%, 85\%, 90\%, 95\%\}$，上述四个算法的真阳性率（true positive rate，TPR）、假阳性率（false positive rate，FPR）以及曲线下面积（area under curve，AUC）在表 5.2 中列出。

表 5.2　不同置信水平下的 TPR、FPR 和 AUC 数值

算法	置信水平/%	TPR/%	FPR/%	方差	AUC
FWC	80	92.78	10.08	17.07	—
	85	65.29	1.87	8.49	—
	90	46.83	1.09	4.31	—
	95	27.98	0.45	1.51	0.9384
k-NN	80	91.23	7.87	16.60	—
	85	23.15	6.45	10.65	—
	90	11.08	4.23	2.44	—
	95	5.33	1.98	0.53	0.8946
one-class SVM	80	98.32	10.09	19.20	—
	85	91.26	5.69	16.61	—
	90	66.83	3.94	8.82	—
	95	5.12	3.66	0.51	0.9481
LKC	80	99.88	1.65	19.78	—
	85	98.76	1.48	9.36	—
	90	97.53	1.15	5.92	—
	95	89.68	0.96	1.96	0.9886

如表 5.2 所示，在相同的置信水平下，one-class SVM 和 LKC 的性能是类似的，但是 LKC 的假阳性率要优于 one-class SVM。当置信水平 $\delta = 95\%$ 时，one-class SVM 的

真阳性率急剧下降至 5.12%。当置信水平 δ 从 80% 增加至 85% 时，传统的 k-NN 的真阳性率下降了 68.08%。尽管 FWC 的真阳性率要优于 one-class SVM 和传统的 k-NN，但是 LKC 的真阳性率要优于 FWC。当置信水平 $\delta = 95\%$ 时，LKC 的 AUC 指标要优于其他三个算法，传统的 k-NN 的 AUC 指标是四个算法中最差的。基于表 5.2 中的数据，在图 5.5 中给出上述四个算法的 ROC 曲线。

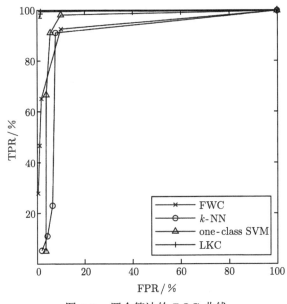

图 5.5　四个算法的 ROC 曲线

上述四个算法的精确率、召回率和 F1 分数如图 5.6 所示。总体而言，one-class

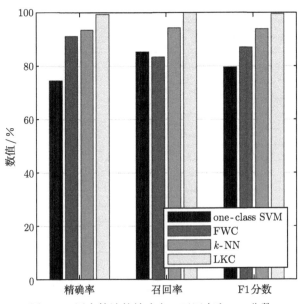

图 5.6　四个算法的精确率、召回率和 F1 分数

SVM 的性能是最差的。FWC 的精确率较好，但是它的召回率和 F1 分数都较差。尽管传统的 k-NN 在精确率、召回率和 F1 分数三个方面与 LKC 是类似的，LKC 依然是最佳的。

　　基于上述实验结果可知，LKC 和 FWC 的性能比较接近，那么接下来围绕延迟这个性能指标进一步对二者进行分析。分别选用数据集中 10%、20%、30%、40% 和 50% 的数据进行实验，并取多次实验的平均值以获得更具一般性的结果。图 5.7 显示了 20 次独立实验的平均值。总的来说，随着数据量的增加，LKC 和 FWC 的延迟均单调增加。对于边缘计算模式和云计算模式，LKC 的延迟均小于 FWC。此外，当使用 10% 的数据时，LKC 在边缘计算模式和云计算模式下的延迟分别为 75ms 和 237ms。与云计算模式相比，边缘计算模式具有约 76.9% 的性能提升。类似地，当使用 50% 的数据时，边缘计算模式具有约 65.9% 的性能提升。因此，可以认为 LKC 在延迟这个性能指标方面要优于 FWC。此外，随着数据量的增加，虽然边缘计算模式和云计算模式的延迟都在增加，但边缘计算模式的延迟增长要更加缓和一些。

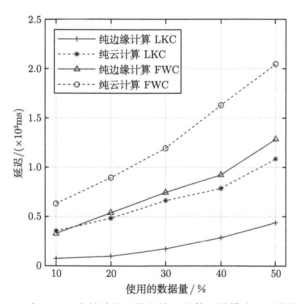

图 5.7　LKC 和 FWC 在纯边缘计算和纯云计算两种模式下异常检测的延迟

　　图 5.7 显示的数据所对应的实验是在纯边缘计算和纯云计算两种模式下进行的。换言之，LKC 和 FWC 的相关操作要么是在边缘节点上进行的，要么是在云计算中心上进行的。在本章提出的模型中，哈希表的生成是在云计算中心上进行的。因此，需要围绕边缘节点和云计算中心的协作对上述四个算法进一步进行分析。如图 5.8 所示，当使用 10% 的数据时，相比于其他三个算法，LKC 将延迟缩短了 48.0% ~ 65.8%。当使用 10%、20% 和 30% 的数据时，LKC 给出的延迟分别为 13ms、27ms 和 41ms，上述三个数值均小于 50ms，因此可以认为 LKC 能够满足智能工厂中大多数情况下的实时性要求。从图 5.8 中还可以看出，传统的 k-NN 具有较大的延迟。

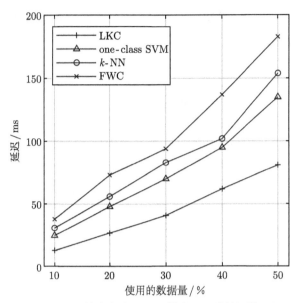

图 5.8 四种算法在边云协同模式下异常检测的延迟

图 5.9 和图 5.10 中显示的数据所对应的实验是在 IBRL 数据集上进行的。IBRL 数据集包含从部署在英特尔伯克利研究实验室的 54 个传感器节点所采集到的数据，包括湿度、温度、光照和电压的数值。与 KDD CUP 99 数据集一样，IBRL 数据集也是异常检测领域的一个重要的数据集。为了进一步评估本章提出的模型的性能，再额外考虑三个基于 k 最近邻理念的方法，即 KNN-DK[447]、Deep k-NN[448] 和 kNN-TSAD[449]。文献 [447] 提出一种基于动态 k 值的 k 最近邻分类器，该方案将数据集的类不均衡性（class imbalance）纳入了考虑范围。文献 [448] 提出一种深度 k 最近邻防御机制，该方案主要用来解决干净标签数据投毒攻击（clean-label data poisoning attacks）。此外，作者还对 k 值的选择给出了简单的指引。文献 [449] 针对时间敏感异常检测提出一种基于 k 最近邻的快速异常检测方法。该方法将滑动窗口和局部敏感哈希进行结合，进而监测流数据的分布以及数据的最近邻居个数的变化。

在图 5.9 显示的结果中，平均能量消耗是经过归一化的。归一化的基准是 $k = 4$ 时 LKC 算法中边缘节点的平均能量消耗的真实数值。图 5.9 中四条曲线的总体趋势都是单调增加的。随着 k 值的增加，算法执行时所涉及的最近邻居的个数增加了，这导致了计算开销的增大。因此，平均能量消耗也随之增加。此外，当 k 值较大时（如 $k > 8$），平均能量消耗的增加要比 k 值较小时更加显著，即曲线的斜率变化更快。

在图 5.10 显示的结果中，四条曲线的总体趋势是相似的。当 k 值较小时（如 $k < 8$），异常检测的准确率随着 k 值的增加单调增大。当 k 值持续增加，越过某个拐点（inflection point）后（如 $k = 8, 9, 10$），准确率的数值随着 k 值的增加单调减小。对于不同的算法来说，准确率的数值在不同的 k 值处达到峰值。在拐点的左侧，较大的 k 值对应的准确率要优于较小的 k 值对应的准确率。此时，可以认为涉及了更多的"最近邻居"，那么异常检测的结果的可靠性增高了。相反，在拐点的右侧，较小的 k 值对应

的准确率要优于较大的 k 值对应的准确率。此时，可以认为由于涉及了更多的"最近邻居"，那么过多的数据样本引入了更多的干扰项。因此，异常检测的结果的可靠性降低了。

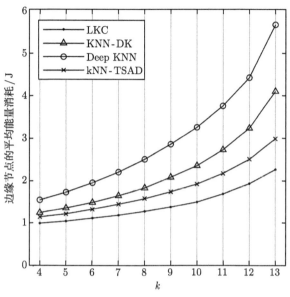

图 5.9　不同 k 值时边缘节点的能量消耗

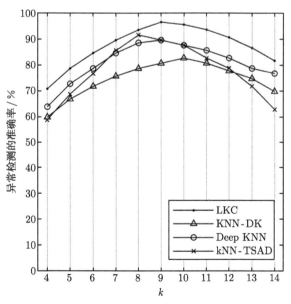

图 5.10　不同 k 值时基于 k 最近邻理念的四个算法的准确率

本 章 小 结

本章提出一种基于局部敏感哈希的改进型 k 最近邻异常值检测方案。在该方案中，异常检测由边缘节点进行。基于局部敏感哈希的数据预处理显著减少了 k 最近邻算法需要处理的数据量，减少了 k 最近邻算法的执行时间。此外，边缘计算的模式减少了异常检测的时延以及数据传输的带宽消耗。通过引入基于余弦相似度进行二次检测来提升异常检测的准确率。与现有的六个算法相比，本章提出的模型具有更高的准确率，更小的延迟，以及更少的能量消耗。

智能工厂中产生的多源异构数据通常具有时空相关性（spatial-temporal correlativity），在未来的研究中，对本章所提出方案的改进和优化应当包含对时空相关性的分析。尽管本章所提出的方案对于单变量（univariate）数据集和多变量（multivariate）数据集均能够很好地进行处理，但对于多模（multi-modal）数据集来说，情况就变得复杂起来。由于多模数据集通常包含若干不同种类的分布（distribution）和异常（anomaly），某种模式下的正常数据可能在另一种模式下就是异常数据。类似地，某种模式下的异常数据可能在另一种模式下就是正常数据。在本章提出的方案中，局部敏感哈希算法能够基于数据样本的哈希值将训练数据划分进不同的桶内。随后，k 最近邻算法针对单个的桶来进行操作。这样的话，如果数据集中包含的所有模式能够清晰地区别开来，那么由局部敏感哈希算法得到的结果能够很好地处理数据集的多模特征。相反地，如果数据集中包含的模式里存在无法清晰地区别开来的模式，那么局部敏感哈希算法的有效性就会受到显著的影响。同样地，随后执行的 k 最近邻算法的有效性也会受到显著的影响。这样的话，可以认为这类多模数据集无法使用本章所提出的方案进行处理。因此，未来需要研发能够处理数据集的多模特性的构件来弥补当前方案的不足。

第 6 章 基于特征表示的边云协同数据模式异常检测

除了数据异常值的检测，数据模式异常的检测也具有十分重要的理论意义和应用价值。在许多实际场景中，具体的应用通常关注某个时间段的数据与其余时间段的数据相比是否是异常的，而不是仅仅关注某个特定的值是否是异常的。在获取数据模式的过程中，数据的特征表示是一个重要环节。

6.1 无线传感器网络与时间序列异常检测

随着物联网、云计算、无线传感器网络等信息技术的发展与融合，万物互联的时代即将到来。在这种背景下，一个引人注目的现象是相当多的传感器被部署在人们生产和生活的各个领域，如环境监测[450]、智能制造[451]、医疗保健[452]和军事[453]等。传感器为人类感知外部世界提供了便利，其能够在苛刻的环境条件下进行有效的数据监测并提供有用的信息。当对感兴趣的区域进行数据采集时，有必要对传感器进行灵活的、可重配置的部署。基于上述需求，密集分布在特定区域内的传感器通常基于无线连接的方式进行组织和管理，即无线传感器网络[454]。

传感器是无线传感器网络的基本构件，其通常部署在苛刻且复杂的环境中。常见的负面因素有高温、高湿、化学腐蚀、电磁干扰和射频干扰等。此外，传感器有限的大小导致其在计算能力、存储空间和电量供应上都有较大的不足。上述外部因素和内部因素对传感器给出的数据的准确性（accuracy）和可靠性（reliability）有较大的不利影响。换言之，无线传感器网络采集和传输的数据通常都包含有异常（anomaly）[381]。

无线传感器网络中数据的时间相关性（temporal correlation）在一定程度上蕴含了环境参数变化的特征。时间序列（time series）作为传感器数据的一种重要形式，其可以被定义为一系列具有严格次序关系（strict sequential order）的观测值（observation）[455]。与传统类型的传感器数据不同，无线传感器网络中的时间序列具有时间连续性（temporal continuity）、巨量性（massiveness）和高维性（high-dimensionality）。

在时间序列中，异常通常标识着不正常的（abnormal）事件。不正常的数据可以被定义为不同于（distinct）大多数数据且距离大多数数据较远的（distant）数据[456]。自然科学领域中大量的研究精力都集中在期望识别出事物频繁出现的周期性模式（pattern），而忽略了不经常发生的异常。实际上，不正常的数据通常标志着少见的事件，这样的事件是比较特别的，因此它们很可能蕴含着比正常数据更多的价值。具有异常的质量密度较低的时间序列通常需要针对不正常的数据进行深入细致的识别（identification）和清洗（cleansing）。上述过程增加了数据分析的开销，降低了生产率。目前，针对时间序列的异常检测被广泛应用在物联网[457-458]、健康监测[459-460]、金融分析[461-462]和工业制造[463-464]等领域。因此，对无线传感器网络中的时间序列进行高效且准确的异常检测具有很高的应用价值。在数据分析领域，异常检测结果的质量对后续的信息提取（information extraction）和数据挖掘（data mining）是至关重要的。

文献 [465] 关注使用基于机器学习的异常检测技术对网络的失效进行预测。为了解决大规模网络中存在的数据传输延迟和计算延迟问题，该文献提出的方案引入了边缘计算和云计算两种模式来优化数据的传输延迟和计算延迟。该方案具有两个劣势：①基于机器学习的技术需要进行模型的训练以及相应的训练数据；②数据传输的详细过程没有涉及。文献 [466] 提出一种基于边缘计算的智能系统来检测网络异常，设计了一个包含四个步骤的数据驱动方法来对学习模型进行训练，该学习模型用来检测网络异常。该文献提出的方案仅涉及所谓的边缘智能，与云计算相关的内容并未提及。文献 [467] 提出一个平台性的概念，将传统的云计算和由边缘计算赋能的工业控制进行结合。具体来说，将目前各类专用网络中独立的厂区设备转化成统一的边云协同控制体系。然而，该文献提出的方案目前还不包含边云之间的任务迁移和异常检测。

针对时间序列中的模式异常（pattern anomaly）检测，本章提出的方案主要有以下三个目标：①为了减少计算量，设计了模式表示方法来对数据进行降维，该方法包含趋势识别（trend identification）和特征点提取（feature point extraction）；②为了更好地执行边云之间的检测任务分配，设计了任务迁移算法，该算法能够将长期相关性和短期相关性的模式异常检测任务进行合理的分配，实现高效准确的异常检测；③传统的基于核密度估计（kernel density estimation）的异常检测方法只能处理点异常，为了将其转换为能够处理模式异常的方法，将时间序列映射到一个五维特征空间来进行基于核密度估计的模式异常检测。

6.2 时间序列中的三类异常

一般来说，时间序列中的异常分为以下三类[468]。

- **点异常（point anomaly）**[469]：点异常是指不同于其他数据的某个数据。点异常也被称为异常值（outlier）。
- **模式异常（pattern anomaly）**[470]：模式异常是指某个子段（segment）的模式不同于其他子段。
- **序列异常（sequence anomaly）**[471]：序列异常是指某个子序列（subsequence）不服从（non-compliance）于其他子序列。

点异常和模式异常都是出现在单个时间序列中的不正常行为，而序列异常是出现在时间序列之间的不正常行为。现有的时间序列异常检测方法主要基于统计学[472-473]、距离[474-475]、机器学习[476-477]和人工智能[478-479]。

对于大多数的实际应用场景，数据分析的需求主要关注一段时间内时间序列的变化，而不关注单个数据的变化。换言之，对单个数据进行分析或者数据挖掘所带来的收益非常小，而子段或者子序列之间的差异则是更加有价值的。例如，在环境水质监测领域，水文（hydrologic）时间序列的模式异常检测对及时发现水位的异常变化至关重要[480]，其在灾难预防方面十分重要。文献 [481] 指出连续时间序列的模式能够揭示设备运行的上下文环境和运行条件。因此，关注时间序列的子段，识别出与其他子段不同的子段这个问题不仅亟待解决，而且更加具有回报性。

上述的异常检测方法在数据存储和数据分析方面采用本地或远程的方式。一般来说，本地检测方法的性能受限于有限的资源，如计算能力和存储空间。由于云计算平台具有的资源几乎可以被认为是无限的，用户可能更加倾向于将数据上传至云平台，使用云计算中心的强大计算能力来完成复杂的异常检测任务。然而，规模日益增加的传感器数据需要更多的带宽资源，大量数据的传输加剧了云计算模型的通信瓶颈问题。这样的话，丢包率和传输延迟均会增加，异常检测的实时性需求变得无法被满足。

为了弥补云计算模型的上述不足，研究者们尝试引入边缘计算模型。边缘计算的工作原理使其具有减少带宽需求的特点，此外边缘计算能够将云计算的强大计算能力与海量的传感器数据进行连接[482]。文献 [483] 提出一种基于边缘计算的分布式传感器数据异常检测模型，使用时间序列的连续性和多源序列之间的相关性来进行异常检测。文献 [393] 提出一种数据采集与清洗方法，由边缘节点对获取到的训练数据执行基于角度的异常检测，数据清洗模型是基于支持向量机构建的。一般来说，边缘节点在内存空间和磁盘存储空间两方面都是受限的。因此，边缘节点无法存储较多的历史数据。然而，在大多数应用场景中，时间序列的历史数据与当前的观测值之间的相互作用通常都具有长期相关性。由于异常检测的不准确性，现有的基于边缘计算的方法在识别涉及长周期相关性的异常方面性能较差。由于云计算具有足够的存储空间，云计算在识别涉及长周期相关性的异常方面比边缘计算要好很多。

6.3　时间序列的模式异常检测

6.3.1　基于原始时间序列的模式异常检测

现实应用场景中的大多数时间序列都是具有复杂结构的高维数据。这些高维数据通常包含有噪声，而且波动频繁。随着无线传感器网络中数据规模的快速增长，直接在原始时间序列上进行异常检测的方法面临过高的时间复杂度和空间复杂度[428,484]。

因此，对于给定的时间序列，增强异常检测的准确性和有效性的关键在于以下两个方面。①如何获得令人满意的降维效果？不仅能够去除潜在的噪声，而且能够充分合并冗余的属性，进而避免维数灾难。②降维的结果能够保持原始时间序列的基本特征和主要信息[485]。

6.3.2　基于不同特征表示机制的模式异常检测方法

时间序列的特征表示（feature representation）是指对整个原始时间序列进行总结（summarize）和重述（rephrase）。特征表示的目的是降维和噪声过滤。通过对时间序列的特性进行分析，原始时间序列能够被合适地转化。设计良好的特征表示方法能够使用尽可能少的数据将时间序列的基本形状和变化趋势进行精确表示。目前最流行的时间序列特征表示方法有四类：基于域变换（domain transform）的方法、基于奇异值分解（singular value decomposition，SVD）的方法、基于符号离散化（symbolic discretization）的方法和基于分段线性表示（piecewise linear representation）的方法。

1. 基于域变换的方法

1）离散傅里叶变换（discrete Fourier transform，DFT）[486]

文献 [487] 使用离散傅里叶变换将时间序列在时域（time domain）和频域（frequency domain）上进行近似表示。具体来说，从时域空间到频域空间的映射是基于谱分析（spectral analysis）的。文献 [488] 使用快速傅里叶变换来提取时间序列的关键频率信息，并使用近似熵（approximate entropy）来表示时间序列的规律性（regularity）。规律性的程度用来识别异常。文献 [489] 提出一种自适应的短时傅里叶变换（adaptive short-time fourier transform，ASTFT）方法。该方法将分析窗口（analysis window）集成进传统的离散傅里叶变换中，提升了传统傅里叶变换的计算效率。

由于离散傅里叶变换使用正弦函数来进行时频变换，因此其仅包含频域信息。离散傅里叶变换方法的劣势有以下三个方面：第一，由于从时域到频域的变换是通过将时间序列映射到一组正弦函数来进行的，某些重要的本地特征有可能被离散傅里叶变换所平滑（smooth）掉；第二，准确的傅里叶系数对于异常检测的性能至关重要，然而，生成准确的傅里叶系数需要进行大量的测试，过量的计算开销通常会降低用户的可接受度；第三，离散傅里叶变换在稳定的（steady）时间序列上显示出较好的性能，而当时间序列不稳定（unsteady）时，离散傅里叶变换无法很好地应对异常检测。

2）离散小波变换（discrete wavelet transform，DWT）[490-491]

前述的离散傅里叶变换仅包含频域信息，而离散小波变换能够同时分析时域信息和频域信息。若有满足 $\int_R \varphi(x)\mathrm{d}x$ 的小波函数 $\varphi(x)$，则原始时间序列能够用一组经过平移和缩放的离散小波变换系数来近似地表示。文献 [492] 提出一种最大化重叠（maximal overlap）离散小波变换方法，该方法能够适应任意长度的时间序列。

与离散傅里叶变换不同，离散小波变换能够同时在时域和频域上进行分析。因此，离散小波变换的执行速度要比离散傅里叶变换更快。离散小波变换的劣势是需要确定准确的变换系数，而且这是一个计算开销很大的过程。

2. 基于奇异值分解的方法

奇异值分解[493-494] 是一种常见的矩阵分解方法。基于时间序列的特征值和特征变量，最具代表性的 k 维正交向量被提取出来。一般地，对于一个 n 维原始时间序列，其能够被转化为一个 k 维正交向量，且 $k < n$。

奇异值分解是降维的一个有力的工具。然而，先前获得的特征值和特征向量对于新的时间序列是不敏感的（insensitive）。因此，每次数据更新都需要对正交向量进行重新计算，这不适合于时间序列的动态性。

3. 基于符号离散化的方法

符号离散化[495-497]是指使用一组具有时域特性的抽象符号来表示时间序列。换言之，原始时间序列被符号序列所代替。文献 [498] 开创性地提出了符号聚合近似（symbolic aggregate approximation，SAX）方法，该方法使用分段聚合近似（piecewise aggregate approximation，PAA）来实现时间序列的降维。然而，该方法无法区分均值相同但具有不同趋势的子段。文献 [499] 提出一种扩展的符号聚合近似方法（extended symbolic aggregate approximation，ESAX），该方法将子段的最大值点和最小值点集成进传统的符号聚合近似方法。文献 [500] 提出一种标准差符号聚合近似（symbolic aggregate approximation standard deviation，SAX-SD）方法，该方法将标准差集成进传统的符号聚合近似方法，每个子段都是基于标准差和均值进行描述的。文献 [501] 提出一种迭代的拟合方法，该方法基于迭代端点拟合（iteration end point fitting，IEPF）算法寻找每个子段的端点，实验结果显示其能够提升模式表示的精确率（precision）并实现降维。

为了在现有成熟的离散化算法中有效地将时间序列进行离散化，需要定义出合适的符号和符号相似度度量的标准，这两点决定了符号离散化表示的效率。然而，选择能够匹配实际时间序列的合适的离散化算法并不容易。此外，基于符号的方法给出的时间序列表示经常会缺失原始时间序列的趋势。

4. 基于分段线性表示的方法

分段线性表示[502-503]将原始时间序列划分为若干个子段。每个子段都被一个线性函数近似地表示为一个线段（line segment）。多个线段构成了原始时间序列的近似表示。换言之，线段的表示是基于重要点（important point）的。与上述三种方法相比，基于分段线性表示的方法具有较小的索引维度（index dimension）和较低的计算开销。此外，这种表示形式更符合人类的视觉体验。

1）分段点和子段的个数

由于分段线性表示方法通过使用一系列相邻的线段来表示时间序列，其对原始序列的近似程度（degree）或粒度（granularity）很大程度上取决于线段的数目。因此，如何选取合适的分段点以及段的个数是该方法有效表示时间序列的关键，已有的研究给出了以下两类解决思路。

- **限制段误差 e**：参考两个指标进行段误差的调节。第一，单个分段的最大误差，即分段后每个线段的最大误差不超过预设的阈值。第二，所有分段的最大误差总和，即分段后所有直线段的误差之和不超过预设的阈值。
- **限制段的个数 k**：给定时间序列，综合考虑压缩率、计算速度以及层次搜索精度等需求，选择最优的 k 值，使得基于分段线性表示的时间序列的相关挖掘工作达到最佳性能。

2）分段对象

根据表示对象的不同，分段线性表示分为全局表示法[504-505]和局部表示法[506-507]。

全局表示法在整个时间序列的基础上，通过比较线段的整体拟合误差是否超过预先设定的阈值作为分段依据，寻找最佳的分段集合。通常这个阈值由原始数据与分段线段的欧氏（Euclidean）距离、正交（orthogonal）距离或者垂直（perpendicular）距离获得。

局部表示法关注寻找符合要求的时间序列局部特征。按照分段点选取的方式，局部表示法可以分为以下三种。

- 基于极值点的分段线性表示方法[508]：给定时间序列 $X = \{x_1, x_2, \cdots, x_n\}$，考虑 X 的一个子段 $\{x_{i-1}, x_i, x_{i+1}\}$，若满足 $x_{i-1} \leqslant x_i$ 或者 $x_{i+1} \leqslant x_i$，即在 x_i 处出现单调递增或者单调递减，那么满足上述条件的极值点将作为时间序列的分割点，依次循环，然后将所有极值点的集合用来近似表示原始时间序列。这种方法具有以下缺陷：尽管基于极值点的分段线性表示方法计算简单，支持在线划分，但仍存在部分未过滤的、无关紧要的数据细节信息，无法有效去除噪声干扰。

- 基于局部极值点的分段线性表示方法[509]：为了解决极值点线性分段噪声干扰无法滤除的缺陷，引入局部极值点作为分段的依据，弥补原有方法无法处理细节信息的不足。给定时间序列部分子段 $\{x_p, \cdots, x_i, \cdots, x_k\}$，通过寻找局部序列的最大值点和最小值点，并对部分无用的、可以忽略的中间数据点进行过滤。这种方法具有以下缺陷：虽然局部极值点分段表示方法在一定程度上能够滤除噪声干扰，但是需要严格控制选取点的数目、范围以及特征才能有效地近似表示原始时间序列。

- 基于重要点的分段线性表示方法[510]：选取对时间序列趋势变化影响最明显的点，比较该点与前一个点的变化幅度是否超过给定的阈值，进而定义序列的重要点。对于时间序列 $X = \{x_1, x_2, \cdots, x_n\}$，如果满足 $|(x_i - x_{i-1})/x_{i-1}| \geqslant R_1$ 或者 $|(x_i - x_{i-1})| \geqslant R_2$，其中 R_1 和 R_2 分别与领域知识相关，则将 x_i 定义为重要点。这种方法具有以下缺陷：虽然过滤了频繁波动的序列，但对于某些变化转折点识别率较低。

文献 [511] 基于分段聚合近似理念，引入滑动窗口技术将原始序列划分为等长的子段，使用每个子段起始点和结束点内数据的平均值来替换原始时间序列中相应的数据。对于子段 $X_i = x_{i1}, x_{i2}, \cdots, x_{i(n-1)}, x_{in}$，令 x_1 和 x_n 分别表示子段 X_i 的起始点和结束点。对于 x_{ij}，且 $2 \leqslant j \leqslant n-1$，其由均值 $\dfrac{1}{n-2}\displaystyle\sum_{j=2}^{n-1} x_{ij}$ 进行替代。文献 [512] 基于分段聚合近似法建立了多维时间序列的时序相关图模型，通过相关性强度划分时间序列团，进行团内、团间以及单维的异常检测。上述两种方法具有以下缺陷：使用均值替代数据点会平滑掉原始序列的振荡信息，导致时间序列中重要点的丢失，极值信息的缺失会引发异常检测中出现假阴性（false negative）误报。

在分段聚合近似法的基础上，文献 [513] 提出自适应的分段常数近似法（adaptive piecewise constant approximation，APCA），使用重要点将原始的时间序列划分为不等长的子序列，然后用均值对每个子序列进行替代。这种方法具有以下缺陷：尽管自适应的分段常数近似法比分段聚合近似法灵活，但是重要点的选取目前不存在获得普遍认可的方法。使用不同的方法，得到的重要点通常是不同的。

文献 [468] 提出分段聚合模式表示法（piecewise aggregate pattern representation, PAPR），将时间序列的子序列在幅度域上划分为若干个区域，然后通过捕获子序列具有的统计信息，将子序列用矩阵模式进行建模。这种方法具有以下缺陷：时间序列所具有的不同移动形状无法进行精确的表示。此外，当数据量较大时，计算开销太大。

6.4 边云协同的异常检测架构

6.4.1 边云协同架构

当大量数据被传输至云计算中心进行异常检测时，较大的带宽需求和较高的网络延迟是不可避免的。一般来说，由于边缘设备具有的物理资源是相对受限的，因此其不适合对历史数据进行存储。然而，边缘计算的理念使得其有能力检测时间序列中涉及短周期相关性的异常。时间序列中的这类异常通常是由噪声引起的。如 6.1 节所述，噪声主要是由外部因素引起的。然而，当潜在的异常是由内部因素导致时，对历史数据的分析就必不可少了。因此，需要大量的存储空间和强大的计算能力。基于边缘计算的异常检测很可能使得与历史数据相关的变化不被注意到。这样的话，时间序列中涉及长周期相关性的异常就不能被检测到。由于云计算中心具有大量的历史数据和杰出的计算能力，其能够对时间序列中涉及长周期相关性的异常进行检测。云计算中心能够基于全部历史数据或者部分历史数据进行工作，而边缘设备只针对最近的数据进行工作。边缘设备每次处理的数据量较小，这样能够给出实时性非常高的响应，而这对云计算中心来说并不容易。在对本章提出的模型进行实验时，边缘设备每次处理的数据量为 10^3，而云计算中心每次处理的数据量为 1.5×10^7。对于无线传感器网络中时间序列的异常，很大一部分是涉及短周期相关性的异常。如果资源受限的边缘设备处等待的异常检测任务过多，不仅会引发拥塞，而且会显著降低整个系统在全局层面的性能。因此，某些位于边缘设备的计算任务需要被迁移到云计算中心。那么，就需要一个合理的任务迁移机制。

本章提出的边云协同架构如图 6.1 所示。该架构包含四层：数据源、数据中心、边缘节点和云。四个大写字母 A、E、M 和 R 分别表示分配（allocation）、执行（execution）、迁移（migration）和注册（registration）。数据源层包含各类设备（如智能工厂中的设备）。数据源

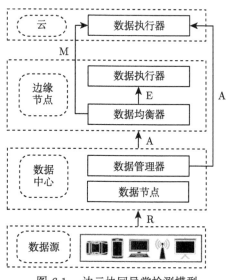

图 6.1 边云协同异常检测模型

中现有的数据类型在数据中心层进行注册。数据中心层包含若干个数据节点和一个数据管理器。这些数据节点用来存储数据，而数据管理器负责对数据进行分配。涉及长周期相关性的数据被分配到云，而涉及短周期相关性的数据被分配到边缘节点层。在此基础上，边缘节点层的数据均衡器（data equalizer）负责进一步安排将涉及短周期相关性的计算任务派遣至云，即部分数据被迁移至云。边缘节点层和云层的数据执行器（executor）均负责执行具体的异常检测任务。

6.4.2 任务迁移

对于给定的时间序列 $X = \{x_1, x_2, \cdots, x_n\}$，令相应的自相关（autocorrelation）函数为 γ_τ，其中 τ 为 X 的滞后阶数（lag order），若式

$$\lim_{n \to \infty} \sum_{\tau = -n}^{n} |\gamma_\tau| \to \infty \tag{6-1}$$

成立，那么认为 X 是一个具有长期相关性的时间序列[514]。图 6.1 中的数据管理器负责异常检测任务的分配。具体来说，涉及时间序列中长周期相关性的异常检测任务被指派给云计算中心，涉及时间序列中短周期相关性的异常检测任务由边缘节点来执行。

与云计算相比，边缘计算所具有的资源是十分有限的。因此，有必要研究涉及时间序列中短周期相关性的异常检测任务的个数与异常检测任务的执行时间之间的关系。结合文献 [515] 提出的模型，设计实验方案并进行了大量实验。具体来说，针对加利福尼亚大学河滨分校（University of California, Riverside）的心电图（electrocardiograph, ECG）数据集[516]，在 15 个边缘节点上执行模式异常检测。分配给边缘节点的异常检测任务比例属于区间 $[20\%, 100\%]$，实验结果如图 6.2 所示。

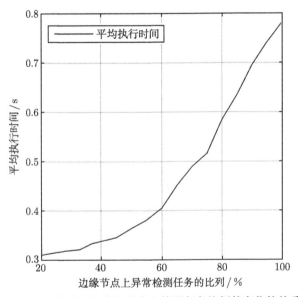

图 6.2 执行时间与边缘节点上检测任务比例的变化的关系

随着边缘层上异常检测任务的增多，异常检测任务的平均执行时间单调增加。当大量的异常检测任务被分配给边缘层后，它们中的一些不得不排队等待。对于一个给定的时间段，系统内异常检测任务的总个数可以被认为是一定的。由于更多的异常值检测任务会引入更多的等待，边缘层总体的异常检测性能是与分配给边缘节点的检测任务个数成反比的。因此，需要设计一个任务调度方案。当边缘层上异常检测任务过多时，将某些任务迁移至远程的云计算中心。具体来说，需要被迁移的任务是基于预计排队时间（estimated queuing time）进行选取的。

假定某个边缘节点上有 n 个涉及时间序列中短周期相关性的异常检测任务，这些任务表示为集合 $\{\phi_1, \phi_2, \cdots, \phi_n\}$。单个异常检测任务定义为

$$\phi_i = (s_i, r_i, t_{maxi}, \lambda_i) \tag{6-2}$$

其中，s_i 是输入时间序列的大小；r_i 是该异常检测任务所用到的资源。具体来说，在本章的实验中，s_i 是输入时间序列的长度，r_i 是表示 CPU 和 RAM 资源的归一化值。t_{maxi} 是可接受延迟的最大值，λ_i 表示进行异常检测的位置。当 ϕ_i 在边缘节点进行处理时，$\lambda_i = 0$。当 ϕ_i 被云处理时，$\lambda_i = 1$。那么，异常检测任务 ϕ_i 的处理开销为

$$T_i = \begin{cases} \dfrac{s_i}{r_i^e} + \tau_i^e, & \lambda_i = 0 \\ \dfrac{s_i}{r_i^c} + \tau_i^c, & \lambda_i = 1 \end{cases} \tag{6-3}$$

其中，r_i^e 是边缘节点能够提供的计算资源；τ_i^e 是 ϕ_i 在被处理前的预计排队时间；r_i^c 是将 ϕ_i 从边缘节点迁移至云预计消耗的计算资源；τ_i^c 是执行迁移的预计传输延迟；$\dfrac{s_i}{r_i^e}$ 和 $\dfrac{s_i}{r_i^c}$ 用来表征和度量异常检测任务处理过程所需的时间，但它们并不是实际的时间。基于式 (6-3)，得出所有异常检测任务的处理开销的目标函数为

$$\min \left(\sum_{i=1}^{N} \left(\lambda_i \ ? \ \left(\frac{s_i}{r_i^c} + \tau_i^c \right) \ : \ \left(\frac{s_i}{r_i^e} + \tau_i^e \right) \right) \right) \tag{6-4}$$

其中，(conditional expression) ? (expression A) : (expression B) 是广泛应用在程序设计语言中的三元操作符。当条件表达式为真时，执行表达式 A，当条件表达式为假时，执行表达式 B。式 (6-4) 中目标函数的计算略去了将异常检测任务指派给边缘节点的处理开销。相比于被云进行处理所涉及的时延和资源消耗，分配给边缘节点的异常检测任务的排队时间和资源需求可以认为是微不足道到的。

对于包含 m 个边缘节点和 n 个云计算中心的应用场景，分别使用集合 $N = \{n_1, n_2, \cdots, n_m\}$ 和 $C = \{c_1, c_2, \cdots, c_n\}$ 来表示边缘节点和云计算中心。对于边缘节点 n_i，涉及时间序列中短周期相关性的异常检测任务用集合 $E_i = \{\phi_{i1}, \phi_{i2}, \cdots, \phi_{ik}, \}$ 来表示。分配给 m 个边缘节点的异常检测任务用集合 $E = \{E_1, E_2, \cdots, E_m\}$ 来表示。算法 6.1 给出了详细的任务迁移算法。

在默认情况下，集合 E 中的所有异常检测任务都是分配给边缘节点的。因此，应当迁移至云的异常检测任务构成的集合 S 在初始时是一个空集。对于每个边缘节点，初始时分配来的异常检测任务都按照以下规则进行检查：①如果某个异常检测任务的预计排队时间大于可接受延迟的最大值，该任务将被迁移至云；②对于预计排队时间可接受的异常检测任务，需要进一步考虑该任务的处理开销。如果在边缘节点进行处理的开销大于在云处理的开销，且将该任务从边缘节点迁移至云的预计传输延迟小于可接受延迟的最大值，那么该任务将被迁移至云。

算法 6.1　migration(E)

1: $S \leftarrow \varnothing$
2: **for** $i = 1$ **to** m **do**
3:　**if** $|E_i| \neq \varnothing$ **then**
4:　　**for** $j = 1$ **to** $|E_i|$ **do**
5:　　　**if** $\tau_{ij}^e > t_{maxij}$ **then**
6:　　　　$E_i = E_i \setminus \{\phi_{ij}\}$
7:　　　　$S = S \cup \{\phi_{ij}\}$
8:　　　**else**
9:　　　　**if** $T_{ij}\big|_{\lambda_{ij}=0} > T_{ij}\big|_{\lambda_{ij}=1}$ && $\tau_{ij}^c < T_{maxij}$ **then**
10:　　　　　$E_i = E_i \setminus \{\phi_{ij}\}$
11:　　　　　$S = S \cup \{\phi_{ij}\}$
12:　　　　**end if**
13:　　　**end if**
14:　　**end for**
15:　**end if**
16: **end for**
17: **return** S

6.4.3　多维特征表示

1. 滑动窗口

一般来说，大量的高维时间序列数据的处理是比较困难的。因此，对高维时间序列数据进行高效的特征表示，需要先对数据进行降维。对于原始时间序列 $X = \{x_1, x_2, \cdots, x_n\}$，不同位置的局部变化和趋势可能是显著不同的。本章设计了一个滑动窗口方法来提取原始时间序列的特征点。滑动窗口的窗口大小是基于原始时间序列的趋势变化来确定的。因此，该滑动窗口能够较好地适应数据的变化，进而最大程度地保留原始时间序列的主要特征。简言之，该滑动窗口从初始状态持续扩大，直到包含了某个趋势。为了更好地对特定的趋势进行识别，本章确定了十种趋势。这十种趋势能够准确地体现给定趋势的特征点（如极值点和拐点）。为了不失一般性，这十种趋势都用三个关键点来进行表示，也可以理解为其他不重要的点没有显示。这里不重要的点是指不属于该趋势的点。由于三个点之间任意的趋势变化可以用图 6.3 所示的十种趋势进行表示，那么任意给定的时间序列也能够分解为图 6.3 中的一系列趋势。

如图 6.4 所示,对于图 6.3 中的每种趋势,点 v_a、v_b 和 v_m 的笛卡儿坐标分别表示为 (t_a, d_a)、(t_b, d_b) 和 (t_m, d_m)。

图 6.3 中的十种趋势能够用表 6.1 中的十个公式进行描述,其中 k_{xy} ($x, y \in \{a, m, b\}$) 表示线段 $v_x v_y$ 的斜率。

随着滑动窗口的持续扩大,滑动窗口中的数据点的个数也保持增加。一旦滑动窗口内的数据点的总体趋势与图 6.3 中的任意一种趋势相匹配,则滑动窗口停止扩大。这样便得到了窗口大小的一个具体数值。上述过程持续进行直到输入的原始时间序列结束。对趋势进行确定的标准如表 6.2 所示。每当确定了一个具体的趋势后,该趋势的三个数据点就被加入特征点集合 P 中。

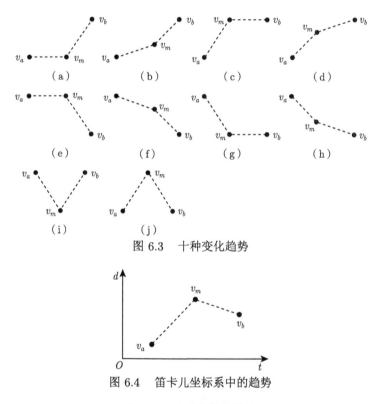

图 6.3　十种变化趋势

图 6.4　笛卡儿坐标系中的趋势

表 6.1　十种趋势的描述

趋势	描述
图 6.3（a）	$d_a = d_m < d_b$
图 6.3（b）	$d_a < d_m < d_b$ && $k_{am} - k_{mb} < 0$
图 6.3（c）	$d_a < d_m = d_b$
图 6.3（d）	$d_a < d_m < d_b$ && $k_{am} - k_{mb} > 0$
图 6.3（e）	$d_a = d_m > d_b$
图 6.3（f）	$d_a > d_m > d_b$ && $|k_{am}| - |k_{mb}| < 0$
图 6.3（g）	$d_a > d_m = d_b$
图 6.3（h）	$d_a > d_m > d_b$ && $|k_{am}| - |k_{mb}| > 0$
图 6.3（i）	$d_a > d_m < d_b$
图 6.3（j）	$d_a < d_m > d_b$

表 6.2 趋势的确定

趋势	条件
图 6.3 (a)	$\|v_m - v_b\| > \epsilon \,\|\, t_m - t_a + 1 > l$
图 6.3 (b)	$v_m - v_a < \epsilon \,\&\&\, \|v_m - v_b\| > \epsilon$
图 6.3 (c)	$v_m - v_a > \epsilon \,\|\, t_b - t_m + 1 > l$
图 6.3 (d)	$v_m - v_a > \epsilon \,\&\&\, \|v_m - v_b\| < \epsilon$
图 6.3 (e)	$v_m - v_b > \epsilon \,\|\, t_m - t_a + 1 > l$
图 6.3 (f)	$\|v_m - v_a\| < \epsilon \,\&\&\, v_m - v_b > \epsilon$
图 6.3 (g)	$\|v_m - v_a\| > \epsilon \,\|\, t_b - t_m + 1 > l$
图 6.3 (h)	$\|v_m - v_a\| > \epsilon \,\&\&\, v_m - v_b < \epsilon$
图 6.3 (i)	$\|v_m - v_a\| > \epsilon \,\&\&\, \|v_m - v_b\| < \epsilon$
图 6.3 (j)	$v_m - v_a > \epsilon \,\&\&\, v_m - v_b < \epsilon$

在表 6.2 中，参数 ϵ 表示原始时间序列 X 的波动。具体来说，ϵ 可以通过以下方式进行计算：

$$\epsilon = \frac{\sqrt{\frac{1}{n}\sum_{i=1}^{n}(x_i - \mu)^2}}{g} \tag{6-5}$$

其中，$g \in [g_{\min}, g_{\max}]$。对于原始时间序列 X，可能存在 j 对极值，不妨用集合

$$E = \{emin_1, emax_1, emin_2, emax_2, \cdots, emin_j, emax_j\} \tag{6-6}$$

来表示，其中 $g_{\min}$ 和 $g_{\max}$ 可以表示为

$$g_{\min} = \min_{i=1,2,\cdots,j}\{emax_i - emin_i\} \tag{6-7}$$

$$g_{\max} = \max_{i=1,2,\cdots,j}\{emax_i - emin_i\} \tag{6-8}$$

对于给定的原始时间序列 X，式 (6-5) 中的分子是一个常量。因此，参数 ϵ 的值与分母 g 成反比。由表 6.2 可知，相比于较大的 ϵ 值，当 ϵ 的值较小时，对潜在趋势的识别要更加准确一些；而且对于同一个原始时间序列，较小的 ϵ 值能够比较大的 ϵ 值识别出更多的趋势。一般来说，趋势越多，特征点就越多。尽管更多的特征点增加了计算量，但是拟合的性能得到了提升。为了简单起见，本章在实验中选取 $g = g_{\max}$。

对于图 6.3 中（a）、（c）、（e）、（g）四种趋势，表 6.2 中列出了一个额外的参数 l。不妨以图 6.3（a）的趋势为例，$t_m - a + 1$ 是线段 $v_a v_m$ 包含的数据点的个数，这个数值同时也被认为是线段 $v_a v_m$ 的宽度。线段的宽度对于趋势识别和拟合结果具有重要的意义。因此，引入了参数 l 作为线段 $v_a v_m$ 宽度的阈值。对于图 6.3 中（a）和（c）两种趋势，参数 l 的数值分别为

$$l_1 = \frac{\epsilon}{v_b - v_a} \tag{6-9}$$

$$l_3 = \frac{\epsilon}{v_m - v_a} \tag{6-10}$$

参数 l 的数值很大程度上依赖于参数 ϵ 的数值。因此，拟合的性能同样在很大程度上依赖于参数 ϵ 的数值。ϵ 的值越小，滑动窗口的大小就越小，拟合性能也越好。图 6.3 中（e）和（g）两种趋势对应的 l 值与式 (6-9) 和式 (6-10) 是类似的，为了减少冗余，这里不一一列出。

拟合结果 X 可能包含 n 种趋势。为了更好地进行后续的模式表示，并降低计算量，拟合结果 X 被进一步划分成 $\lfloor\sqrt{n}\rfloor$ 个子段，即 $X_1, X_2, \cdots, X_i, \cdots, X_{\lfloor\sqrt{n}\rfloor}$。子段的个数与趋势的个数是一致的。对于子段 X_i，考虑以下五个特征：均值（mean value）、峰度（kurtosis）、振荡（oscillation）、变异系数（variation coefficient）和趋势变化（trend variation）。

2. 均值

X_i 的均值可以表示为

$$M_i = \frac{1}{w}\sum_{k}^{iw} x_k \tag{6-11}$$

其中，$k = (i-1)w+1$。

3. 峰度

X_i 的峰度用来度量峰值（peak value）相比于正态分布的陡峭性（abruptness）或平坦性（flatness）。一般来说，具有较大峰度的时间序列趋向于包含有异常，而较小的峰度表示时间序列中可能不包含有异常。X_i 的峰度可以表示为

$$K_i = \frac{1}{w}\sum_{k=1}^{w}\delta_k^4 - 3 \tag{6-12}$$

其中，δ_k 表示标准化的数值，这些数值对应于将 w 作为分母计算出的标准差，其中魔数（magic number）3 是正态分布的峰度值。

4. 振荡

振荡是指时间序列的周期性波动，是衡量局部变化的一个指标。文献 [517] 研究了脑电图（electroencephalography，EEG）振荡的识别。文献 [518] 提出一种改进的离散余弦变换（discrete cosine transform）方法作为特征提取的方式。离散余弦变换是一种正交变换。离散余弦变换矩阵的基向量在人类语音信号和图像信号的特征描述方面应用得很好。一维离散余弦变换可以表示为

$$F(0) = \frac{1}{\sqrt{N}}\sum_{i=0}^{N-1} x_i \tag{6-13}$$

$$F(u) = \sqrt{\frac{2}{N}}\sum_{i=0}^{N-1} x_i \cos\frac{(2i+1)u\pi}{2N} \tag{6-14}$$

其中，u 是广义频率（generalized frequency），$u = 1, 2, \cdots, N-1$。$F(u)$ 是余弦变换系数。

那么，对于单变量时间序列的振荡检测，振荡的程度可以表示为

$$O_i = \sqrt{\frac{1}{N}} F(0) + \sqrt{\frac{2}{N}} \sum_{u=1}^{N-1} F(u) \cos \frac{(2i+1)u\pi}{2N} \tag{6-15}$$

5. 变异系数

由式 (6-12) 可知，当一个陡峭的峰值出现在时间序列的一个子段中时，该子段包含有异常的概率是增加的，由此可以采用变异系数来度量相对于整个时间序列的局部陡峭程度[519]。具体来说，变异系数可以表示为

$$V_i = \frac{\delta_i}{\mu} \tag{6-16}$$

其中，σ_i 是子段 X_i 的标准差，μ 是整个时间序列 X 的均值。

6. 趋势变化

除了时间序列的局部变化，子段的趋势变化也很重要。这里，本章引入文献 [520] 中关于趋势变化的描述。对于第 i 个子段，其趋势变化可以表示为

$$T_i = \mathrm{std}(\mathrm{smooth}(X)) \tag{6-17}$$

其中，函数 $\mathrm{smooth}(X)$ 的返回值是原始时间序列 X 的平滑结果，函数 $\mathrm{std}(\cdot)$ 的返回值为标准差。对于具有随机趋势变化的时间序列，较小的 T_i 值表示不存在陡峭的峰值，而较大的 T_i 值表示存在陡峭的峰值。

基于上述的五个特征，子段 X_i 能够被近似地表示为

$$X_i = [M_i, K_i, O_i, V_i, T_i] \tag{6-18}$$

式 (6-12) 中的表示形式旨在保留原始时间序列的主要信息。原始时间序列的基本形状和变化趋势的抽象表示不仅能够为异常检测提供便利，而且能够提升后续信息提取和数据挖掘的准确性和有效性。

6.4.4 基于核密度估计的模式异常检测

传统的基于核密度估计的异常检测方法仅针对点异常。通过将原始时间序列映射至一个五维的特征空间，传统的基于核密度估计的异常检测方法被转化为能够检测时间序列中模式异常的方法。简言之，当某个子段的局部密度与其邻居的局部密度不同时，该子段被认为是一个模式异常。

对于原始时间序列 $X = \{X_1, X_2, \cdots, X_n\}$，子段 X_i 的高斯核密度分布可以表示为

$$f(X_i) = \frac{1}{n} \sum_{n}^{i=1} \frac{1}{\omega} G(X_i, X_j) \tag{6-19}$$

其中，$G(X_i, X_j)$ 是宽度为 ω 的高斯核函数，其可以表示为

$$G(X_i, X_j) = \frac{1}{\sqrt{2\pi}} \exp\left[-\frac{\|X_i - X_j\|^2}{2\omega^2}\right] \tag{6-20}$$

其中，$\|X_i - X_j\|$ 表示子段 X_i 与 X_j 之间的欧氏距离。

为了估计子段 X_i 附近的密度分布，考虑 X_i 的 k 个最近邻居构成的集合

$$D(X_i) = \{N_1(X_i), N_2(X_i), \cdots, N_k(X_i)\} \tag{6-21}$$

其中，$N_r(X_i)$ 表示 X_i 与它的第 r 个最近邻居的高斯核距离。

基于式 (6-19) 和式 (6-21)，子段 X_i 的异常分数（anomaly score）可以被定义为

$$\mathrm{AS}(X_i) = \frac{\sum\limits_{X_j \in D(X_i)} f(X_j)}{|D(X_i)| \, f(X_i)} \tag{6-22}$$

其中，$|D(X_i)|$ 是 X_i 的最近邻居的实际个数。$\mathrm{AS}(X_i) > 1$ 表示 X_i 远离其密集分布的邻居。这样的话，X_i 被认为是一个模式异常。相反，$\mathrm{AS}(X_i) \leqslant 1$ 表示 X_i 靠近其密集分布的邻居。因此，X_i 被认为是正常的。

若 X_i 被识别为模式异常，那么 X_i 中的数据都被认为是不正常的。一般来说，这个子段中的数据不适合参与进一步的数据分析。需要指出的是，通过使用其他技术对这个子段中的数据进行修正是有可能实现的。然而，本章的内容关注异常检测模型和任务分配方法，不涉及对数据的修正。对不正常的数据进行修正涉及的数据科学中的其他方法，本章提出的方法不包含相关的内容。

6.5　方案实现与分析

6.5.1　平稳时间序列

为了对本章提出的方法进行评估，基于合成数据集和真实数据集进行实验。实验中涉及的所有数据都是平稳时间序列（stationary time series），即对于整数集合 $\mathbb{Z} = \{0, \pm 1, \pm 2, \cdots\}$，时间序列 $X(t), t \in \mathbb{Z}$ 具有以下三个性质。

$$E\,|X(t)|^2 < \infty \tag{6-23}$$

$$EX(t) = m \tag{6-24}$$

$$\gamma_x(r, x) = \gamma_x(r + t, s + t) \tag{6-25}$$

其中，$t \in \mathbb{Z}$；$\gamma_x(\cdot, \cdot)$ 是 $X(t)$ 的自相关函数，且

$$\gamma_x(r, s) = \mathrm{Cov}(X(r), X(s)) = E\left[(X(r) - EX(r))(X(s) - EX(s))\right] \tag{6-26}$$

其中，$r, s \in \mathbb{Z}$。

6.5.2 数据集

1. 合成数据集

基于文献 [468] 中给出的实验，合成数据集由以下随机过程生成，即

$$X(t) = \sin\left(\frac{40\pi}{K}t\right) + n(t) \tag{6-27}$$

$$Y(t) = X(t) + e_1(t) + e_2(t) \tag{6-28}$$

其中，$t = 1, 2, \cdots, 1200$，$K = 1200$。$n(t)$ 是均值 $\mu = 0$、标准差 $\sigma = 0.1$ 的高斯噪声。

叠加在 $X(t)$ 上的两个异常模式分别为

$$e_1(t) = \begin{cases} n_1(t), & t \in [600, 630] \\ 0, & \text{其他} \end{cases} \tag{6-29}$$

$$e_2(t) = \begin{cases} 0.4\sin\left(\frac{40\pi}{K}t\right), & t \in [800, 830] \\ 0, & \text{其他} \end{cases} \tag{6-30}$$

其中，$n_1(t) \sim N(0, 0.55)$。简言之，时间序列 $Y(t)$ 可以被看作在区间 $[600, 630]$ 和 $[800, 850]$ 包含有异常的正弦波。

2. 真实数据集

为了评估本章提出的方法在生产环境中的性能，引入了七个真实世界的数据集：①长度为 3571 的 UCR 心电图数据[521]；②长度为 2190 的空气质量数据[522]；③长度为 4412 的黄河水文数据[523]；④长度为 9638 的家庭用电量数据[524]；⑤长度为 7250 的交通数据（来自挪威国家道路数据库）[525]；⑥长度为 16000 的温度数据；⑦长度为 21600 的监控视频数据（来自中兴智能终端制造工厂）。上述七个数据集分别用 R1~R7 来表示。

6.5.3 实验参数

本章的实验使用了 15 个边缘节点和一个云节点。具体来说，所有边缘节点都是基于配备有 nRF905 无线模块的 MSP430 单片机实现的，单片机上运行的操作系统是 FreeRTOS[441]。云节点是一台 HP Z6 G4 工作站，具备 32 个 2.3GHz 的核心和 32GB RAM。此外，云节点运行的操作系统是 Debian Stretch 9.4.0[440]。MSP430 平台能够以 25MHz 的频率进行运算，其具有的 RAM 容量为 100KB。为了简单起见，式 (6-3) 中的参数 r_i^e 是基于边缘节点的可用 RAM 进行计算的。r_i^e 的数值受限于区间 $[10, 100]$，其中 100 表示全部 RAM 都是可用的。式 (6-3) 中的参数 r_i^c 是基于云节点的可用 RAM 进行计算的。在本章的实验中，r_i^c 的数值被固定为 1.0×10^8。

6.5.4　数值结果与分析

　　根据不同的异常检测方式,表 6.3 给出了基于云的、基于边缘节点的和基于边云协同的三种异常检测模型的平均执行时间。由于基于云的模型收到的大多数数据都是涉及长周期相关性的时间序列,因此基于云的模型比其他两个模型需要更多的带宽。类似地,基于云的模型的数据传输时间也要比其他两个模型更长一些,这在一定程度上导致了较长的执行时间。对于边云协同的异常检测模型,涉及长/短周期相关性的异常检测任务经过了合适的迁移。因此,边云协同的异常检测模型比基于云的和基于边缘节点的异常检测模型要更加高效。

表 6.3　三种模型的平均执行时间

数据集	基于云的模型/s	基于边缘节点的模型/s	边云协同的模型/s
Y	0.32	0.29	0.27
R1	0.35	0.34	0.31
R2	0.34	0.32	0.29
R3	0.39	0.36	0.30
R4	0.48	0.52	0.39
R5	0.43	0.41	0.37
R6	0.53	0.48	0.42
R7	0.61	0.56	0.44

　　对于涉及短周期相关性的异常检测任务 ϕ_i,边缘节点具有的可用资源 r_i^e 和异常检测任务的平均执行时间如图 6.5 所示,其中显示的实验结果是基于数据集 R1~R7 的。由于基于云的模型与边缘节点的计算资源是不相关的,因此基于云的模型的平均执行时间保持不变。对于基于边缘节点的模型和基于边云协同的模型,随着边缘节点具有的可

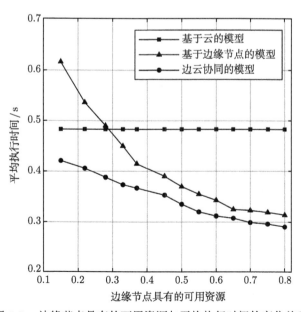

图 6.5　边缘节点具有的可用资源与平均执行时间的变化关系

用资源的增加，异常检测任务的平均执行时间呈现下降的趋势。当边缘节点具有的可用资源不足时，基于边缘节点的模型的平均执行时间要大于其余两个模型。由于一些检测任务被迁移至远程的云计算中心，边云协同的模型在平均执行时间方面显示出了最好的性能。

为了方便描述，将本章提出的方法称为基于多维特征表示的异常检测（multiple dimension feature representation anomaly detection，MDFR-AD）。为了分析核密度估计中最近邻居的个数 k 与异常检测性能的变化关系，基于真实世界的数据集 R1 对性能指标曲线下面积（area under the curve，AUC）[526] 进行评估。图 6.6 给出了三种方法的实验结果。随着 k 值的增加，三种方法的 AUC 曲线首先显著爬升。在 k 值增加的中后期，三种方法的 AUC 曲线逐渐呈平稳状态。MDFR-AD 方法的性能要优于其他两种方法 PAA[512,527] 和 PLAA[511,528]。具体来说，MDFR-AD 方法的显著优势出现在 $k = 5$ 附近。因此，在本章后续的实验中，令参数 $k = 5$。

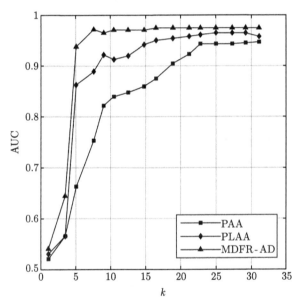

图 6.6 核密度估计中最近邻居的个数与曲线下面积的关系

对于时间序列 $Y(t)$，由 MDFR-AD 方法获得的异常检测结果如图 6.7 所示。在图 6.7（a）中，原始时间序列 $Y(t)$ 被划分为 12 个等长的子段，在区间 $[600, 630]$ 和区间 $[800, 830]$ 可见异常。相应地，图 6.7（b）中第 6 个和第 8 个特征模式的异常分数大于 1，其余 10 个特征模式的异常分数都小于 1。那么，阳性检出率为 100%，假阳性率为 0%。

为了进一步评估 MDFR-AD 方法的性能，基于扩展的合成数据集和上述七个真实数据集进行了实验。真实数据集 R1~R7 包含的数据个数分别为 3571、2190、4412、9638、7250、16000 和 21600。由式 (6-28) 给出的时间序列 $Y(t)$ 包含 1200 个数据。为了更好地与真实数据集进行对比，将式 (6-28) 给出的时间序列 $Y(t)$ 的长度扩展到 2190，即与真实数据集 R2 的长度相同，扩展后的合成数据集用 $Y_e(t)$ 来表示。对于其他六个真实数据集，提取多个不同的长度均为 2190 的数据段进行多次实验求平均值。数据集 $Y_e(t)$ 和 R2 都直接进行使用。具体来说，数据集 $Y_e(t)$ 表示为

$$Y_e(t) = Y(t) + e_a(t) + e_d(t) \tag{6-31}$$

其中，$t = 1, 2, \cdots, 2190$。当 $t \in [1, 1200]$ 时，$Y_e(t)$ 的值与 $Y(t)$ 的值是相同的。当 $t \in [1201, 2190]$ 时，引入八个异常的模式和三个干扰项（distractors）。

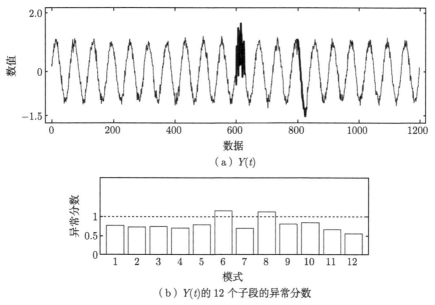

（a）$Y(t)$

（b）$Y(t)$的 12 个子段的异常分数

图 6.7　时间序列 $Y(t)$ 的异常检测

具体来说，八个异常的模式为

$$e_a(t) = \begin{cases} \dfrac{i+1}{20} \sin\left(\dfrac{40\pi}{K} t\right), & t \in [1200 + 60(i-1), 1230 + 60(i-1)] \\ 0, & \text{其他} \end{cases} \tag{6-32}$$

其中，$i = 1, 2, \cdots, 8$。

三个干扰项为

$$e_d(t) = \begin{cases} n_2(t), & t \in [1200 + 60(i-1), 1230 + 60(i-1)] \\ 0, & \text{其他} \end{cases} \tag{6-33}$$

其中，$n_2(t) \sim N\left(0, 0.1 + \dfrac{i-8}{20}\right)$，且 $i = 8, 9, 10$。

由式 (6-32) 和式 (6-33) 可知，上述八个异常的模式和三个干扰项之间互相不重叠。

实验结果从精确率（precision）、召回率（recall rate）和 F1 分数（F1-score）三个方面来进行描述，具体的计算方式分别为

$$Precision = \frac{TP}{TP + FP} \times 100\% \tag{6-34}$$

$$Recall = \frac{TP}{TP + FN} \times 100\% \tag{6-35}$$

$$F1 = \frac{2 * PR}{P + R} \times 100\% \tag{6-36}$$

其中，TP 为被正确识别的异常的比例；FN 为未被识别出的异常的比例；FP 为误报的假阳性异常的比例。

如图 6.8 所示，在精确率方面，PAA 方法的性能要比 PLAA 方法和 MDFR-AD 方法差。对于 PLAA 方法和 MDFR-AD 方法，PLAA 方法在数据集 Y_e、R1 和 R2 上的性能要优于 MDFR-AD 方法。相反，MDFR-AD 方法在数据集 R3~R7 上的性能要优于 PLAA 方法。

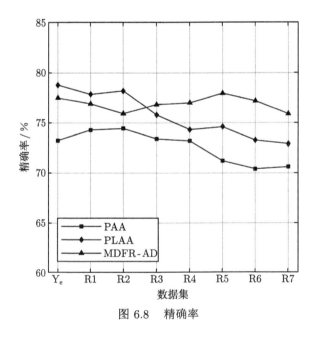

图 6.8　精确率

如图 6.9 所示，在召回率方面，MDFR-AD 方法的性能要优于 PAA 方法和 PLAA 方法，这主要是由于 MDFR-AD 方法能够比 PAA 方法和 PLAA 方法对原始时间序列进行更加准确的拟合。精确率和召回率的实验结果表明 MDFR-AD 方法和 PLAA 方法要优于 PAA 方法。此外，MDFR-AD 方法在召回率方面要优于 PLAA 方法。

上述三种方法关于 F1 值的实验结果如图 6.10 所示，对于实验中使用的所有数据集，本章提出的 MDFR-AD 方法要优于 PAA 方法和 PLAA 方法。

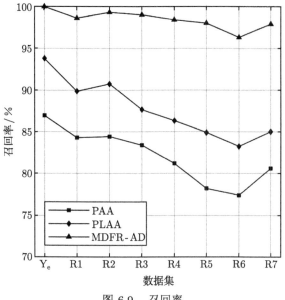

图 6.9　召回率

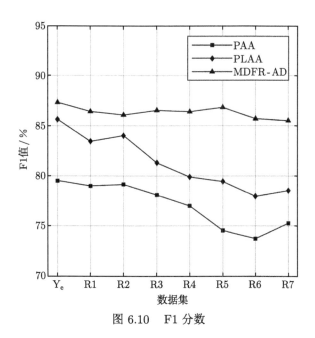

图 6.10　F1 分数

本 章 小 结

　　本章提出了一种面向无线传感器网络中时间序列的边云协同模式异常检测方法。时间序列中涉及长周期相关性的异常检测任务被分配至云进行处理,而涉及短周期相关性的异常检测任务被分配至边缘节点进行处理。当大量的异常检测任务在资源受限的边缘节点处排队等待时,某些需要长时间等待的任务会被迁移至云。此外,设计了多维特征表示方法,能够以较小的计算开销实现对原始时间序列的高效拟合。针对拟合的结果,设计了改进的核密度估计方法来进行模式异常检测。为了评估本章所提出方法的性能，基于合成数据集和真实数据集进行了大量的实验。实验结果显示本章所提出的方法具有令人满意的异常检测效率以及快速的响应能力（quick responsiveness）。此外，异常检测任务的迁移算法没有考虑到无线传感器网络中时间序列的未知的相关性（unknown correlation）。因此，未来需要设计面向传感器网络中时间序列的相关性识别算法。后续对本章提出方案的改进还需要引入更多的真实数据集来进行验证。

第 7 章　面向移动边缘计算的服务质量数据预测

移动边缘计算环境下海量的同质化服务导致服务质量数据具有高维稀疏性和动态性，这使得用户角度的服务选择变得非常困难。如何高效、精准地预测缺失的服务质量数据，是近年来的研究热点。

7.1　移动边缘计算简介

近年来，云计算[529]被广泛应用于大数据的存储和计算中。移动设备的普及和指数增长的移动互联网流量给智能基础设施带来了极大的挑战。由于传统的云计算模式具有较高的延迟和较大的带宽占用，研究者们引入移动边缘计算（mobile edge computing，MEC）[530]来弥补云计算的不足。移动边缘计算模式将大量的计算和存储负担转移到网络的边缘，在靠近移动用户的边缘服务器上提供移动服务。因此，移动边缘计算能够满足移动设备上的计算密集型和低延迟应用的需求，如在线游戏、电子商务和虚拟现实等。

移动边缘计算的飞速发展催生了大量同质化的（homogeneous）移动服务。如图 7.1 所示，边缘服务器根据移动用户的服务请求提供相关的移动服务。假设用户 Mary 需要调用打车服务，位于边缘服务器的虚拟服务提供商找到了三个候选服务：Uber、Grab 和 DiDi。对于 Mary 来说，如何在上述三个候选服务中选择最合适的服务是非常困难的。

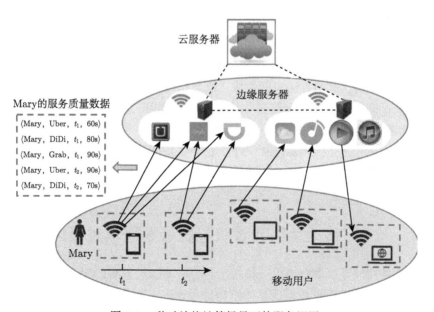

图 7.1　移动边缘计算场景下的服务调用

一般来说，为用户在大量同质化的候选服务中选出最合适的（the most appropriate）服务是一个具有挑战性的问题[531-532]。作为一个非功能性（non-functional）属性，服务质量（quality of service, QoS）[533]是用来区分功能相似的服务的重要指标。常见的服务质量属性有响应时间（response time）、吞吐量（throughput）和可获得性（availability）等。在实际应用场景中，由于存在大量的候选服务，用户通常只调用过很少量的服务，因此用户所给出的服务质量数据也是非常有限的。图 7.1 中的打车服务是基于响应时间来进行选择的。然而，在 t_2 时刻，Grab 的服务质量数据是缺失的。因此，当服务质量数据较少时，很难做出准确的决策。在与移动服务相关的操作中，基于历史服务质量数据来预测缺失的数据是研究者们关注的一个重要的步骤[534-537]。

7.2 移动边缘计算服务质量数据的特征

一般来说，移动边缘计算环境中的服务质量数据有以下两个显著特征。

1）高维稀疏性

为了构建复杂的移动应用，人们在不同的细分领域研发了越来越多的移动服务。随着用户和移动服务二者数量的爆炸式增长，服务质量数据的高维稀疏性问题越来越显著。

2）动态性

服务质量数据依赖于调用者、服务提供商和网络环境。不仅服务提供商会不定期地对服务本身进行更新，网络环境也在持续变化。因此服务质量数据具有明显的动态性。即使是同一个移动服务，不同时刻所具有的服务质量数据通常也是不同的。

协同过滤的理念被广泛应用于服务质量预测问题中。常见的协同过滤方法分为两类[538]：基于内存的方法和基于模型的方法。基于内存的协同过滤方法[539-541]基于相似用户或相似服务的历史服务质量数据来预测缺失值。然而，移动边缘计算环境中服务质量数据的高稀疏性使得相似用户或相似服务的寻找较为困难。在基于模型的方法中，矩阵分解方法[542-544]应用比较广泛。矩阵分解方法通过学习潜在因子（latent factor）来获取低维矩阵。但是，这类方法只能生成二维数据的整体结构。由于移动边缘计算环境中的时序因素显著影响服务质量数据，因此在二维的矩阵结构上必须加入时序信息。张量（tensor）能够很好地对高维矩阵进行建模，因此能够方便地处理服务质量数据。目前，张量分解（tensor factorization, TF）已经被应用于服务质量预测问题[545-547]。然而，现有的方法没有同时考虑历史服务质量数据的全局结构和局部关系。因此，预测精度有待提高。

7.3 移动边缘计算服务质量数据预测概述

为了解决前述问题，本章提出一种基于混合时序张量分解的服务质量预测方法。通过三阶张量对历史服务质量数据的整体结构进行建模。为了分析相邻时刻的服务质量数据之间的关系，考虑服务质量数据的时间序列特征，在张量分解中引入了时序正则项。

通过自回归（autoregressive，AR）模型获得因子矩阵（factor matrix），其中自回归模型的参数无须人工设置。初始张量由交替最小二乘法（alternating least square，ALS）进行迭代优化。通过对张量进行低秩近似（low-rank approximation）来预测缺失的服务质量数据。上述方法通过将张量分解和时间序列预测进行结合，来提高移动边缘计算环境中缺失的服务质量数据的预测精度。本章的主要贡献有以下两点。

1）时间感知的（time-aware）张量模型

移动边缘计算环境中的服务质量数据与服务的调用时间密切相关。为了将时间因素考虑在内，使用一个用户-服务-时间（user-service-time）张量模型来表示服务质量数据之间复杂的三元（ternary）关系，将一段时间内调用移动服务所获得的服务质量数据保存在张量中。

2）基于时序正则化张量分解的服务质量预测模型

通过张量分解来分析用户、服务和时间各自的潜在因子特征，引入了一个基于自回归模型的时序正则项。通过对因子矩阵进行组合与迭代优化，获得张量的低秩近似，进而预测缺失的服务质量数据。

7.4　基于内存的方法和基于模型的方法

如前所述，基于协同过滤理念的服务质量数据预测方法分为基于内存的方法和基于模型的方法。基于内存的方法可以进一步分为两类：基于用户的方法[548]和基于项的方法[549]。这些方法基于相似的用户或服务的历史服务质量数据对缺失值进行预测，其中的关键步骤是计算用户或服务之间的相似度。基于模型的方法通过对历史服务质量数据进行训练来构建预测模型，常见的训练方法有聚类[550]、贝叶斯模型[551]和神经网络[552]。

鉴于服务质量数据与时间具有很强的相关性，时间序列预测方法被引入到服务质量数据预测中。这类方法属于基于内存的方法，通过分析属性的历史数据来对缺失值进行预测。在文献 [539] 中，作者将时间序列模型与基于邻域的协同过滤方法进行结合，使用卡尔曼滤波机制来弥补 ARIMA 模型的不足。在文献 [540] 中，作者提出一种基于用户的协同过滤方法，在相似度计算过程中获取时序特征，使用 ARIMA 模型对服务质量数据进行预测。在文献 [541] 中，作者提出一种预测趋势感知（predictive-trend-aware）服务组合方法，该方法基于 ARIMA 模型和遗传算法。上述以时间序列预测为核心的方法使用相对简单的模型来预测服务质量数据。然而，这些方法的预测精度受限于以下两个因素。①服务质量数据的高维性。由于存在大量的用户和服务需要处理，高维数据将引入巨大的计算负担。然而，绝大多数传统的时间序列预测技术只能应对低维的时间序列数据。②服务质量数据的稀疏性。通常，用户与服务之间的对应关系是可变性极强的，一般用户不会持续调用某一个特定的服务，因此无法为每一对用户和服务都构建一个时间序列模型。

矩阵分解[542-544]是一种基于模型的协同过滤方法，该类方法通过提取低维的核心因子对初始矩阵进行低秩近似。然而，这类方法只能生成用户和服务的整体结构。为了分析服务质量数据的三元或更高维的信息，需要引入张量对历史服务质量数据进行建模。张量分解通过获取相关的潜在因子矩阵对初始张量进行重建,其即使是在高维数据和高缺失率的情况下也能够对缺失值进行准确预测。在文献 [545] 中,作者用张量对多维服务质量数据进行建模,通过张量分解和重建为移动用户高效地推荐网络服务。在文献 [546] 中,作者提出一种动量集成的(momentum-incorporated)潜在因子化张量模型,该方法能够在保证服务质量数据预测准确率的前提下解决低尾收敛(low-tail convergence)问题。在文献 [547] 中,作者基于服务上下文提出了一种面向服务的张量模型,该模型使用张量分解基于其他相似的服务和相关的用户来分析服务协同(service collaboration)。

上述预测方法的优缺点如表 7.1 所示。表格中的文献给出的实验表明基于模型的方法比基于内存的方法具有更好的预测性能。然而,基于模型的方法没有同时考虑历史服务质量数据的全局结构和局部关系。因此,基于模型的方法需要进一步改进。

表 7.1 预测方法的优势和劣势

类别		优点	缺点
基于内存的方法	时间序列预测[539-541]	1. 推理过程易于理解; 2. 易于处理增量数据; 3. 简单,容易实现	1. 数据稀疏时准确率低; 2. 不易处理高维数据; 3. 扩展性受限
基于模型的方法	矩阵分解[542-544]	1. 矩阵稀疏时,效果比时间序列预测好; 2. 比基于内存的方法有更好的扩展性; 3. 避免冷启动问题	1. 不易解释预测原因; 2. 增量添加数据时矩阵需重建; 3. 仅考虑二维信息
	张量分解[545-547]	1. 学习服务质量数据的多维信息; 2. 数据稀疏时预测效果更好; 3. 考虑服务质量数据的动态性	1. 增量添加数据时张量需重建; 2. 准确率依赖于人为设置的参数; 3. 忽略服务质量数据的局部关系

表 7.1 中提到的方法适用于传统网络环境下的服务质量预测。对于移动服务相关的操作,服务质量数据也是至关重要的。在文献 [534] 中,作者提出一种基于协同过滤和用户移动性的服务推荐方法,该方法通过计算用户或边缘服务器的相似性选出最相似的 k 个邻居。在文献 [535] 中,作者提出一种混合的矩阵分解方法,该方法通过集成位置和信誉信息来实现可靠的、位置感知的服务质量预测。在文献 [536] 中,作者提出一种基于移动性和依赖性的服务质量监测方法,该方法为每个边缘服务器构建高斯隐贝叶斯分类器(Gaussian hidden Bayesian classifier),结合 k 最近邻算法进行服务质量监测。在文献 [537] 中,作者基于多接入边缘计算(multi-access edge computing,MEC)提出一种 5G 移动服务质量模型。

虽然基于时间序列和张量分解的服务质量预测方法具有较好的性能,但是这些方法没有同时考虑服务质量数据的全局结构和局部关系。为了能够更好地应对多维数据(全局性),本章提出的方法将服务质量数据存储在张量中,进而构建整体的结构。为了考虑相邻时刻服务质量数据之间的关系(局部性),在张量分解中引入一个时序正则项。换言之,上述方法通过结合基于内存的方法和基于协同过滤的方法来提高预测的准确率。

7.5　张量与张量分解

7.5.1　符号与操作

张量是向量和矩阵向高阶的泛化（generalization）。换言之，张量可看作高维矩阵或高维数组。作为一个强有力的表示和分析高维数据的工具，张量已经被广泛应用于数据融合、计算机视觉、图像处理、交通流量分析以及其他研究领域。

张量通常使用粗体的欧拉（Euler）字母来表示，如 $\mathcal{X}$、$\mathcal{Y}$。矩阵通常使用加粗的大写字母来表示，如 $\boldsymbol{X}$、$\boldsymbol{Y}$。向量通常使用加粗的小写字母表示，如 $\boldsymbol{x}$、$\boldsymbol{y}$。N 阶张量 $\mathcal{Y}$ 是一个 N 维数组。$\mathcal{Y}$ 的元素可以用 $y_{i_1 i_2 \cdots i_n \cdots i_N}$ 来表示，其中 $i_n \in \{1, 2, \cdots, I_n\}$。这里 I_n 是所有 N 个阶上的最大维度数值。

张量展开（tensor unfolding）是指获取 n 模矩阵 $\boldsymbol{Y}_{(n)} \in \mathbb{R}^{I_n \times (I_{n+1} \times I_{n+2} \times \cdots \times I_N \times I_1 \times \cdots \times I_{n-1})}$ 的操作。张量的展开也可以理解为是张量到矩阵的一个映射过程。例如，三阶张量 $\mathcal{Y} \in \mathbb{R}^{2 \times 4 \times 3}$ 能够被展开为三个矩阵的形式：$\boldsymbol{Y}_{(1)} \in \mathbb{R}^{2 \times 12}$，$\boldsymbol{Y}_{(2)} \in \mathbb{R}^{4 \times 6}$ 和 $\boldsymbol{Y}_{(3)} \in \mathbb{R}^{3 \times 8}$。

7.5.2　CP 分解

常见的张量分解方法有 CANDECOMP/PARAFAC（CP）分解、Tucker 分解和高阶奇异值分解（high order singular value decomposition, HOSVD）。实际上，CP 分解是 Tucker 分解的一种特殊情况。尽管 Tucker 分解更易于捕获到初始张量的内在联系，但是它不适用于处理大规模的数据集，因为 Tucker 分解的时间复杂度与核张量（core tensor）的大小密切相关。除了排列（permutation）与缩放（scaling）的不确定性，在 CP 分解中存在秩 1 张量的唯一组合，使得它们的和等于目标张量。此外，CP 分解比 Tucker 分解更加简单。因此，本章提出的时序正则化张量分解（temporal regularized tensor factorization, TRTF）方法采用了 CP 分解。当 CP 分解完成后能够得到一个秩 1 张量的集合，显著地减少了所需的存储空间。这些秩 1 张量用来对初始张量进行近似，进而预测缺失的数据[553]。

三阶张量的 CP 分解过程如图 7.2 所示。张量 $\mathcal{Y} \in \mathbb{R}^{I \times J \times K}$ 被分解为 R 个秩 1 张量：$\mathcal{A}_1, \mathcal{A}_2, \cdots, \mathcal{A}_R$，其中 R 是近似得到的张量 $\hat{\mathcal{Y}}$ 的秩。

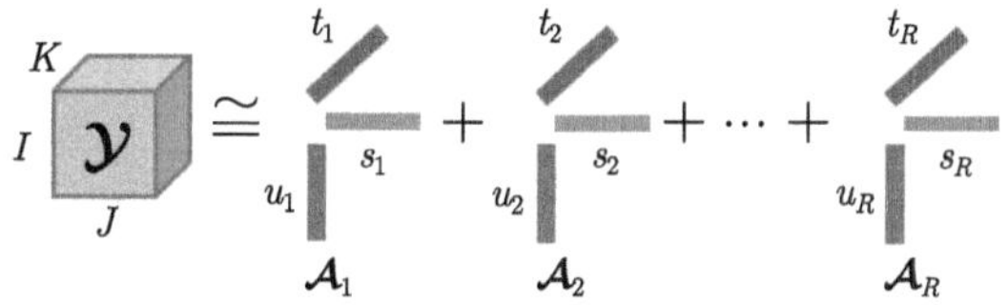

图 7.2　三阶张量的 CP 分解

对于给定的张量，R 的确定是一个不确定多项式问题。因此，R 的值通常都是预先定义的。秩 1 张量 $\mathcal{A}_r \in \mathbb{R}^{I \times J \times K}(r = 1, 2, \cdots, R)$ 可以用三个潜在因子向量 $\boldsymbol{u}_r, \boldsymbol{s}_r, \boldsymbol{t}_r$ 的外积来表示，即

$$\mathcal{A}_r = \boldsymbol{u}_r \circ \boldsymbol{s}_r \circ \boldsymbol{t}_r \tag{7-1}$$

其中，$\boldsymbol{u}_r \in \mathbb{R}^I, \boldsymbol{s}_r \in \mathbb{R}^J, \boldsymbol{t}_r \in \mathbb{R}^K$ 分别是长度为 I、J 和 K 的向量。操作符 ∘ 表示张量的积。$\boldsymbol{\mathcal{A}}_r$ 的元素可以表示为

$$a_{ijk} = u_{ir}s_{jr}t_{kr} \tag{7-2}$$

如图 7.3 所示，潜在因子矩阵 $\boldsymbol{U} \in \mathbb{R}^{I \times R}, \boldsymbol{S} \in \mathbb{R}^{J \times R}, \boldsymbol{T} \in \mathbb{R}^{K \times R}$ 分别由 R 个长度为 I、J 和 K 的潜在因子向量组成。上述三个矩阵中第 r 个列向量 $\boldsymbol{u}_r$、$\boldsymbol{s}_r$ 和 $\boldsymbol{t}_r$ 构成了第 r 个秩 1 张量 $\boldsymbol{\mathcal{A}}_r$。

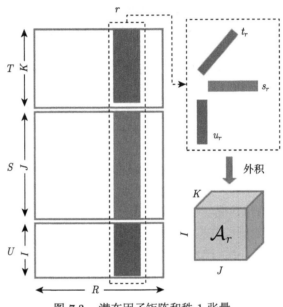

图 7.3　潜在因子矩阵和秩 1 张量

当得到 R 个秩 1 张量 $\{\boldsymbol{\mathcal{A}}_r \mid r \in \{1, 2 \cdots, R\}\}$ 后，近似张量 $\hat{\boldsymbol{\mathcal{y}}}$ 可以表示为

$$\hat{\boldsymbol{\mathcal{y}}} = \sum_{r=1}^{R} \boldsymbol{\mathcal{A}}_r \tag{7-3}$$

张量 $\hat{\boldsymbol{\mathcal{y}}}$ 的元素可以表示为

$$\hat{y}_{ijk} = \sum_{r=1}^{R} u_{ir}s_{jr}t_{kr} \tag{7-4}$$

7.6　服务质量数据预测模型

7.6.1　基本框架

在移动边缘计算环境中，实际的服务质量数据通常都与服务提供商所宣称的不同。一般来说，每个用户仅调用过极少数量的移动服务，因此对于每个服务来说，通常仅有

很少量的服务质量数据。对于基于稀疏的服务质量数据来说，很难实现准确的服务选择。本章描述的服务质量预测模型能够获得缺失的服务质量数据。

服务质量数据预测的基本框架如图 7.4 所示。用户 Mary 分别在时刻 t_1 和 t_2 调用了两次出租车服务。用户 Tom 和 John 均分别在时刻 t_1、t_2 和 t_3 调用了三次出租车服务。与上述服务调用时刻对应的历史服务质量数据被记录下来。假设需要预测 Mary 在时刻 t_3 调用出租车服务的响应时间。首先要基于已有的响应时间数据构建一个三阶张量模型，然后使用张量分解方法获取用户、服务以及调用时刻之间的内部联系。此外，使用自回归模型来分析时刻 t_1、t_2 和 t_3 对应的服务质量数据之间的依赖关系。通过在 CP 分解中添加一个时序正则项来获得目标函数。通过对目标函数进行优化来预测缺失的服务质量数据。这样就能够基于响应时间给用户 Mary 推荐出高质量的出租车服务。

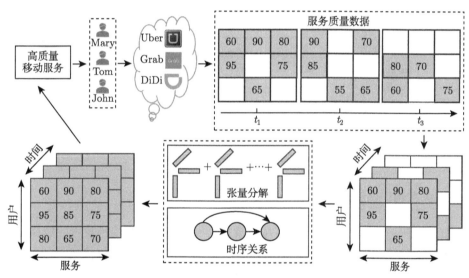

图 7.4　基于时序正则化张量分解的服务质量数据预测框架

7.6.2　时间感知的张量构建

与文献 [554] 中提出的方法类似，本章将在若干时刻调用服务，所获得的服务质量数据存储在三阶张量 $\mathcal{Y} \in \mathbb{R}^{I \times J \times K}$ 中，其中 I、J 和 K 分别为用户的个数、服务的个数以及时刻的个数。如图 7.5 所示，张量构建总共包含三个用户 u_1, u_2, u_3、三个服务 s_1, s_2, s_3 和三个时刻 t_1, t_2, t_3。

张量 $\mathcal{Y} \in \mathbb{R}^{I \times J \times K}$ 的元素用 y_{ijk} 来表示。灰色部分表示相应的服务已被调用，其服务质量数据为 $y_{ijk} = \text{rating}$。白色部分表示相应的服务没有被调用，其服务质量数据为 $y_{ijk} = \text{NULL}$。四元组 $\langle \text{user}, \text{service}, \text{time}, \text{rating} \rangle$ 表示所获得的服务质量数据。例如，用户 u_1 在时刻 t_1 调用服务 s_1，所对应的服务质量数据为 60。

时间感知的张量构建过程如算法 7.1 所示。算法的输入是服务质量数据集中的若干个四元组 $\langle \text{user}, \text{service}, \text{time}, \text{rating} \rangle$。算法的输出是一个时间感知的张量 $\mathcal{Y} \in \mathbb{R}^{I \times J \times K}$，该张量的每个元素都对应于一个由三元组 (u, s, t) 唯一确定的服务质量数值。

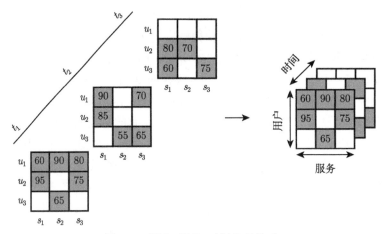

图 7.5　用户–服务–时间张量构建

算法 7.1　时间感知的张量构建

1: **输入**: 服务质量数据中四元组的集合 $\langle user, service, time, rating \rangle$
2: **输出**: 张量 $\mathcal{Y} \in \mathbb{R}^{I \times J \times K}$
3: **for** $k = 1$ **to** K **do**
4: 　　基于四元组 $\langle user, service, k, rating \rangle$ 构建 (user, service) 矩阵 $\boldsymbol{T}(k)$
5: **end for**
6: 基于 K 个矩阵切片构建张量 $\mathcal{Y} \in \mathbb{R}^{I \times J \times K}$

7.6.3　时序正则化张量分解

本节基于服务质量数据的时间序列关系和张量分解模型来预测缺失的数据。具体来说，为了解决移动边缘计算环境中服务质量数据的预测问题，本节将文献 [555] 中提出的二维时序正则化矩阵分解模型扩展为高维模型。表 7.2 给出了一些重要的符号和相应的描述。

表 7.2　符号表

符号	描述	符号	描述	符号	描述
$\mathcal{Y}$	实际的张量	$\boldsymbol{T}$	时序因子矩阵	Ω	已知元素的集合
$\hat{\mathcal{Y}}$	预测的 QoS 张量	$\boldsymbol{\Theta}$	时序系数矩阵	$\mathcal{L}$	滞后集
I	用户的个数	θ	时序系数	l, h	滞后集的元素
J	服务的个数	λ_u	用户正则化参数	l_d	滞后集中元素的最大值
K	时刻的个数	λ_s	服务正则化参数	$\|\cdot\|_F$	Frobenius 范数
R	张量 $\mathcal{Y}$ 的秩	λ_t	时间正则化参数	$\circledast$	哈达玛积
$\boldsymbol{U}$	用户因子矩阵	λ_{ar}	时序正则化参数	diag	对角矩阵
$\boldsymbol{S}$	服务因子矩阵	λ_θ	时序系数正则化参数	$\boldsymbol{I}_R$	第 R 阶的单位矩阵

时序正则化张量分解（temporal regularized tensor factorization，TRTF）方法使用了前述的 CP 分解。在 CP 分解中，为了获得理想的潜在因子矩阵，将需要优化的目

标函数定义为

$$\min_{\boldsymbol{U},\boldsymbol{S},\boldsymbol{T}} \left\| \boldsymbol{\mathcal{Y}} - \hat{\boldsymbol{\mathcal{y}}} \right\|_{\mathrm{F}}^{2} \tag{7-5}$$

其中，操作符 $\|\cdot\|_{\mathrm{F}}$ 表示 Frobenius 范数，其可以表示为

$$\|\boldsymbol{A}\|_{\mathrm{F}} = \sqrt{\sum_{i=1}^{m}\sum_{j=1}^{n} |a_{ij}|^{2}} \tag{7-6}$$

即矩阵 $\boldsymbol{A}$ 各项元素的绝对值的平方和再开方。

张量 $(\boldsymbol{\mathcal{Y}} - \hat{\boldsymbol{\mathcal{y}}}) \in \mathbb{R}^{I \times J \times K}$ 的 Frobenius 范数可以表示为

$$\begin{aligned}
\left\| \boldsymbol{\mathcal{Y}} - \hat{\boldsymbol{\mathcal{y}}} \right\|_{\mathrm{F}} &= \sqrt{\sum_{i=1}^{I}\sum_{j=1}^{J}\sum_{k=1}^{K} (y_{ijk} - \hat{y}_{ijk})^{2}} \\
&= \sqrt{\sum_{i=1}^{I}\sum_{j=1}^{J}\sum_{k=1}^{K} \left(y_{ijk} - \sum_{r=1}^{R} u_{ir}s_{jr}t_{kr} \right)^{2}}
\end{aligned} \tag{7-7}$$

其中，y_{ijk} 为第 i 个用户在 k 时刻调用第 j 个服务的服务质量数据的真实值，$\hat{y}_{ijk}$ 为相应的预测值。

那么，式 (7-5) 中的优化问题可以转化为

$$\min_{\boldsymbol{U},\boldsymbol{S},\boldsymbol{T}} \sum_{i=1}^{I}\sum_{j=1}^{J}\sum_{k=1}^{K} \left(y_{ijk} - \sum_{r=1}^{R} u_{ir}s_{jr}t_{kr} \right)^{2} \tag{7-8}$$

由于张量 $\boldsymbol{\mathcal{Y}}$ 中缺失一些元素，基于已知元素的集合 Ω，式 (7-8) 中的优化问题可以转化为

$$\min_{\boldsymbol{U},\boldsymbol{S},\boldsymbol{T}} \sum_{(i,j,k) \in \Omega} \left(y_{ijk} - \sum_{r=1}^{R} u_{ir}s_{jr}t_{kr} \right)^{2} \tag{7-9}$$

为了避免过拟合，引入与潜在因子矩阵 $\boldsymbol{U}$、$\boldsymbol{S}$ 和 $\boldsymbol{T}$ 相关的三个正则项。具体来说，式 (7-9) 中的优化问题可以转化为

$$\min_{\boldsymbol{U},\boldsymbol{S},\boldsymbol{T}} \frac{1}{2} \sum_{(i,j,k) \in \Omega} \left(y_{ijk} - \sum_{r=1}^{R} u_{ir}s_{jr}t_{kr} \right)^{2} + \frac{1}{2}\lambda_{u}\|\boldsymbol{u}_{i}\|_{\mathrm{F}}^{2} + \frac{1}{2}\lambda_{s}\|\boldsymbol{s}_{j}\|_{\mathrm{F}}^{2} + \frac{1}{2}\lambda_{t}\|\boldsymbol{t}_{k}\|_{\mathrm{F}}^{2} \tag{7-10}$$

如前所述，动态的服务质量数据具有时间序列的一些特征。如果某个时刻没有可用的服务质量数据，那么可以通过该时刻之前的服务质量数据来进行预测[556]。在较短的时间段内，服务质量数据的时间序列关系能够用来提高预测的准确度。

AR 模型是用来研究时间序列数据的一个统计学方法，其使用变量在 $t_{1} \sim t_{k-1}$ 时刻的数值来预测 t_{k} 时刻的数值。基于上述模型构建如图 7.6 所示的时序依赖关系。每

个时刻的状态都与该时刻之前的两个时刻的状态是相关的。例如，在 7.6.1 节中，用户 Mary 在 t_3 时刻调用出租车服务，响应时间的数值与 Mary 在 t_1 和 t_2 时刻的响应时间数值是有关的。

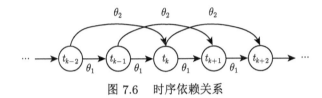

图 7.6　时序依赖关系

图 7.6 中的时序依赖关系能够表示为时序因子矩阵 $\boldsymbol{T} \in \mathbb{R}^{K \times R}$。矩阵 $\boldsymbol{T}$ 中的 t_k 行与 t_{k-1} 行和 t_{k-2} 行的关系可以表示为

$$t_k \approx \boldsymbol{\theta}_1 \circledast t_{k-1} + \boldsymbol{\theta}_2 \circledast t_{k-2} \tag{7-11}$$

其中，操作符 $\circledast$ 表示哈达玛积（Hadamard product）。那么，时序因子矩阵 $\boldsymbol{T} \in \mathbb{R}^{K \times R}$ 中的行之间的关系可以表示为

$$t_k \approx \sum_{l \in \mathcal{L}} \boldsymbol{\theta}_l \circledast t_{k-l} \tag{7-12}$$

其中，滞后集合 $\mathcal{L}$ 中的元素用来表示矩阵 $\boldsymbol{T}$ 中行之间的依赖关系。图 7.6 展示了 $l \in \{1, 2\}$ 时的情况，其中向量 θ_l 是向量 t_{k-l} 的时序系数。全体向量 θ_l 构成了时序系数矩阵 $\boldsymbol{\Theta}$。

鉴于时序因子矩阵 $\boldsymbol{T} \in \mathbb{R}^{K \times R}$ 中行的关系，在 CP 分解中引入了基于 AR 模型的时序正则项。通过自回归方式获得用户因子矩阵 $\boldsymbol{U}$、服务因子矩阵 $\boldsymbol{S}$、时序因子矩阵 $\boldsymbol{T}$ 和时序系数因子矩阵 $\boldsymbol{\Theta}$。

基于上述描述，式 (7-10) 中的优化问题可以转化为

$$
\begin{aligned}
\min_{\boldsymbol{U}, \boldsymbol{S}, \boldsymbol{T}} \; & \frac{1}{2} \sum_{(i,j,k) \in \Omega} \left(y_{ijk} - \sum_{r=1}^{R} u_{ir} s_{jr} t_{kr} \right)^2 \\
& + \frac{1}{2} \lambda_u \sum_{i=1}^{I} \|\boldsymbol{u}_i\|^2 + \frac{1}{2} \lambda_s \sum_{j=1}^{J} \|\boldsymbol{s}_j\|^2 + \frac{1}{2} \lambda_t \sum_{k=1}^{K} \|\boldsymbol{t}_k\|^2 \\
& + \frac{1}{2} \lambda_{ar} \sum_{k=l_d+1}^{K} \left\| \boldsymbol{t}_k - \sum_{l \in \mathcal{L}} \boldsymbol{\theta}_l \circledast \boldsymbol{t}_{k-l} \right\|^2 + \frac{1}{2} \lambda_\theta \sum_{l \in \mathcal{L}} \|\boldsymbol{\theta}_l\|^2
\end{aligned}
\tag{7-13}
$$

为了解决式 (7-13) 中的优化问题，使用交替最小二乘法来对矩阵 $\boldsymbol{U}$、$\boldsymbol{S}$、$\boldsymbol{T}$ 和 $\boldsymbol{\Theta}$ 进行优化，进而得到原始张量的近似张量。在每次迭代优化中，对某个特定的因子矩阵进行优化，保持其余的 $N-1$ 个因子矩阵不变。

为了优化用户因子矩阵 $\boldsymbol{U}$ 中的向量 $\boldsymbol{u}_i$，需要对式 (7-14) 进行最小化，式中 $j,k:(i,j,k)\in\varOmega$ 表示 i 不确定，且 i,j,k 均属于 $\varOmega$。

$$\min_{\boldsymbol{u}_i}\frac{1}{2}\sum_{j,k:(i,j,k)\in\varOmega}\left(y_{ijk}-(\boldsymbol{s}_j\circledast\boldsymbol{t}_k)^\top\boldsymbol{u}_i\right)^\top\left(y_{ijk}-(\boldsymbol{s}_j\circledast\boldsymbol{t}_k)^\top\boldsymbol{u}_i\right)+\frac{1}{2}\lambda_u\sum_{i=1}^{I}\boldsymbol{u}_i^\top\boldsymbol{u}_i \quad (7\text{-}14)$$

对式 (7-14) 针对 $\boldsymbol{u}_i$ 求偏导数，并令其为零，即

$$\frac{\mathrm{d}f}{\mathrm{d}\boldsymbol{u}_i}=\sum_{j,k:(i,j,k)\in\varOmega}\left((\boldsymbol{s}_j\circledast\boldsymbol{t}_k)\big((\boldsymbol{s}_j\circledast\boldsymbol{t}_k)^\top\boldsymbol{u}_i-y_{ijk}\big)\right)+\lambda_u\boldsymbol{u}_i=0 \quad (7\text{-}15)$$

因此，向量 $\boldsymbol{u}_i$ 的迭代优化公式可以表示为

$$\boldsymbol{u}_i\Leftarrow\left(\sum_{j,k:(i,j,k)\in\varOmega}(\boldsymbol{s}_j\circledast\boldsymbol{t}_k)(\boldsymbol{s}_j\circledast\boldsymbol{t}_k)^\top+\lambda_u I_R\right)^{-1}\sum_{j,k:(i,j,k)\in\varOmega}(\boldsymbol{s}_j\circledast\boldsymbol{t}_k)y_{ijk} \quad (7\text{-}16)$$

为了优化服务因子矩阵 $\boldsymbol{S}$ 中的向量 $\boldsymbol{s}_j$，需要对式 (7-17) 进行最小化。

$$\min_{\boldsymbol{s}_j}\frac{1}{2}\sum_{i,k:(i,j,k)\in\varOmega}\left(y_{ijk}-(\boldsymbol{u}_i\circledast\boldsymbol{t}_k)^\top\boldsymbol{s}_j\right)^\top\left(y_{ijk}-(\boldsymbol{u}_i\circledast\boldsymbol{t}_k)^\top\boldsymbol{s}_j\right)+\frac{1}{2}\lambda_s\sum_{j=1}^{J}\boldsymbol{s}_j^\top\boldsymbol{s}_j \quad (7\text{-}17)$$

与向量 $\boldsymbol{u}_i$ 类似，向量 $\boldsymbol{s}_j$ 的迭代优化公式可以表示为

$$\boldsymbol{s}_j\Leftarrow\left(\sum_{i,k:(i,j,k)\in\varOmega}(\boldsymbol{u}_i\circledast\boldsymbol{t}_k)(\boldsymbol{u}_i\circledast\boldsymbol{t}_k)^\top+\lambda_s I_R\right)^{-1}\sum_{i,k:(i,j,k)\in\varOmega}(\boldsymbol{u}_i\circledast\boldsymbol{t}_k)y_{ijk} \quad (7\text{-}18)$$

为了优化时序因子矩阵 $\boldsymbol{T}$ 中的向量 $\boldsymbol{t}_k$，令 $l_d=\max\limits_{l\in\mathcal{L}}(l)$，需要考虑以下两种情况。

情况 1　当 $k\in\{1,2,\cdots,l_d\}$ 时，由于前 l_d 行无法通过对其之前的行进行组合来获得，因此没有包含时序正则项。那么，需要对式 (7-19) 进行最小化。

$$\min_{\boldsymbol{t}_k}\frac{1}{2}\sum_{i,j:(i,j,k)\in\varOmega}\left(y_{ijk}-(\boldsymbol{u}_i\circledast\boldsymbol{s}_j)^\top\boldsymbol{t}_k\right)^\top\left(y_{ijk}-(\boldsymbol{u}_i\circledast\boldsymbol{s}_j)^\top\boldsymbol{t}_k\right)+\frac{1}{2}\lambda_t\sum_{k=1}^{K}\boldsymbol{t}_k^\top\boldsymbol{t}_k \quad (7\text{-}19)$$

与向量 $\boldsymbol{u}_i$ 类似，向量 $\boldsymbol{t}_k(k\in\{1,2,\cdots,l_d\})$ 的迭代优化公式可以表示为

$$\boldsymbol{t}_k\Leftarrow\left(\sum_{i,j:(i,j,k)\in\varOmega}(\boldsymbol{u}_i\circledast\boldsymbol{s}_j)(\boldsymbol{u}_i\circledast\boldsymbol{s}_j)^\top+\lambda_t I_R\right)^{-1}\sum_{i,j:(i,j,k)\in\varOmega}(\boldsymbol{u}_i\circledast\boldsymbol{s}_j)y_{ijk} \quad (7\text{-}20)$$

情况 2　当 $k\in\{l_d+1,l_d+2,\cdots,K\}$ 时，由于 $\boldsymbol{t}_k$ 与 $\boldsymbol{t}_{k+h}(h\in\mathcal{L})$ 之间存在依赖关系，因此时序正则项由两部分构成。那么，需要对式 (7-21) 进行最小化。

$$\min_{\boldsymbol{t}_k} \frac{1}{2} \sum_{i,j:(i,j,k)\in\Omega} \left(y_{ijk} - (\boldsymbol{u}_i \circledast \boldsymbol{s}_j)^\top \boldsymbol{t}_k\right)^\top \left(y_{ijk} - (\boldsymbol{u}_i \circledast \boldsymbol{s}_j)^\top \boldsymbol{t}_k\right) + \frac{1}{2}\lambda_t \sum_{k=1}^{K} \boldsymbol{t}_k^\top \boldsymbol{t}_k$$

$$+ \frac{1}{2}\lambda_{ar} \sum_{k=l_d+1}^{K} \left[\left(\boldsymbol{t}_k - \sum_{l\in\mathcal{L}} \boldsymbol{\theta}_l \circledast \boldsymbol{t}_{k-l}\right)^\top \left(\boldsymbol{t}_k - \sum_{l\in\mathcal{L}} \boldsymbol{\theta}_l \circledast \boldsymbol{t}_{k-l}\right) \right.$$

$$\left. + \sum_{h\in\mathcal{L},k+h\leqslant K} \left(\boldsymbol{t}_{k+h} - \sum_{l\in\mathcal{L}} \boldsymbol{\theta}_l \circledast \boldsymbol{t}_{k+h-l}\right)^\top \left(\boldsymbol{t}_{k+h} - \sum_{l\in\mathcal{L}} \boldsymbol{\theta}_l \circledast \boldsymbol{t}_{k+h-l}\right) \right] \quad (7\text{-}21)$$

与向量 $\boldsymbol{u}_i$ 类似,向量 $\boldsymbol{t}_k(k \in \{l_d+1, l_d+2, \cdots, K\})$ 的迭代优化公式可以表示为

$$\boldsymbol{t}_k \Leftarrow \left(\sum_{i,j:(i,j,k)\in\Omega} (\boldsymbol{u}_i \circledast \boldsymbol{s}_j)(\boldsymbol{u}_i \circledast \boldsymbol{s}_j)^\top + \lambda_t I_R + \lambda_{ar} \sum_{h\in\mathcal{L},k+h\leqslant K} \mathrm{diag}(\boldsymbol{\theta}_h \circledast \boldsymbol{\theta}_h) \right)^{-1}$$

$$\times \left(\sum_{i,j:(i,j,k)\in\Omega} (\boldsymbol{u}_i \circledast \boldsymbol{s}_j)y_{ijk} + \lambda_{ar} \sum_{l\in\mathcal{L}} \boldsymbol{\theta}_l \circledast \boldsymbol{t}_{k-l} + \lambda_{ar} \sum_{h\in\mathcal{L},k+h\leqslant K} \boldsymbol{\theta}_h \circledast \boldsymbol{\psi}_{k+h} \right)$$

$$(7\text{-}22)$$

其中,

$$\boldsymbol{\psi}_{k+h} = \boldsymbol{t}_{k+h} - \sum_{l\in\mathcal{L},l\neq h} \boldsymbol{\theta}_l \circledast \boldsymbol{t}_{k+h-l} \quad (7\text{-}23)$$

为了优化时序系数因子矩阵 $\boldsymbol{\Theta}$ 中的向量 $\boldsymbol{\theta}_h$,需要对式 (7-24) 进行最小化。

$$\min_{\boldsymbol{\theta}_h} \frac{1}{2}\lambda_{ar} \sum_{k=l_d+1}^{K} \left(\boldsymbol{t}_k - \sum_{l\in\mathcal{L},l\neq h} \boldsymbol{\theta}_l \circledast \boldsymbol{t}_{k-l} - \mathrm{diag}(\boldsymbol{t}_{k-h})\boldsymbol{\theta}_h\right)^\top$$

$$\left(\boldsymbol{t}_k - \sum_{l\in\mathcal{L},l\neq h} \boldsymbol{\theta}_l \circledast \boldsymbol{t}_{k-l} - \mathrm{diag}(\boldsymbol{t}_{k-h})\boldsymbol{\theta}_h\right) + \frac{1}{2}\lambda_\theta \sum_{h\in\mathcal{L}} \boldsymbol{\theta}_h^\top \boldsymbol{\theta}_h \quad (7\text{-}24)$$

与向量 $\boldsymbol{u}_i$ 类似,向量 $\boldsymbol{\theta}_h, h \in \mathcal{L}$ 的迭代优化公式可以表示为

$$\boldsymbol{\theta}_h \Leftarrow \left[\sum_{k=l_d+1}^{K} \mathrm{diag}(\boldsymbol{t}_{k-h} \circledast \boldsymbol{t}_{k-h}) + \frac{\lambda_\theta}{\lambda_{ar}} I_R \right]^{-1} \left[\sum_{k=l_d+1}^{K} (\boldsymbol{\pi}_k^h \circledast \boldsymbol{t}_{k-h}) \right] \quad (7\text{-}25)$$

其中,

$$\boldsymbol{\pi}_k^h = \boldsymbol{t}_k - \sum_{l\in\mathcal{L},l\neq h} \boldsymbol{\theta}_l \circledast \boldsymbol{t}_{k-l} \quad (7\text{-}26)$$

算法 7.2 对时序正则化张量分解方法进行了描述,首先使用随机值对用户因子矩阵 $\boldsymbol{U}$、服务因子矩阵 $\boldsymbol{S}$、时序因子矩阵 $\boldsymbol{T}$ 和时序系数因子矩阵 $\boldsymbol{\Theta}$ 进行初始化。基于上述优化规则对向量 $\boldsymbol{u}_i$、$\boldsymbol{s}_j$、$\boldsymbol{t}_k$ 和 $\boldsymbol{\theta}_h$ 进行优化,直到式 (7-13) 中目标函数的值不再减小

或者达到最大的迭代次数。算法有五个输入参数：张量 $\boldsymbol{\mathcal{Y}} \in \mathbb{R}^{I \times J \times K}$、张量的秩 R、正则化参数 λ、滞后集 $\mathcal{L}$ 和最大迭代次数 ITER。算法的输出为三个理想的潜在因子矩阵 $\boldsymbol{U}$、$\boldsymbol{S}$ 和 $\boldsymbol{T}$。

算法 7.2　　TRTF$(\boldsymbol{\mathcal{Y}}, R, \lambda, \mathcal{L}, \text{ITER})$

1: Initialize $\boldsymbol{U} \in \mathbb{R}^{I \times R}, \boldsymbol{S} \in \mathbb{R}^{J \times R}, \boldsymbol{T} \in \mathbb{R}^{K \times R}, \boldsymbol{\Theta} \in \mathbb{R}^{H \times R}$
2: iter $\leftarrow 0$
3: **repeat**
4:　　**for** $i = 1$ **to** I **do**
5:　　　　$\boldsymbol{u}_i \leftarrow$ Eq. (7-16)
6:　　**end for**
7:　　**for** $j = 1$ **to** J **do**
8:　　　　$\boldsymbol{s}_j \leftarrow$ Eq. (7-18)
9:　　**end for**
10:　　**for** $k = 1$ **to** K **do**
11:　　　　**if** $k < l_d$ **then**
12:　　　　　　$\boldsymbol{t}_k \leftarrow$ Eq. (7-20)
13:　　　　**else**
14:　　　　　　$\boldsymbol{t}_k \leftarrow$ Eq. (7-22)
15:　　　　**end if**
16:　　**end for**
17:　　**for** $h = 1$ **to** H **do**
18:　　　　$\boldsymbol{\theta}_h \leftarrow$ Eq. (7-25)
19:　　**end for**
20:　　iter $\leftarrow$ iter $+ 1$
21: **until** Eq. (7-13) stops decreasing | iter $==$ ITER
22: **return** $\boldsymbol{U}, \boldsymbol{S}, \boldsymbol{T}$

基于算法 7.2 可获得三个理想的潜在因子矩阵 $\boldsymbol{U}$、$\boldsymbol{S}$ 和 $\boldsymbol{T}$。用户 i 在时刻 k 调用服务 j 的服务质量数据的预测值的计算方式为

$$\hat{y}_{ijk} = \sum_{r=1}^{R} u_{ir} s_{jr} t_{kr} \tag{7-27}$$

其中，R 为张量 $\boldsymbol{\mathcal{Y}}$ 的秩。

7.7　数值实验与分析

本节介绍了实验所使用的数据集和评价指标，将本章提出的方法与其他九个流行的方法进行了比较，并且分析了以下两个问题：①潜在因子矩阵维数的变化对预测的准确率有怎样的影响？②张量密度的变化对预测的准确率有怎样的影响？

7.7.1 实验环境与数据集

本章提出的方法基于 Python 3.8 和 C++ 进行实现，具体的实验均在一台运行 Windows 10 操作系统的 PC 机上进行。实验使用的服务质量数据集为基于 Planet-Lab[557] 平台从分布于 22 个国家的 142 台计算机上采集到的数据[558]。数据集总共包含 30287611 条数据，是由 142 个用户在 64 个时刻分别调用 4532 个网络服务所获得的。表 7.3 给出了响应时间和吞吐量的范围、均值及标准偏差。针对响应时间和吞吐量，构建了两个大小为 142×4532×64 的用户–服务–时间张量。

表 7.3　响应时间和吞吐量

	响应时间/s	吞吐量/（kb/s）
范围	0 ∼ 20	0 ∼ 1000
均值	3.165	9.609
标准偏差	6.12	50.11

7.7.2 评价指标

为了评价本章所提出方法的性能，引入两个评价指标：平均绝对误差（mean absolute error，MAE）和均方根误差（root mean squared error，RMSE）。

平均绝对误差可以表示为

$$\text{MAE} = \frac{1}{N} \sum_{i,j,k} |y_{ijk} - \hat{y}_{ijk}| \tag{7-28}$$

其中，y_{ijk} 表示第 i 个用户在时刻 k 调用第 j 个服务的服务质量数据的真实值；$\hat{y}_{ijk}$ 表示相应的预测值；N 表示预测值的个数。

均方根误差可以表示为

$$\text{RMSE} = \sqrt{\frac{1}{N} \sum_{i,j,k} (y_{ijk} - \hat{y}_{ijk})^2} \tag{7-29}$$

对于上述两个评价指标，数值越小，表示预测的准确率越高。

7.7.3 性能比较

针对服务质量数据预测的准确率，选取以下九种服务质量数据预测方法与本章提出的方法进行对比实验。

（1）UPCC[559]：一种基于用户的协同过滤方法。该方法通过计算皮尔森相关系数来度量两个用户之间的相似度，然后使用相似用户的历史服务质量数据来预测缺失值。

（2）IPCC[560]：一种基于项的协同过滤方法。该方法通过计算皮尔森相关系数来度量两个项之间的相似度，然后使用相似项的历史服务质量数据来预测缺失值。

（3）UIPCC[561]：一种基于用户–项的协同过滤方法。该方法结合了上述的 UPCC 和 IPCC 两个方法，通过集成相似用户和相似服务的预测结果来获得最终的预测结果。

（4）PMF[562]：一种概率矩阵分解模型。该方法使用高斯假设（Gaussian hypothesis）来分解用户–服务的服务质量数据矩阵来预测缺失值。

（5）CLUS[563]：一种网络服务的可靠性的预测方法。该方法使用 k-means 聚类算法来对以往的服务调用数据进行聚合，进而提升预测的可靠性。

（6）AMF[564]：一种自适应的矩阵分解方法。该方法通过数据转化（data transformation）、在线学习（on-line learning）和自适应的加权（adaptive weighting）对传统的矩阵分解模型进行扩展，进而针对候选的服务进行在线服务质量预测。

（7）WSPred[558]：一种基于张量分解的网络服务质量预测方法。该方法使用服务质量数据的平均值在张量分解的过程中对目标函数进行正则化。

（8）NTF[554]：一种非负的张量分解模型。该方法在用户–服务–时间张量分解模型的 CP 分解过程中添加了非负的约束（constraint）。

（9）TWQT[565]：一种时间感知的动态服务质量预测方法。该方法基于历史时间切片（time slices）和当前时间切片进行两阶段的（two-stage）服务质量数据预测。

由于上述九种方法中的部分方法无法直接通过构建三阶张量的方式应用于服务质量数据预测的问题，因此需要将用户–服务–时间张量看作对应于不同时刻的用户–服务矩阵切片（matrix slice）。具体来说，将三维的张量压缩成二维的矩阵，用户–服务矩阵中的元素是每对用户和服务在所有时刻的服务质量数据的平均值。

由于现实世界中的服务数量十分庞大，单个用户无法给出所有服务的历史调用数据，因此服务质量数据通常都是稀疏的。本章的实验随机地移除训练数据中的部分数据来实现数据集的稀疏性。如表 7.4 所示，训练数据的密度范围为 5% ~ 30%。使用 5% ~ 30% 的数据来对模型进行训练，训练得到的模型对剩余的 95% ~ 70% 的数据进行预测。

表 7.4　训练数据与测试数据

序号	训练/检测/（%）	训练数据	检测数据
1	5/95	1514381	28773230
2	10/90	3028761	27258850
3	15/85	4543142	25744469
4	20/80	6057522	24230089
5	25/75	7571903	22715708
6	30/70	9086283	21201328

对于本章提出的方法，基于不同的滞后集 $\mathcal{L}$，图 7.7 和图 7.8 分别给出了针对响应时间和吞吐量所获得的实验结果。通过对预测评价指标平均绝对误差和均方根误差的分析，当滞后集 $\mathcal{L} = \{1, 2, 3, 4\}$ 时，服务质量数据的预测性能最好。因此，在后续的对比实验中，选用该滞后集。

针对上述九种方法和本章提出的方法，基于式 (7-28) 和式 (7-29) 进行服务质量数据的预测。基于文献 [547] 和文献 [554] 中的实验设置，由于 UPCC、IPCC 和 UIPCC 都是基于邻域的协同过滤的方法，用户的邻居个数设置为 10，服务的邻居个数设置为

50。在张量或矩阵分解中，潜在因子矩阵的维数均设置为 20。为了获取更加一般性的结果，后续的实验数据均为十次实验的平均值。

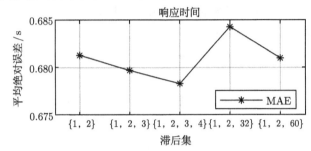

（a）响应时间的平均绝对误差

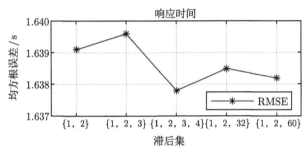

（b）响应时间的均方根误差

图 7.7　滞后集对响应时间的影响（张量密度 = 25%，维数 = 20）

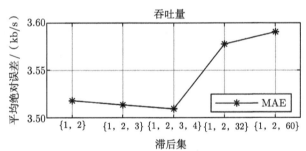

（a）吞吐量的平均绝对误差

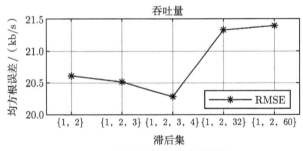

（b）吞吐量的均方根误差

图 7.8　滞后集对吞吐量的影响（张量密度 = 25%，维数 = 20）

对于上述的十种方法，基于不同的训练/测试数据比例，通过实验获得响应时间和吞吐量的预测误差，如表 7.5 所示。

表 7.5　十种方法的服务质量数据预测准确率的误差

服务质量数据	方法	平均绝对误差						均方根误差					
		5%	10%	15%	20%	25%	30%	5%	10%	15%	20%	25%	30%
响应时间/s	UPCC	1.0636	0.9783	0.9218	0.8811	0.8504	0.8268	2.1126	1.9830	1.9240	1.8817	1.8474	1.8189
	IPCC	1.0896	1.0100	1.0021	1.0033	0.9907	0.9606	2.2091	2.0629	2.0341	2.0268	2.0111	1.9718
	UIPCC	1.0434	0.9612	0.9122	0.8790	0.8514	0.8266	2.0943	1.9750	1.9204	1.8801	1.8443	1.8118
	PMF	1.0148	0.9336	0.8951	0.8667	0.8448	0.8271	2.4969	2.2441	2.0951	1.9961	1.9271	1.8773
	CLUS	0.9194	0.8858	0.8557	0.8296	0.8082	0.7926	2.2225	2.2625	2.2494	2.2168	2.1782	2.1434
	AMF	0.7989	0.7728	0.7635	0.7603	0.7571	0.7538	1.8627	1.8353	1.8216	1.8143	1.8075	1.8037
	WSPred	0.7925	0.7684	0.7563	0.7653	0.7512	0.7638	1.8168	1.7878	1.7737	1.7864	1.7708	1.7921
	NTF	0.7509	0.7405	0.7376	0.7356	0.7346	0.7328	1.7423	1.7296	1.7259	1.7240	1.7223	1.7211
	TWQP	0.7315	0.7258	0.7186	0.7147	0.6983	0.6845	1.8352	1.8165	1.7924	1.7687	1.7556	1.7319
	TRTF	**0.7105**	**0.6918**	**0.6865**	**0.6817**	**0.6783**	**0.6732**	**1.6944**	**1.6708**	**1.6605**	**1.6444**	**1.6378**	**1.6357**
吞吐量/(kb/s)	UPCC	10.3878	9.4950	8.9188	8.4699	8.1349	7.8855	43.2208	40.6727	38.8015	37.2579	35.9572	34.9025
	IPCC	10.0606	9.6574	9.4841	8.9271	8.3542	7.9722	45.2908	43.0893	42.4437	41.1497	39.5365	38.0906
	UIPCC	9.9087	9.3048	8.9362	8.3875	7.8750	7.5165	43.8901	41.5245	40.1929	38.6693	37.0395	35.5733
	PMF	6.5710	5.9808	5.8312	5.6997	5.5512	5.3862	40.2913	36.0049	33.8467	32.4925	31.3060	30.3206
	CLUS	5.6281	4.7686	4.1980	3.8712	3.6444	3.4931	34.5488	31.0865	28.2595	26.5021	25.2313	24.2964
	AMF	5.0836	4.6773	4.4392	4.2603	4.2160	4.1865	37.0695	36.0816	35.6553	35.5084	35.3965	35.3842
	WSPred	4.1786	4.0656	4.0481	4.0869	4.0570	4.0550	23.6117	22.3649	22.0314	22.1614	21.9440	21.8858
	NTF	4.2134	4.0925	4.0513	4.0270	4.0072	3.9990	24.2157	23.0433	22.2431	21.9975	21.7521	21.6851
	TWQP	4.8963	4.5782	4.3843	4.1596	4.1457	4.0935	28.9426	27.3568	26.1451	24.9174	23.0717	21.8561
	TRTF	**4.0301**	**3.7014**	**3.5615**	**3.5458**	**3.5096**	**3.4989**	**23.2407**	**21.7331**	**20.6994**	**20.3113**	**20.2814**	**20.1307**

基于时间感知模型的四个方法 WSPred、NTF、TWQP 和 TRTF 的预测准确率要优于其余六种方法。这主要是由于上述四种方法捕获了服务质量数据的时序动态模型中的潜在信息。对于吞吐量来说，训练数据为 15% 时，TRTF 方法的平均绝对误差为 3.5615，比 IPCC 方法的 9.4841 低 62.4%。当训练数据为 30% 时，TRTF 方法的平均绝对误差为 3.4989，比 IPCC 方法的 7.9722 低 56.1%。这也说明了当数据更稀疏时，TRTF 的预测准确率更高，即很好地应对了数据的稀疏性。此外，IPCC 方法的平均绝对误差和均方根误差要低于其他两种基于邻域的协同过滤预测方法（UPCC 和 UIPCC）。这主要是由于在实验中，IPCC 方法使用的项是服务，实验的数据集中服务个数为 4532，远大于用户个数 142。因此，UPCC 和 UIPCC 这两种基于用户的方法的实验结果在预测准确率方面要比 IPCC 方法差一些。

对于基于时间感知模型的四个方法 WSPred、NTF、TWQP 和 TRTF 来说，TWQP 方法的预测准确率是最低的，这表明构建用户–服务–时间张量模型来分析服务质量数据的复杂三元关系是很有必要的。对于基于张量的三个方法 WSPred、NTF 和 TRTF 来说，TRTF 方法的预测准确率是最高的，这主要归功于时间序列预测与张量分解的结合。例如，对于响应时间的预测结果来说，当训练数据为 5% 时，TRTF 方法的平均绝对误差为 0.7105，比 WSPred 方法和 NTF 方法分别低了 10.4% 和 5.4%。类似地，当训练数据为 30% 时，TRTF 方法的平均绝对误差为 0.6732，比 WSPred 方法和 NTF 方法分别低了 11.9% 和 8.1%。

在训练数据的比例从 5% 增加到 30% 的过程中，所有十个预测方法的平均绝对误差和均方根误差都逐渐降低。密集的数据集（如训练数据的比例为 30% 或 25%）的预测准确率要高于稀疏数据集（如训练数据的比例为 5% 或 10%）的预测准确率。这主要是由于更多的训练数据包含更多的信息，因此训练所得到的服务质量数据预测模型的性能就更好。换言之，当训练数据的比例增加时，所有十个预测方法的预测准确率都提高。此外，吞吐量的平均绝对误差和均方根误差在数值上要大于响应时间，这是由于数据集中吞吐量的取值范围为 $0 \sim 1000\text{kb/s}$，而响应时间的取值范围为 $0 \sim 20\text{s}$。

7.7.4 潜在因子矩阵维数与预测准确率

维数用来描述三阶张量中用户、服务和时间的相关潜在因子的个数。本节分析不同的潜在因子矩阵维数对预测准确率的影响。训练数据的比例就是训练密度（training density），训练密度等价于张量密度（tensor density）。由于张量密度对预测准确率也有一定的影响，因此将张量密度的数值设置为 25%，改变潜在因子矩阵的维数来分析响应时间和吞吐量的预测准确率。

图 7.9 给出了响应时间的平均绝对误差和均方根误差数据。图 7.10 给出了吞吐量的平均绝对误差和均方根误差数据。当维数从 1 增加到 20 时，响应时间和吞吐量的平均绝对误差和均方根误差均降低。这表明引入更多的潜在因子能够提升预测性能。然而，预测准确率与维数的关系是非线性的。当维数从 1 增加到 10 时，预测误差的降低是比较显著的。当维数从 10 增加到 20 时，预测误差的降低是比较缓慢的。例如，在图 7.9（a）中，响应时间的平均绝对误差在维数为 1 和 10 时分别为 1.2354 和 0.7224，

预测误差降低了 41.5%。当维数为 20 时，响应时间的平均绝对误差为 0.6783，相比于维数为 10 时的 0.7224，预测误差仅降低了 6.1%。这表明当维数太小时，潜在因子过

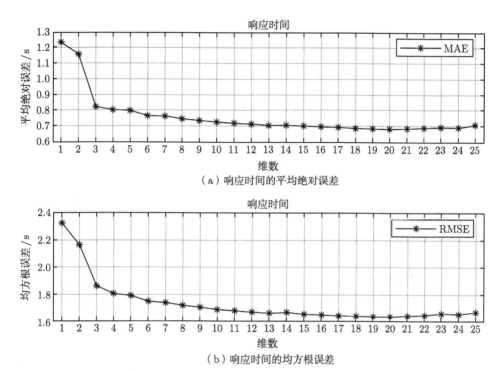

（a）响应时间的平均绝对误差

（b）响应时间的均方根误差

图 7.9　潜在因子矩阵维数对响应时间的影响（张量密度 = 25%）

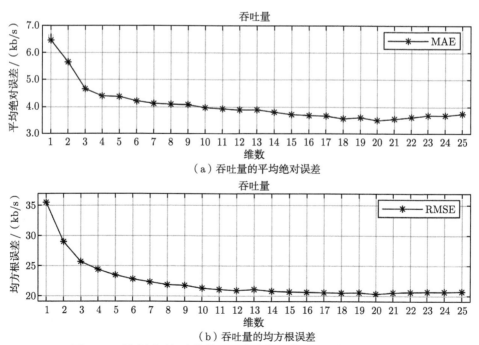

（a）吞吐量的平均绝对误差

（b）吞吐量的均方根误差

图 7.10　潜在因子矩阵维数对吞吐量的影响（张量密度 = 25%）

少，无法很好地描述三阶张量的潜在特征。然而，当维数太大时，过多的潜在因子也会对预测误差产生不利影响。在图 7.9 和图 7.10 中，当维数为 20 时，响应时间和吞吐量的预测误差均最小，即预测准确率最高。当维数从 20 增加到 25 时，预测准确率逐渐降低。这主要是由于当维数超过一定数值后，会产生比较明显的过拟合现象，因此预测准确率会降低。此外，过大的维数会引入大量的计算开销。因此，在实际的应用中，需要持续地调整维数的取值使其接近张量的最优秩（optimal rank）。

7.7.5　张量密度与预测准确率

本节分析不同的张量密度对预测准确率的影响。对于 TRTF 方法，图 7.9 和图 7.10 中的实验数据表明维数值为 20 时预测准确率是最高的。因此，将维数设置为 20，然后通过改变张量密度的数值来分析响应时间和吞吐量的预测准确率。

图 7.11 给出了响应时间的平均绝对误差和均方根误差数据。图 7.12 给出了吞吐量的平均绝对误差和均方根误差数据。实验结果显示，TRTF 方法比其他七个方法具有更小的误差数值。TRTF 方法的预测准确率随着张量密度的增大而逐渐增加，这说明更加密集的数据集能够为缺失数据的预测提供更多的信息。具体来说，当张量密度从 5% 增大到 15% 时，TRTF 方法的预测准确率显著增加。然而，当张量密度从 15% 增大到 30% 时，TRTF 方法的预测准确率的改善是非常有限的。例如，在图 7.12（a）中，当张量密度为 5% 和 15% 时，吞吐量的平均绝对误差分别为 4.0301 和 3.5615，预测误差降低了 11.6%。当张量密度增大到 30% 时，平均绝对误差为 3.4989，比张量密度为 15% 时的平均绝对误差 3.5615 仅降低了 1.8%。上述分析表明当张量密度较小时，提供更多的服务质量数据能够显著地改善预测准确率，而当张量密度较大时，提供更多的服务质量数据对预测准确率的改善效果比较微弱。

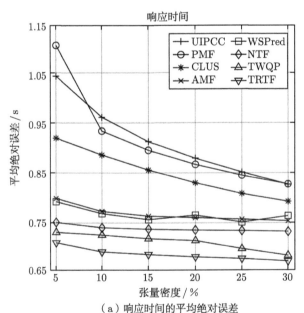

（a）响应时间的平均绝对误差

图 7.11　张量密度对响应时间的影响（维数 = 20）

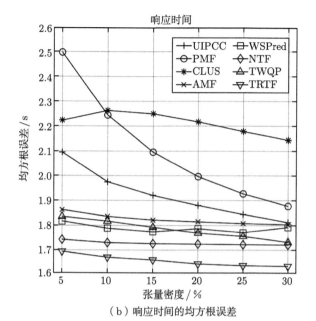

（b）响应时间的均方根误差

图 7.11（续）

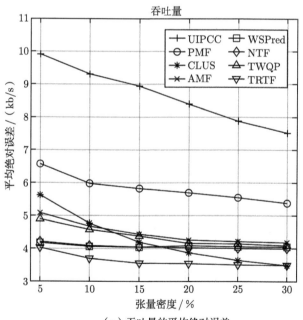

（a）吞吐量的平均绝对误差

图 7.12　张量密度对吞吐量的影响（维数 = 20）

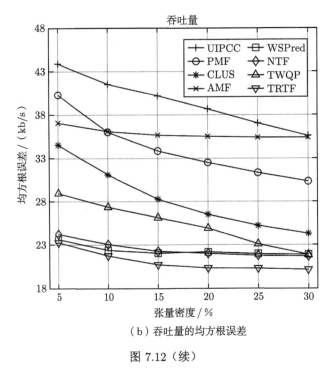

（b）吞吐量的均方根误差

图 7.12（续）

本 章 小 结

针对边缘计算环境中服务质量数据的时序动态模式中的潜在信息，本章提出的方法将时间序列预测与张量分解进行结合，将已有的服务质量数据构建为用户–服务–时间的三阶张量。基于张量分解来获得用户、服务和时间的潜在因子特征。为了考虑服务质量数据的时间序列特征，在张量的 CP 分解中引入了基于 AR 模型的时序正则项，并使用交替最小二乘法对近似张量进行迭代优化。基于所获得的目标张量的低秩估计对缺失值进行预测。基于公开的服务质量数据集 WS-Dream 进行了大量的实验，实验结果表明本章提出的方法与其他流行的方法相比具有更好的性能，且能够在一定程度上较好地应对服务质量数据的稀疏性问题。此外，由于可公开获得的服务质量数据较少，本章的实验仅面向响应时间和吞吐量。在未来的工作中，本章所提出的方案能够用来研究其他的服务质量属性，如可重用性（reusability）、健壮性（robustness）和可靠性（reliability）等。为了更加贴近实际的生产环境，对本章所提出方案的进一步研究应当引入更多的上下文信息，进而改进预测准确率。

第 8 章　未来世界工业发展方向展望

随着工业 4.0 在全球范围内的实施与发展，目前大多数工业强国已经相继完成了第四次工业革命。与此同时，下一代工业革命悄然而至。如何更好地巩固和利用第四次工业革命变革的成果，加快促进新一代工业战略的实施，是学术界和产业界面临的新挑战。

8.1　工业 5.0

8.1.1　工业 4.0 与工业 5.0

2011 年，在德国商界、政界和学界的共同推动下，工业 4.0 的概念萌芽。工业 4.0 的概念是基于工业发展不同阶段提出的，即工业 1.0 的蒸汽机时代、工业 2.0 的电气化时代、工业 3.0 的信息化时代。工业 4.0 是利用信息化技术促进产业变革的智能化时代。

工业 4.0 拥有浓厚的德国特色，核心为"智能制造"，其要点是确保所有事务的执行逻辑并构建信息物理系统，进而将虚拟和现实相结合。数字化、数据驱动和工业互联网的颠覆性影响在工业 4.0 的概念中得到加强，这一变化趋势被喻为第四次工业革命。工业 4.0 在提出之初代表了德国乃至欧洲工业界开拓创新和升级现有技术的雄心壮志和完善的指导原则。尽管工业 4.0 的优点很突出，描述了工业将如何利用技术来更好地应对不断变化的世界和经济，但是从另一个角度来看，工业 4.0 更多是一种技术经济愿景，通常是指非工业背景下的成熟技术将如何驱动工业价值链的变革，以及将如何改变工业领域的经济地位。

在工业 4.0 的概念诞生十年之后，欧盟于 2021 年正式提出工业 5.0，即工业设计制造的互联网化、人工智能化时代，更加考虑以人为本（human-centric）、可持续性（sustainable）与弹性（resilient）[566]。

8.1.2　工业 5.0 诞生的原因

工业能够为社会中各类问题（如资源保护、气候变化和社会稳定）提供解决方案，在人类社会中扮演着重要角色。工业领域以与其他科学领域进行交叉融合的方式进行革新，能够让自身受益（即企业和从业者）。工业领域的技术创新不仅培养和吸引了更多的人才，还提升了从业者的专业素养和技能水平。在工业领域构建循环式的经济模型不仅促进了科学技术的发展，还提高了自然资源的利用效率和回收利用率，这对人类赖以生存的地球是非常有益的。对现有的价值链体系与能源消耗模式进行复盘和改进，能够使工业领域在面对外界影响时更加具有稳定性和可容忍性，如区域或全球性的自然灾害和瘟疫。

8.1.3　工业 5.0 的核心价值

文献 [567] 和文献 [568] 对工业 5.0 的三个核心价值——以人为本、可持续性和弹性进行了阐述。

（1）以人为本的理念将人类的需求与兴趣点置于生产过程的核心，将技术驱动的方法全面转换为以人为本、面向社会的方法。这样的话，从产业的角度来看，工业领域的从业者能够在价值理念将从业者从"成本"转换为"投资"的过程中获得新的角色。科学技术是用来服务于人和社会的，那么工业制造领域所使用的技术必须适应于工业领域多样化的从业者及其需求。需要构建安全且有包容性的工作环境来充分保障从业者的身心健康，并最终维护从业者的基本权利，如自主性、人格尊严与隐私。此外，工业领域的从业者需要持续地提升自身的工作技能来更好地契合职业生涯中的发展机遇，实现工作与生活的折中与平衡。

（2）从全球角度而言，工业领域的发展需要具有可持续性。因此，需要研发可循环的工业过程来实现对全球自然资源的重用（reuse）和循环（recycle）利用，进而减少有害垃圾的产生、降低对环境的负面影响，最终实现具有更高资源利用效率的可循环式经济模式。

（3）工业 5.0 中的弹性是指需要研发具有更强鲁棒性的工业生产过程，更好地应对生产过程中的各类问题，确保在危急时刻能够提供关键性的基础设施，并为其他关键基础设施提供支持。未来的工业需要具有足够的弹性来迅速地应对地缘/政治性的变革以及自然灾害。

8.1.4　工业 5.0 的使能技术

当今工业领域的信息化和智能化发展离不开各项高新技术的支撑，工业 5.0 的愿景更是如此。文献 [569] 给出了工业 5.0 的六个使能技术，具体如下。

（1）使人类和机器进行互联并结合二者强项的个性化的人机交互技术。

（2）仿生（bio-inspired）技术和智能材料，其中智能材料在循环利用时能够内嵌传感器并具有特定的鲜明特征。

（3）能够对工业 5.0 场景中的所有系统进行建模的数字孪生（digital twin）与仿真（simulation）技术。

（4）能够处理数据与系统的互操作性（interoperability）的数据传输、存储和分析技术。

（5）能够检测出复杂动态系统中的因果关系的人工智能技术，进而获得行动情报（actionable intelligence）。

（6）提升能源利用效率和实现能源再生性、储备性、自主性的技术。

总体来说，工业 5.0 不应当被看作一场新的技术驱动性革命，而是由价值驱动的、具有特定目的的技术转型性革命。通过给出各类实体和技术之间的互相联系，构建全局性的系统视图，使制造企业能够快速满足顾客对高质量、高性能产品和服务的要求，并能从急剧变化的市场中击败其他竞争对手，从中盈利，实现智能制造的敏捷性（agility）。

在上述策略的指引和驱动下，从环保、社会和经济三个方面实现新型的价值创造（如降低碳排放、构建循环经济），建立以人为本的和谐社会，改进商业模式、提高企业的利润率等。

8.1.5　工业 5.0 与社会 5.0

人类生存和发展的基本组织形式是社会活动，任何人类活动都离不开社会这个物质和精神基础。2016 年 1 月，日本政府提出名为社会 5.0[570] 的未来社会愿景，旨在基于科学技术的创新来构建以人为本的、具有超级智能的（super-smart）精益社会（lean society）。社会 5.0 概念提出的初衷是平衡日本经济发展与随之而来的社会问题，如人口老龄化趋势、低生育率以及竞争力缺乏等。社会 5.0 的目标是实现以人为本的、具有超级智能的社会，通过为不同层次的人提供必需的物资与个性化的服务，确保全体公民都能够安居乐业，实现高质量的生活。具体来说，通过 5G、大数据和人工智能等技术来解决不同层次人员的个性化需求。

事实上，人类社会已经经历了四次重大转型[571]，即狩猎社会（hunter-gatherer society）、农业社会（agricultural society）、工业社会（industrial society）和信息社会（information society），它们分别被称为社会 1.0 ~ 社会 4.0。当前，人们正在往社会 5.0 跃迁，即以人为本的超级智能社会。文献 [572] 对工业 5.0 和社会 5.0 进行了对比，分析了它们之间的互补作用和共同进化机制。具体来说，从目标、价值、技术和组织四个维度对工业 5.0 和社会 5.0 的异同之处进行了阐述。

8.1.6　工业 5.0 面临的挑战

在实际应用场景中，通过认知启发式的（cognitive-heuristic）工业过程，工业 5.0 能够赋予用户极致定制化的服务。文献 [573] 从安全性（security）、隐私性（privacy）、人机协作（human-robot co-working）、可扩展性（scalability）、技术工人（skilled workforce）以及合法合规（regulatory compliance）六个方面给出了工业 5.0 在实施过程中所面临的挑战。

（1）安全性。与工业 4.0 中传统的信息物理系统类似，在工业 5.0 实施部署时，依然需要在多个方面确保安全性，常见的性能指标有认证（authentication）、完整性（integrity）、访问控制（access control）、审计（audit）等[574]。

- 认证。对于来自不同企业和机构的海量实体（如物联网节点和机械设备）来说，认证是在工业 5.0 生态系统中构建信任体系必不可少的一个环节。工业 5.0 中使用的认证机制不仅应当具有容纳和连接海量设备的能力，同时还需要能够抵御未来量子计算攻击的特性[575]。在实现物联网节点的部署时，出于能量节约的考虑，所选用的认证机制还应当是轻量化的。
- 完整性。由于工业 5.0 中的控制指令和监测数据可能通过第三方的网络来进行传输，因此完整性是数据安全的一个重要方面[576-577]。设计良好的完整性验证机制对系统运行性能的影响应当尽可能地小。
- 访问控制。为了确保工业 5.0 生态系统中只有经过授权的实体才能访问敏感资源（如知识产权），需要构建完善的访问控制策略[578]。由于潜在需求的扩张（demand expansion），大多数信息系统中访问控制策略的实现都是具有挑战性的。

- 审计。可审计性（auditability）是评估系统中各项操作是否符合给定的规则与流程的重要手段。审计日志（audit log）对于争端事件的处理和解决具有至关重要的作用[579]。在具体的设计和实现时，工业 5.0 生态系统中的日志管理机制需要能够支持系统中互联的海量实体[580]。

（2）隐私性。由于整个工业 5.0 生态系统的运转涉及昂贵的智能设备、稀有的工业原材料以及机密性的商业客户，因此隐私性是一个重要的需求，这在工业 4.0 中也是一样的[581-583]。系统中绝大多数的应用数据是通过网络进行交换的，以此将机器设备和人员进行连通。此外，诸如监测数据和控制信息数据等也是这样进行传输的。在正常情况下，上述各类数据对网络上的恶意用户是不可见的，这样才能最大程度地确保整个制造系统的隐私性[584-586]。

（3）人机协作。从某种程度来说，工业 5.0 以人为本的核心价值将人员又带回了工厂车间。人员与协作式机器人（cobot）将结伴工作，这使得人员担心丢掉工作的焦虑得到了缓解。协作式机器人负责处理重复性的活动，使得人员能够全身心地投入创新和变革中。协作式机器人能够为人员提供互补和帮助，但是反过来人员如果为协作式机器人提供协助，很可能会导致工作流程上的混乱，这会使得人机之间现有的岗位竞争变得更加复杂[587-589]。

（4）可扩展性。可扩展性可以从系统的工作负载动态变化时系统的弹性、灵活性和响应性三个方面进行表述。在工业 5.0 中，可扩展性是指网络中互联的系统在不同工况下（如系统个数增多或者减少）的性能。由于工业 5.0 是工业 4.0 的升级版，那么工业 5.0 也就继承了工业 4.0 中物联网的特性，因此海量连接下的可扩展性依旧非常重要。此外，由于工业 5.0 中涉及更多的、更智能化的机器人和机械设备，如何将这些"物"更好地与人员进行协作变得更加富有挑战性[590]。通常，各类服务的服务水平协议（service level agreement）中会给定不同服务水平所对应的目标，系统的可扩展性可以使用服务水平指标（service level indicator）来进行跟踪。由于数据、互联设备以及人员的增长量是不确定的，因此可扩展性的衡量是至关重要的。为了尽可能地提升系统的可扩展性，工业 5.0 中的技术研究者必须能够在任意的工作负载下给出令人满意的服务。例如，数据的处理延迟小、应答回复的延迟小。此外，基于人工智能的协作机器人必须能够以尽可能少的延迟来应对来自云和边缘的海量服务器请求。

（5）技术工人。由于工业 5.0 期望技术工人能够在工作过程中完成高价值的任务，因此相关的标准与法律法规必须能适用于任意的技术、社会以及管理问题。技术工人需要知晓雇员的责任与权利、标准规范、管理架构以及公司文化等[591]。技术工人需要接受规范化的培训来与协作机器人结伴工作，但实际的培训环节往往受限于教员和企业资金的短缺。当工业 5.0 正式实施后，新兴技术的发展会使得对技术工人的需求日益增长，因此教员和学员均需要接受适当的培训。此外，教员与学员的相关管理规定也需要实时进行更新。这样的工作模式能够很好地促进公私合作关系（public-private partnerships）的良性发展[592-594]。

（6）合法合规。工业 5.0 带来的全面变革需要完善的法律法规来支持。尽管每个特定行业内关于自动化流程、创新策略和智能制造方案等的相关标准文件通常都是比较规范的，但在工业 5.0 的新纪元中，需要制定更加细致的标准。由于工业 5.0 将人员带回到工厂车间内与协作机器人等智能机械协同工作，那么必须研究和制定关于人员和智能机械的规章制度[595]。文献 [596] 指出，如果缺失了合适的规章制度，工业 5.0 的协同生产环境中可能会出现众多问题。因此，只有在相关领域制定尽可能完善的法律法规、标准、规范和指南，工业 5.0 的变革才能进行得更快、更可控和更完整。

8.2　中国未来工业发展

目前，工业 5.0 的概念和雏形才刚刚进入人们的视野，其对发达国家来说依然是一个未来工业发展的愿景[597]。工业 5.0 的初衷与目标不仅局限于提高生产力和降低生产成本，还着重强调了工业发展赋能其他领域的作用以及贡献。尽管我国现阶段在工业化的道路上飞速发展，但是依然有很多企业尚有很大的进步空间。作为工业 4.0 的升级版，工业 5.0 实现的前提是工业 4.0。在工业 4.0 的基础上，充分发挥先进理念、高新科学技术、全局性资源以及人员能力的协作，才能逐步开展工业 5.0 的实施工作。2021 年 3 月，"十四五"规划和 2035 年远景目标纲要指出，坚持把发展经济着力点放在实体经济上，加快推进制造强国、质量强国建设，促进先进制造业和现代服务业深度融合，强化基础设施支撑引领作用，构建实体经济、科技创新、现代金融、人力资源协同发展的现代产业体系。可以预见，随着工业 5.0 的提出，展现在我国工业领域面前的将是一条充满机遇与挑战的创新发展之路。

工业是国民经济的命脉，高端制造是经济高质量发展的重要支撑。无论是工业 4.0 还是工业 5.0，制造业的发展方向和路径始终从未动摇。推动我国制造业转型升级，建设制造强国，必须加强技术研发，提高国产化替代率，把科技的命脉掌握在自己手中，才是国家真正强大起来的核心力量。

本 章 小 结

本章介绍了工业 5.0 萌芽的原因与趋势，针对工业 4.0 和工业 5.0 的异同与衔接进行了分析。围绕工业 5.0 的三个核心价值和六个使能技术，对工业 5.0 进行了详细的阐述。工业 5.0 与工业 4.0 最显著的不同是充分考虑了人类的参与和社会的发展，因此分析了工业 5.0 与社会 5.0 之间的关系。基于上述内容，总结了工业 5.0 在实施过程中所面临的挑战。最后，结合我国工业发展的愿景，阐述了我国深入实施制造强国战略与工业 5.0 协同创新发展的机遇。

参 考 文 献

[1]   MONOSTORI L, KÁDÁR B, BAUERNHANSL T, et al. Cyber-physical systems in manufactur-
       ing[J]. Cirp Annals, 2016, 65(2): 621-641.

[2]   BAHETI R, GILL H. Cyber-physical systems[J]. The Impact of Control Technology, 2011, 12(1):
       161-166.

[3]   XU L D, XU E L, LI L. Industry 4.0: State of the art and future trends[J]. International Journal
       of Production Research, 2018, 56(8): 2941-2962.

[4]   TAO F, QI Q, LIU A, et al. Data-driven smart manufacturing[J]. Journal of Manufacturing Sys-
       tems, 2018, 48: 157-169.

[5]   LEE J, LAPIRA E, BAGHERI B, et al. Recent advances and trends in predictive manufacturing
       systems in big data environment[J]. Manufacturing Letters, 2013, 1(1): 38-41.

[6]   XU L D, DUAN L. Big data for cyber physical systems in Industry 4.0: A survey[J]. Enterprise
       Information Systems, 2019, 13(2): 148-169.

[7]   LEE J, DAVARI H, SINGH J, et al. Industrial artificial intelligence for Industry 4.0-based manu-
       facturing systems[J]. Manufacturing Letters, 2018, 18: 20-23.

[8]   LEE J, LAPIRA E, YANG S, et al. Predictive manufacturing system-trends of next-generation
       production systems[J]. IFAC Proceedings Volumes, 2013, 46(7): 150-156.

[9]   LEE J, LAPIRA E. Predictive factories: The next transformation[J]. Manufacturing Leadership
       Journal, 2013, 20(1): 13-24.

[10]   HERMANN M, PENTEK T, OTTO B. Design principles for Industrie 4.0 scenarios[C]// Pro-
       ceedings of 2016 IEEE 49th Hawaii International Conference on System Sciences. Koloa, Hawaii,
       USA: IEEE, 2016: 3928-3937.

[11]   RAINER D, ALEXANDER H. Industrie 4.0: Hit or hype?[J]. Industrial Electronics Magazine,
       2014, 8(2): 56-58.

[12]   KAGERMANN H, LUKAS W D, WAHLSTER W. Industrie 4.0: Mit dem Internet der Dinge auf
       dem Weg zur 4. industriellen revolution[J]. VDI nachrichten, 2011, 13(1): 2-3.

[13]   KAGERMANN H, HELBIG J, HELLINGER A, et al. Recommendations for implementing the
       strategic initiative INDUSTRIE 4.0: Securing the future of German manufacturing industry; final
       report of the Industrie 4.0 Working Group[M]. Berlin, Germany: Forschungsunion, 2013.

[14]   ATZORI L, IERA A, MORABITO G. The Internet of Things: A survey[J]. Computer Networks,
       2010, 54(15): 2787-2805.

[15]   KAGERMANN H. Chancen von Industrie 4.0 nutzen[M]. Berlin, Heidelberg, Germany: Springer
       Vieweg, 2017: 237-248.

[16]   LEE E A. Cyber physical systems: Design challenges[C]// Proceedings of 2008 IEEE 11th In-
       ternational Symposium on Object and Component-Oriented Real-Time Distributed Computing.
       Orlando, Florida, USA: IEEE, 2008: 363-369.

[17]   SCHUH G, POTENTE T, WESCH-POTENTE C, et al. Sustainable increase of overhead pro-
       ductivity due to cyber-physical-systems[C]// Proceedings of 2013 11th Global Conference on Sus-
       tainable Manufacturing-Innovative Solutions. Berlin, Germany: Universitätsverlag der TU, Berlin,
       2013: 332-335.

[18]　ZUEHLKE D. Smart factory—Towards a factory-of-things[J]. Annual Reviews in Control, 2010, 34(1): 129-138.

[19]　KAGERMANN H. Change through digitization—Value creation in the age of Industry 4.0[M]// Management of Permanent Change. Wiesbaden, Germany: Springer Gabler, 2015: 23-45.

[20]　LUCKE D, CONSTANTINESCU C, WESTKÄMPER E. Smart factory—a step towards the next generation of manufacturing[C]// Proceedings of Manufacturing Systems and Technologies for the New Frontier: The 41st CIRP Conference on Manufacturing Systems. Tokyo, Japan: Springer London, 2008: 115-118.

[21]　GORECKY D, SCHMITT M, LOSKYLL M, et al. Human-machine-interaction in the Industry 4.0 era[C]// Proceedings of 2014 IEEE 12th International Conference on Industrial Informatics. Porto Alegre, Brazil: IEEE, 2014: 289-294.

[22]　ZHANG L, XIE Y, XIDAO L, et al. Multi-source heterogeneous data fusion[C]// Proceedings of 2018 IEEE International Conference on Artificial Intelligence and Big Data (ICAIBD). Chengdu, China: IEEE, 2018: 47-51.

[23]　MALONE T W. Is 'empowerment' just a fad? control, decision-making, and information technology[J]. BT Technology Journal, 1999, 17(4): 141-144.

[24]　FERREIRA D R, VASILYEV E. Using logical decision trees to discover the cause of process delays from event logs[J]. Computers in Industry, 2015, 70: 194-207.

[25]　FREITAS A A, LIMA T M, GASPAR P D. A fuzzy logic-based selection approach to select suitable Industry 4.0 tools for ergonomic risk mitigation: Application to the Portuguese wine sector[M]. Cham, Switzerland: Springer, 2023: 179-197.

[26]　JASCHKE S. Mobile learning applications for technical vocational and engineering education: The use of competence snippets in laboratory courses and industry 4.0[C]// Proceedings of 2014 IEEE 17th International Conference on Interactive Collaborative Learning (ICL). Dubai, United Arab Emirates: IEEE, 2014: 605-608.

[27]　PAULK M C. A history of the capability maturity model for software[J]. ASQ Software Quality Professional, 2009, 12(1): 5-19.

[28]　PAULK M C, CURTIS B, CHRISSIS M B, et al. Capability maturity model, version 1.1[J]. IEEE Software, 1993, 10(4): 18-27.

[29]　OXFORD R. Capability Maturity Model[EB/OL]. https://www.oxfordreference.com/view/ 10.1093/oi/authority.20110803095547264/. Online: 03-Aug-2011, accessed 10-Nov-2023.

[30]　KOHLEGGER M, MAIER R, THALMANN S. Understanding maturity models: Results of a structured content analysis[C]// Proceedings of 2009 9th International Conference on Knowledge Management and Knowledge Technologies, 5th International Conference on Semantic Systems. Graz, Austria: Verlag der Technischen Universität Graz, 2009: 1-12.

[31]　LICHTBLAU K, STICH V, BERTENRATH R, et al. IMPULS-Industrie 4.0-readiness[J]. Impuls-Stiftung des VDMA, Aachen-Köln, 2015.

[32]　LANZA G, NYHUIS P, ANSARI S M, et al. Befähigungs-und Einführungsstrategien für Industrie 4.0[J]. ZWF Zeitschrift für wirtschaftlichen Fabrikbetrieb, 2016, 111(1): 76-79.

[33]　SCHUMACHER A, EROL S, SIHN W. A maturity model for assessing Industry 4.0 readiness and maturity of manufacturing enterprises[J]. Procedia Cirp, 2016, 52: 161-166.

[34]　LEE J, BAGHERI B, KAO H A. A cyber-physical systems architecture for Industry 4.0-based manufacturing systems[J]. Manufacturing Letters, 2015, 3: 18-23.

[35]　HENG S. Industry 4.0: Huge potential for value creation waiting to be tapped[J]. Deutsche Bank Research, 2014: 8-10.

[36]   LEE J. Industry 4.0 in big data environment[J]. German Harting Magazine, 2013: 8-10.

[37]   WANG S, WAN J, LI D, et al. Implementing smart factory of industrie 4.0: An outlook[J]. International Journal of Distributed Sensor Networks, 2016, 12(1): 1-10.

[38]   ROSENDAHL R, SCHMIDT N, LÜDER A, et al. Industry 4.0 value networks in legacy systems[C]// Proceedings of 2015 IEEE 20th Conference on Emerging Technologies & Factory Automation (ETFA). Luxembourg, Luxembourg: IEEE, 2015: 1-4.

[39]   ZHANG Q, ZHU C, YANG L T, et al. An incremental CFS algorithm for clustering large data in industrial Internet of Things[J]. IEEE Transactions on Industrial Informatics, 2017, 13(3): 1193-1201.

[40]   RAZA M, ASLAM N, LE-MINH H, et al. A critical analysis of research potential, challenges, and future directives in industrial wireless sensor networks[J]. IEEE Communications Surveys & Tutorials, 2018, 20(1): 39-95.

[41]   DONG M, OTA K, LIU A. RMER: Reliable and energy-efficient data collection for large-scale wireless sensor networks[J]. IEEE Internet of Things Journal, 2016, 3(4): 511-519.

[42]   YANG Q, HE S, LI J, et al. Energy-efficient probabilistic area coverage in wireless sensor networks[J]. IEEE Transactions on Vehicular Technology, 2015, 64(1): 367-377.

[43]   HE S, CHEN J, LI X, et al. Mobility and intruder prior information improving the barrier coverage of sparse sensor networks[J]. IEEE Transactions on Mobile Computing, 2014, 13(6): 1268-1282.

[44]   MAHBOUBI H, MOEZZI K, AGHDAM A G, et al. Distributed deployment algorithms for improved coverage in a network of wireless mobile sensors[J]. IEEE Transactions on Industrial Informatics, 2014, 10(1): 163-174.

[45]   HAN G, LIU L, JIANG J, et al. Analysis of energy-efficient connected target coverage algorithms for industrial wireless sensor networks[J]. IEEE Transactions on Industrial Informatics, 2015, 13(1): 135-143.

[46]   BISWAS S, DAS R, CHATTERJEE P. Energy-efficient connected target coverage in multi-hop wireless sensor networks[M]// Industry Interactive Innovations in Science, Engineering and Technology. Singapore: Springer, 2018: 411-421.

[47]   LE NGUYEN P, HANH N T, KHUONG N T, et al. Node placement for connected target coverage in wireless sensor networks with dynamic sinks[J]. Pervasive and Mobile Computing, 2019, 59: 1-21.

[48]   KESHMIRI H, BAKHSHI H. A new 2-phase optimization-based guaranteed connected target coverage for wireless sensor networks[J]. IEEE Sensors Journal, 2020, 20(13): 7472-7486.

[49]   CARDEI M, THAI M T, LI Y, et al. Energy-efficient target coverage in wireless sensor networks[C]// Proceedings of 2005 IEEE 24th Annual Joint Conference of the IEEE Computer and Communications Societies. Miami, Florida, USA: IEEE, 2005: 1976-1984.

[50]   CARDEI M, DU D Z. Improving wireless sensor network lifetime through power aware organization[J]. Wireless Networks, 2005, 11(3): 333-340.

[51]   LU M, WU J, CARDEI M, et al. Energy-efficient connected coverage of discrete targets in wireless sensor networks[J]. International Journal of Ad Hoc and Ubiquitous Computing, 2009, 4(3-4): 137-147.

[52]   DHAWAN A, AUNG A, PRASAD S K. Distributed scheduling of a network of adjustable range sensors for coverage problems[C]// Proceedings of 2010 International Conference on Information Systems, Technology and Management. Atlanta, Georgia, USA: Springer, 2010: 123-132.

[53]   BIZER C, BONCZ P, BRODIE M L, et al. The meaningful use of big data: Four perspectives-four challenges[J]. ACM Sigmod Record, 2012, 40(4): 56-60.

[54] AGRAWAL D, DAS S, EL ABBADI A. Big data and cloud computing: Current state and future opportunities[C]// Proceedings of 2011 ACM 14th International Conference on Extending Database Technology. Uppsala, Sweden: ACM, 2011: 530-533.

[55] BOUAKKAZ M, OUINTEN Y, LOUDCHER S, et al. Textual aggregation approaches in OLAP context: A survey[J]. International Journal of Information Management, 2017, 37(6): 684-692.

[56] CALBIMONTE J P, JEUNG H, CORCHO O, et al. Semantic sensor data search in a large-scale federated sensor network[C]// Proceedings of 2011 ACM 4th International Conference on Semantic Sensor Networks: Vol. 839. Bonn, Germany: ACM, 2011: 23-38.

[57] AL NUAIMI K, AL NUAIMI M, MOHAMED N, et al. Web-based wireless sensor networks: A survey of architectures and applications[C]// Proceedings of 2012 ACM 6th International Conference on Ubiquitous Information Management and Communication. Kuala Lumpur, Malaysia: ACM, 2012: 1-9.

[58] YURIYAMA M, KUSHIDA T. Sensor-cloud infrastructure-physical sensor management with virtualized sensors on cloud computing[C]// Proceedings of 2010 IEEE 13th International Conference on Network-based Information Systems. Takayama, Japan: IEEE, 2010: 1-8.

[59] OGC. Sensor Model Language[EB/OL]. https://www.opengeospatial.org/standards/sensorml/. Online: 29-Jul-2009, accessed 10-Nov-2023.

[60] ALAM S, CHOWDHURY M M, NOLL J. SenaaS: An event-driven sensor virtualization approach for Internet of Things cloud[C]// Proceedings of 2010 IEEE International Conference on Networked Embedded Systems for Enterprise Applications. Suzhou, China: IEEE, 2010: 1-6.

[61] 俞宗佐, 郭改枝. 一种无线传感器网络: CN105682226A[P]. 2016-06-15.

[62] 刘安丰, 陈壮彬, 贺晟. 无线传感器网络中基于不等中继集合的数据传输调度方法: ZL2016101380-14.9[P]. 2016-05-18.

[63] 肖克江, 王睿, 魏鹏飞, 等. 无线传感器网络节点的智能唤醒方法: ZL201610088275.4[P]. 2016-06-01.

[64] LAI C F, WANG H, CHAO H C, et al. A network and device aware QoS approach for cloud-based mobile streaming[J]. IEEE Transactions on Multimedia, 2013, 15(4): 747-757.

[65] LAI C F, CHAO H C, LAI Y X, et al. Cloud-assisted real-time transrating for HTTP live streaming[J]. IEEE Wireless Communications, 2013, 20(3): 62-70.

[66] MISRA S, BERA S, MONDAL A, et al. Optimal gateway selection in sensor–cloud framework for health monitoring[J]. IET Wireless Sensor Systems, 2013, 4(2): 61-68.

[67] EUGSTER P T, FELBER P A, GUERRAOUI R, et al. The many faces of publish/subscribe[J]. ACM Computing Surveys (CSUR), 2003, 35(2): 114-131.

[68] HASSAN M M, SONG B, HUH E N. A framework of sensor-cloud integration opportunities and challenges[C]// Proceedings of 2009 ACM 3rd International Conference on Ubiquitous Information Management and Communication. Suwon, South Korea: ACM, 2009: 618-626.

[69] EGGERT M, HÄUSSLING R, HENZE M, et al. SensorCloud: Towards the interdisciplinary development of a trustworthy platform for globally interconnected sensors and actuators[M]. Cham, Switzerland: Springer, 2014: 203-218.

[70] KUMAR L D, GRACE S S, KRISHNAN A, et al. Data filtering in wireless sensor networks using neural networks for storage in cloud[C]// Proceedings of 2012 IEEE International Conference on Recent Trends in Information Technology. Chennai, India: IEEE, 2012: 202-205.

[71] ALAMRI A, ANSARI W S, HASSAN M M, et al. A survey on sensor-cloud: Architecture, applications, and approaches[J]. International Journal of Distributed Sensor Networks, 2013, 9(2): 1-18.

[72] OJHA T, KHATUA M, MISRA S. Tic-Tac-Toe-Arch: A self-organising virtual architecture for

underwater sensor networks[J]. IET Wireless Sensor Systems, 2013, 3(4): 307-316.

[73] LEE E A. Cyber-physical systems–are computing foundations adequate?[C]// Position paper for NSF workshop on cyber-physical systems: Research motivation, techniques and roadmap. Austin, Texas, USA: National Science Foundation, 2006: 1-9.

[74] HEHENBERGER P, VOGEL-HEUSER B, BRADLEY D, et al. Design, modelling, simulation and integration of cyber physical systems: Methods and applications[J]. Computers in Industry, 2016, 82: 273-289.

[75] BAUERNHANSL T. Die vierte industrielle Revolution–Der Weg in ein wertschaffendes Produktionsparadigma[M]. Berlin, Heidelberg, Germany: Springer Vieweg, 2017: 1-31.

[76] MARRON P J, KARNOUSKOS S, MINDER D, et al. The emerging domain of Cooperating Objects[M]. Heidelberg, Germany: Springer Science & Business Media, 2011.

[77] GAMA J, ŽLIOBAITĖ I, BIFET A, et al. A survey on concept drift adaptation[J]. ACM Computing Surveys (CSUR), 2014, 46(4): 1-37.

[78] DE MAIO C, FENZA G, LOIA V, et al. Distributed online temporal Fuzzy concept analysis for stream processing in smart cities[J]. Journal of Parallel and Distributed Computing, 2017, 110: 31-41.

[79] LEE J, ARDAKANI H D, YANG S, et al. Industrial big data analytics and cyber-physical systems for future maintenance & service innovation[J]. Procedia CIRP, 2015, 38: 3-7.

[80] VIJAYARAGHAVAN A, SOBEL W, FOX A, et al. Improving machine tool interoperability using standardized interface protocols: MT connect™[C]// Proceedings of 2008 International Symposium on Flexible Automation (ISFA). Atlanta, Georgia, USA: ASME, 2008: 1-6.

[81] MELL P, GRANCE T. The NIST Definition of Cloud Computing: Special Publication 800-145[R]. National Institute of Standards and Technology, 2011.

[82] SADIKU M N, MUSA S M, MOMOH O D. Cloud computing: Opportunities and challenges[J]. IEEE Potentials, 2014, 33(1): 34-36.

[83] WORTMANN F, FLÜCHTER K. Internet of Things[J]. Business & Information Systems Engineering, 2015, 57(3): 221-224.

[84] DA CRUZ M A, RODRIGUES J J, PARADELLO E S, et al. A proposal for bridging the message queuing telemetry transport protocol to HTTP on IoT solutions[C]// Proceedings of 2018 IEEE 3rd International Conference on Smart and Sustainable Technologies (SpliTech). Split, Croatia: IEEE, 2018: 1-5.

[85] PASHA S. ThingSpeak based sensing and monitoring system for IoT with MATLAB analysis[J]. International Journal of New Technology and Research, 2016, 2(6): 19-23.

[86] CHANDRASINH T J, MAHATME M C. Developement of horizontal IoT platform using DeviceHive framework[J]. International Journal on Recent and Innovation Trends in Computing and Communication, 2015, 3(5): 2574-2578.

[87] SINHA N, PUJITHA K E, ALEX J S R. Xively based sensing and monitoring system for IoT[C]// Proceedings of 2015 IEEE International Conference on Computer Communication and Informatics (ICCCI). Coimbatore, India: IEEE, 2015: 1-6.

[88] AZEEZ A, PERERA S, WEERAWARANA S, et al. WSO2 Stratos: An application stack to support cloud computing[J]. it-Information Technology Methoden und innovative Anwendungen der Informatik und Informationstechnik, 2011, 53(4): 180-187.

[89] LIEDKE J, MATTHIAS R, WINKLER L, et al. The collective self-reconfigurable modular organism (CoSMO)[C]// Proceedings of 2013 IEEE/ASME International Conference on Advanced Intelligent Mechatronics. Wollongong, New South Wales, Australia: IEEE, 2013: 1-6.

[90]   GANGULY P. Selecting the right IoT cloud platform[C]// Proceedings of 2016 IEEE International Conference on Internet of Things and Applications (IOTA). Pune, India: IEEE, 2016: 316-320.

[91]   BOTTA A, DE DONATO W, PERSICO V, et al. Integration of cloud computing and internet of things: A survey[J]. Future Generation Computer Systems, 2016, 56: 684-700.

[92]   LEE K, MURRAY D, HUGHES D, et al. Extending sensor networks into the Cloud using Amazon Web Services[C]// Proceedings of 2010 IEEE International Conference on Networked Embedded Systems for Enterprise Applications. Suzhou, China: IEEE, 2010: 1-7.

[93]   AGUZZI S, BRADSHAW D, CANNING M, et al. Definition of a research and innovation policy leveraging cloud computing and IoT combination[J]. Final Report, European Commission, SMART, 2014: 64-67.

[94]   SADIKU M N, WANG Y, CUI S, et al. Industrial Internet of Things[J]. International Journal of Advances in Scientific Research and Engineering, 2017, 3(11): 1-4.

[95]   COLLIER S E. The emerging enernet: Convergence of the smart grid with the Internet of Things[J]. IEEE Industry Applications Magazine, 2017, 23(2): 12-16.

[96]   CHEN M, MAO S, LIU Y. Big data: A survey[J]. Mobile Networks and Applications, 2014, 19(2): 171-209.

[97]   KANKANHALLI A, HAHN J, TAN S, et al. Big data and analytics in healthcare: Introduction to the special section[J]. Information Systems Frontiers, 2016, 18(2): 233-235.

[98]   SCHMARZO B. Big data: Understanding how data powers big business[M]. Hoboken, New Jersey, USA: John Wiley & Sons, 2013.

[99]   KIM G H, TRIMI S, CHUNG J H. Big-data applications in the government sector[J]. Communications of the ACM, 2014, 57(3): 78-85.

[100]   AL-SAI Z A, ABUALIGAH L M. Big data and E-government: A review[C]// Proceedings of 2017 IEEE 8th International Conference on Information Technology. Amman, Jordan: IEEE, 2017: 580-587.

[101]   HU H, WEN Y, CHUA T S, et al. Toward scalable systems for big data analytics: A technology tutorial[J]. IEEE Access, 2014, 2: 652-687.

[102]   GANTZ J, REINSEL D. Extracting value from chaos[R]. IDC IVIEW, 2011.

[103]   LANEY D. 3D data management: Controlling data volume, velocity and variety[J]. META Group Research Note, 2001, 6(70): 1.

[104]   ZIKOPOULOS P, EATON C. Understanding big data: Analytics for enterprise class hadoop and streaming data[M]. New York, NY, USA: McGraw-Hill Osborne Media, 2011.

[105]   MEIJER E. The world according to LINQ[J]. Queue, 2011, 9(8): 60.

[106]   MANYIKA J, CHUI M, BROWN B, et al. Big data: The next frontier for innovation, competition, and productivity[M]. Chicago, Illinois, USA: McKinsey Global Institute, 2011.

[107]   COOPER M, MELL P. Tackling big data[C]// Proceedings of Federal Computer Security Managers' Forum. North Bethesda, Maryland, USA: NIST, 2012: 728-729.

[108]   LOUKIDES M. What is data science?[M]. Sebastopol, California, USA: O'Reilly Media, Inc., 2011.

[109]   JACOBS A. The pathologies of big data[J]. Communications of the ACM, 2009, 52(8): 36-44.

[110]   GORODETSKY V. Big data: Opportunities, challenges and solutions[C]// Proceedings of 2014 10th International Conference on Information and Communication Technologies in Education, Research, and Industrial Applications (ICTERI). Kherson, Ukraine: Springer, 2014: 3-22.

[111]   STONEBRAKER M. What does "Big Data" mean? (part 2)[EB/OL]. https://mybusinessanalytics.blogspot.com/2009/08/applications-of-text-analytics.html. Online: 15-Aug-2009, accessed 10-Nov-2023.

[112] MCAFEE A, BRYNJOLFSSON E, DAVENPORT T H, et al. Big data: The management revolution[J]. Harvard Business Review, 2012, 90(10): 60-68.

[113] DELL EMC C. New digital universe study reveals big data gap less than 1% of world's data is analyzed less than 20% is protected[EB/OL]. https://www.dell.com/en-ca/dt/ corporate/newsroom/announcements/ 2012/12/20121211-01.htm. Online: 11-Dec-2012, accessed 10-Nov-2023.

[114] DAVID R, JOHN G, RYDNING J. Data age 2025: The evolution of data to life-critical—don't focus on big data; focus on the data that's big: White Paper[R]. International Data Corporation, 2017.

[115] SHARMA S, MANGAT V. Technology and trends to handle big data: Survey[C]// Proceedings of 2015 IEEE 5th International Conference on Advanced Computing & Communication Technologies. Haryana, India: IEEE, 2015: 266-271.

[116] EMANI C K, CULLOT N, NICOLLE C. Understandable big data: A survey[J]. Computer Science Review, 2015, 17: 70-81.

[117] GANDOMI A, HAIDER M. Beyond the hype: Big data concepts, methods, and analytics[J]. International Journal of Information Management, 2015, 35(2): 137-144.

[118] SHARMA S, TIM U S, WONG J, et al. A brief review on leading big data models[J]. Data Science Journal, 2014, 13: 138-157.

[119] CHENG X, FANG L, HONG X, et al. Exploiting mobile big data: Sources, features, and applications[J]. IEEE Network, 2017, 31(1): 72-79.

[120] NAVEEN J. Top 5 sources of big data[EB/OL]. https://www.allerin.com/blog/top-5-sources-of-big-data/. Online: 27-Nov-2017, accessed 10-Nov-2023.

[121] BLAZQUEZ D, DOMENECH J. Big data sources and methods for social and economic analyses[J]. Technological Forecasting and Social Change, 2018, 130: 99-113.

[122] DIJCKS J P. Oracle: Big data for the enterprise: White Paper[R]. Oracle Corporation Redwood, California, USA, 2012.

[123] MOHANTY S, JAGADEESH M, SRIVATSA H. "Big data" in the enterprise[M]// Big Data Imperatives. Berkeley, California, USA: Apress, 2013: 1-24.

[124] CHAN J O. An architecture for big data analytics[J]. Communications of the IIMA, 2013, 13(2): 1-14.

[125] SINGH J. Big data analytic and mining with machine learning algorithm[J]. International Journal of Information and Computation Technology, 2014, 4(1): 33-40.

[126] RAGHUPATHI W, RAGHUPATHI V. Big data analytics in healthcare: Promise and potential[J]. Health Information Science and Systems, 2014, 2(1): 1-10.

[127] AL HADWER A, GILLIS D, REZANIA D. Big data analytics for higher education in the cloud era[C]// Proceedings of 2019 IEEE 4th International Conference on Big Data Analytics (ICBDA). Suzhou, China: IEEE, 2019: 203-207.

[128] RESHMA N, RANJIT M, ARBAJ M, et al. Keyword based service recommendation system[J]. International Research Journal of Engineering and Technology, 2020, 7(4): 4222-4226.

[129] ERL T, KHATTAK W, BUHLER P. Big data fundamentals: Concepts, drivers & techniques[M]. Upper Saddle River, New Jersey, USA: Prentice Hall Press, 2016.

[130] SERVICES E E. Data science and big data analytics: Discovering, analyzing, visualizing and presenting data[M]. Hoboken, New Jersey, USA: Wiley, 2015.

[131] SORBER L, VAN BAREL M, DE LATHAUWER L. Structured data fusion[J]. IEEE Journal of Selected Topics in Signal Processing, 2015, 9(4): 586-600.

[132] BUNEMAN P, DAVIDSON S, FERNANDEZ M, et al. Adding structure to unstructured data[C]// Proceedings of 1997 6th International Conference on Database Theory (ICDT). Delphi, Greece: Springer, 1997: 336-350.

[133] BOULTON D, HAMMERSLEY M. Analysis of unstructured data[J]. Data Collection and Analysis, 2006, 2: 243-259.

[134] SHILAKES C C. Enterprise information portals[J]. Merrill Lynch in-depth report, 1998.

[135] GRIMES S. Unstructured data and the 80 percent rule: Investigating the 80%[R]. Carabridge Bridgepoints, 2008.

[136] SCHNEIDER C. The biggest data challenges that you might not even know you have[J]. IBM Watson, 2016.

[137] CHRISTINE T. Structured vs. unstructured data[EB/OL]. https://www.datamation.com/big-data/ structured-vs-unstructured-data/. Online: 09-Feb-2023, accessed 10-Nov-2023.

[138] CRAIG S. Text mining (text analytics)[EB/OL]. https://www.techtarget.com/searchbusinessanalytics/definition/text-mining/. Online: 01-Jun-2023, accessed 10-Nov-2023.

[139] ALBRIGHT R. Text mining with the SVD[EB/OL]. https://api.semanticscholar.org/CorpusID: 18827243. Online: 01-Mar-2004, accessed 10-Nov-2023.

[140] DESAI M. Application of Text Analysis[EB/OL]. https://mybusinessanalytics.blogspot.com/2009 /08/applications-of-text-analytics.html. Online: 15-Aug-2009, accessed 10-Nov-2023.

[141] CHAKRABORTY G, KRISHNA M. Analysis of unstructured data: Applications of text analytics and sentiment mining[C]// Proceedings of 2014 SAS Global Forum. Washington D.C., Washington, USA: SAS Institute Inc., 2014: 1288-2014.

[142] MA Q, LI H, THORSTENSON A. A big data-driven root cause analysis system: Application of machine learning in quality problem solving[J]. Computers & Industrial Engineering, 2021, 160: 1-16.

[143] ITO A, HAGSTRÖM M, BOKRANTZ J, et al. Improved root cause analysis supporting resilient production systems[J]. Journal of Manufacturing Systems, 2022, 64: 468-478.

[144] HOLZINGER A, STOCKER C, OFNER B, et al. Combining HCI, natural language processing, and knowledge discovery-potential of IBM content analytics as an assistive technology in the biomedical field[C]// International Workshop on Human-Computer Interaction and Knowledge Discovery in Complex, Unstructured, Big Data. Maribor, Slovenia: Springer, 2013: 13-24.

[145] BALDUCCI B, MARINOVA D. Unstructured data in marketing[J]. Journal of the Academy of Marketing Science, 2018, 46 (4): 557-590.

[146] MALONE R. Structuring Unstructured Data[EB/OL]. https://www.forbes.com/2007/04/04/ teradata-solution-software-biz-logistics-cx_rm_0405data.html. Online: 04-Apr-2007, accessed 10-Nov-2023.

[147] BOLLACKER K, TUFTS P, PIERCE T, et al. A platform for scalable, collaborative, structured information integration[C]// Proceedings of 2007 International Workshop on Information Integration on the Web (IIWeb). Menlo Park, California, USA: AAAI, 2007: 22-27.

[148] LIN C X, DING B, HAN J, et al. Text cube: Computing ir measures for multidimensional text database analysis[C]// Proceedings of 2008 IEEE 8th International Conference on Data Mining. Pisa, Italy: IEEE, 2008: 905-910.

[149] OUKID L, ASFARI O, BENTAYEB F, et al. CXT-cube: Contextual text cube model and aggregation operator for text OLAP[C]// Proceedings of 2013 ACM 16th International Workshop on Data Warehousing and OLAP. San Francisco, California, USA: ACM, 2013: 27-32.

[150] TAO F, ZHUANG H, YU C W, et al. Multi-dimensional, phrase-based summarization in text

cubes[J]. IEEE Data Engineering Bulletin, 2016, 39(3): 74-84.

[151]　COLLIER N, NAZARENKO A, BAUD R, et al. Recent advances in natural language processing for biomedical applications[J]. International Journal of Medical Informatics, 2006, 75(6): 413-417.

[152]　SHOARAN M, HAGHI B A, TAGHAVI M, et al. Energy-efficient classification for resource-constrained biomedical applications[J]. IEEE Journal on Emerging and Selected Topics in Circuits and Systems, 2018, 8(4): 693-707.

[153]　GONZALEZ G H, TAHSIN T, GOODALE B C, et al. Recent advances and emerging applications in text and data mining for biomedical discovery[J]. Briefings in Bioinformatics, 2016, 17(1): 33-42.

[154]　NALINIPRIYA G, GEETHA M, CRISTIN R, et al. Biomedical data mining for improved clinical diagnosis[M]. Amsterdam, Netherlands: Academic Press, 2021: 155-176.

[155]　SKUPIN A, BIBERSTINE J R, BÖRNER K. Visualizing the topical structure of the medical sciences: A self-organizing map approach[J]. PloS one, 2013, 8(3): 1-16.

[156]　KIELA D, GUO Y, STENIUS U, et al. Unsupervised discovery of information structure in biomedical documents[J]. Bioinformatics, 2015, 31(7): 1084-1092.

[157]　LIEM D A, MURALI S, SIGDEL D, et al. Phrase mining of textual data to analyze extracellular matrix protein patterns across cardiovascular disease[J]. American Journal of Physiology-Heart and Circulatory Physiology, 2018, 315(4): 910-924.

[158]　ABITEBOUL S. Querying semi-structured data[C]// Proceedings of 1997 International Conference on Database Theory (ICDT). Delphi, Greece: Springer, 1997: 1-18.

[159]　JAGADISH H V, GEHRKE J, LABRINIDIS A, et al. Big data and its technical challenges[J]. Communications of the ACM, 2014, 57(7): 86-94.

[160]　CHEN M, MAO S, ZHANG Y, et al. Big data: Related technologies, challenges and future prospects[M]. Cham, Switzerland: Springer, 2014.

[161]　NAJAFABADI M M, VILLANUSTRE F, KHOSHGOFTAAR T M, et al. Deep learning applications and challenges in big data analytics[J]. Journal of Big Data, 2015, 2(1): 1-21.

[162]　OUSSOUS A, BENJELLOUN F Z, LAHCEN A A, et al. Big data technologies: A survey[J]. Journal of King Saud University-Computer and Information Sciences, 2018, 30(4): 431-448.

[163]　KHAN N, YAQOOB I, HASHEM I A T, et al. Big data: Survey, technologies, opportunities, and challenges[J]. The Scientific World Journal, 2014, 2014: 1-18.

[164]　CHEN C P, ZHANG C Y. Data-intensive applications, challenges, techniques and technologies: A survey on big data[J]. Information Sciences, 2014, 275: 314-347.

[165]　NAHAR J, IMAM T, TICKLE K S, et al. Computational intelligence for heart disease diagnosis: A medical knowledge driven approach[J]. Expert Systems with Applications, 2013, 40(1): 96-104.

[166]　PARK B J, OH S K, PEDRYCZ W. The design of polynomial function-based neural network predictors for detection of software defects[J]. Information Sciences, 2013, 229: 40-57.

[167]　ZHOU L. Performance of corporate bankruptcy prediction models on imbalanced dataset: The effect of sampling methods[J]. Knowledge-based Systems, 2013, 41: 16-25.

[168]　CZARNECKI W M. Weighted tanimoto extreme learning machine with case study in drug discovery[J]. IEEE Computational Intelligence Magazine, 2015, 10(3): 19-29.

[169]　YU H, NI J, ZHAO J. ACOSampling: An ant colony optimization-based undersampling method for classifying imbalanced DNA microarray data[J]. Neurocomputing, 2013, 101: 309-318.

[170]　DEL RÍO S, LÓPEZ V, BENÍTEZ J M, et al. On the use of MapReduce for imbalanced big data using Random Forest[J]. Information Sciences, 2014, 285: 112-137.

[171]　WANG S, YAO X. Multiclass imbalance problems: Analysis and potential solutions[J]. IEEE Transactions on Systems, Man, and Cybernetics, Part B (Cybernetics), 2012, 42(4): 1119-1130.

[172] ZHOU L, FUJITA H. Posterior probability based ensemble strategy using optimizing decision directed acyclic graph for multi-class classification[J]. Information Sciences, 2017, 400: 142-156.

[173] ZHOU L, WANG Q, FUJITA H. One versus one multi-class classification fusion using optimizing decision directed acyclic graph for predicting listing status of companies[J]. Information Fusion, 2017, 36: 80-89.

[174] WANG H, XU Z, FUJITA H, et al. Towards felicitous decision making: An overview on challenges and trends of big data[J]. Information Sciences, 2016, 367: 747-765.

[175] TSAI C W, LAI C F, CHAO H C, et al. Big data analytics[M]. Cham, Switzerland: Springer, 2016: 13-52.

[176] PROVOST F, FAWCETT T. Data science and its relationship to big data and data-driven decision making[J]. Big Data, 2013, 1(1): 51-59.

[177] WATSON H J. Tutorial: Big data analytics: Concepts, technologies, and applications[J]. Communications of the Association for Information Systems, 2014, 34(1): 65.

[178] WILLIAMS S, WILLIAMS N. Assessing BI readiness: A key to BI ROI[J]. Business Intelligence Journal, 2004, 9: 15-23.

[179] WATSON H. This isn't your mother's BI architecture[J]. Business Intelligence Journal, 2012, 17(1): 4-6.

[180] SCHROECK M, SHOCKLEY R, SMART J, et al. Analytics: The real-world use of big data[J]. IBM Global Business Services, 2012, 12: 1-20.

[181] MILLS S, LUCAS S, IRAKLIOTIS L, et al. Demystifying big data: A practical guide to transforming the business of government[R]. TechAmerica Foundation, Washington, 2012.

[182] FRANKS B. Taming the big data tidal wave: Finding opportunities in huge data streams with advanced analytics[M]. Hoboken, New Jersey, USA: John Wiley & Sons, 2012.

[183] ROSE S. Telematics: How big data is transforming the auto insurance industry[J]. SAS Institute Inc., 2013.

[184] JAHROMI A T, STAKHOVYCH S, EWING M. Managing B2B customer churn, retention and profitability[J]. Industrial Marketing Management, 2014, 43(7): 1258-1268.

[185] BERRY M J, LINOFF G S. Data mining techniques: for marketing, sales, and customer relationship management[M]. Hoboken, New Jersey, USA: John Wiley & Sons, 2004.

[186] WALLER M A, FAWCETT S E. Data science, predictive analytics, and big data: A revolution that will transform supply chain design and management[J]. Journal of Business Logistics, 2013, 34(2): 77-84.

[187] VILAJOSANA I, LLOSA J, MARTINEZ B, et al. Bootstrapping smart cities through a self-sustainable model based on big data flows[J]. IEEE Communications Magazine, 2013, 51(6): 128-134.

[188] CHULIS K. Big data analytics for video, mobile, and social game monetization[R]. IBM Corporation, 2012.

[189] CATE F H, MAYER-SCHÖNBERGER V. Notice and consent in a world of big data[J]. International Data Privacy Law, 2013, 3(2): 67-73.

[190] LEWIS M. Moneyball: The art of winning an unfair game[M]. New York, NY, USA: W. W. Norton & Company, 2004.

[191] WATSON H J. All about analytics[J]. International Journal of Business Intelligence Research, 2013, 4(1): 13-28.

[192] CASADO R, YOUNAS M. Emerging trends and technologies in big data processing[J]. Concurrency and Computation: Practice and Experience, 2015, 27(8): 2078-2091.

[193] GHEMAWAT S, GOBIOFF H, LEUNG S T. The Google file system[C]// Proceedings of 2003 ACM 19th Symposium on Operating Systems Principles. Bolton Landing, New York, USA: ACM, 2003: 29-43.

[194] DEAN J, GHEMAWAT S. MapReduce: Simplified data processing on large clusters[C]// Proceedings of 2004 6th Conference on Symposium on Operating Systems Design & Implementation. San Francisco, California, USA: USENIX Association, 2004: 1-10.

[195] WHITE T. Hadoop: The definitive guide[M]. Sebastopol, California, USA: O'Reilly Media, Inc., 2012.

[196] BORTHAKUR D. The Hadoop distributed file system: Architecture and design[R]. Apache Software Foundation, 2007.

[197] GATES A, DAI J, NAIR T. Apache Pig's Optimizer[J]. IEEE Data Engineering Bulletin, 2013, 36(1): 34-45.

[198] BARBIERATO E, GRIBAUDO M, IACONO M. Modeling apache Hive based applications in big data architectures[C]// Proceedings of 2013 ICST 7th International Conference on Performance Evaluation Methodologies and Tools. Torino, Italy: ICST, 2013: 30-38.

[199] GROLINGER K, HAYES M, HIGASHINO W A, et al. Challenges for MapReduce in big data[C]// Proceedings of 2014 IEEE 10th World Congress on Services. Anchorage, Alaska, USA: IEEE, 2014: 182-189.

[200] BHUIYAN M A, AL HASAN M. An iterative MapReduce based frequent subgraph mining algorithm[J]. IEEE Transactions on Knowledge and Data Engineering, 2014, 27(3): 608-620.

[201] BU Y, HOWE B, BALAZINSKA M, et al. HaLoop: Efficient iterative data processing on large clusters[J]. Proceedings of the VLDB Endowment, 2010, 3(1): 285-296.

[202] ELNIKETY E, ELSAYED T, RAMADAN H E. iHadoop: Asynchronous iterations for MapReduce[C]// Proceedings of 2011 IEEE 3rd International Conference on Cloud Computing Technology and Science. Athens, Greece: IEEE, 2011: 81-90.

[203] EKANAYAKE J, LI H, ZHANG B, et al. Twister: A runtime for iterative MapReduce[C]// Proceedings of 2010 ACM 19th International Symposium on High Performance Distributed Computing. Chicago, Illinois, USA: ACM, 2010: 810-818.

[204] NEUMEYER L, ROBBINS B, NAIR A, et al. S4: Distributed stream computing platform[C]// Proceedings of 2010 IEEE International Conference on Data Mining Workshops. Sydney, New South Wales, Australia: IEEE, 2010: 170-177.

[205] TOSHNIWAL A, TANEJA S, SHUKLA A, et al. Storm@ twitter[C]// Proceedings of 2014 ACM SIGMOD International Conference on Management of Data. Snowbird, Utah, USA: ACM, 2014: 147-156.

[206] HOFFMAN S. Apache Flume: Distributed log collection for Hadoop[M]. Birmingham, UK: Packt Publishing Ltd., 2013.

[207] THEIN K. Apache Kafka: Next generation distributed messaging system[J]. International Journal of Scientific Engineering and Technology Research, 2014, 3(47): 9478-9483.

[208] NOGHABI S A, PARAMASIVAM K, PAN Y, et al. Samza: Stateful scalable stream processing at LinkedIn[J]. Proceedings of the VLDB Endowment, 2017, 10(12): 1634-1645.

[209] AKIDAU T, BALIKOV A, BEKIROĞLU K, et al. MillWheel: Fault-tolerant stream processing at Internet scale[J]. Proceedings of the VLDB Endowment, 2013, 6(11): 1033-1044.

[210] MARZ N, WARREN J. Big data: Principles and best practices of scalable real-time data systems[M]. New York, NY, USA: Simon and Schuster, 2015.

[211] DEMCHENKO Y, GROSSO P, DE LAAT C, et al. Addressing big data issues in Scientific Data

infrastructure[C]// Proceedings of 2013 IEEE International Conference on Collaboration Technologies and Systems (CTS). San Diego, California, USA: IEEE, 2013: 48-55.

[212] DEMCHENKO Y, DE LAAT C, MEMBREY P. Defining architecture components of the big data ecosystem[C]// Proceedings of 2014 IEEE International Conference on Collaboration Technologies and Systems (CTS). Minneapolis, Minnesota, USA: IEEE, 2014: 104-112.

[213] ALLARD S. DataONE: Facilitating eScience through collaboration[J]. Journal of eScience Librarianship, 2012, 1(1): 4-17.

[214] SHVACHKO K, KUANG H, RADIA S, et al. The Hadoop distributed file system[C]// Proceedings of 2010 IEEE 26th Symposium on Mass Storage Systems and Technologies (MSST). Incline Village, Nevada, USA: IEEE, 2010: 1-10.

[215] TING K, CECHO J J. Apache Sqoop cookbook: Unlocking hadoop for your relational database[M]. Sebastopol, California, USA: O'Reilly Media, Inc., 2013.

[216] VORA M N. Hadoop-HBase for large-scale data[C]// Proceedings of 2011 IEEE International Conference on Computer Science and Network Technology. Harbin, China: IEEE, 2011: 601-605.

[217] WU D, SAKR S, ZHU L. Big data programming models[M]. Cham, Switzerland: Springer, 2017: 31-63.

[218] CASTRO M, DRUSCHEL P, KERMARREC A M, et al. SCRIBE: A large-scale and decentralized application-level multicast infrastructure[J]. IEEE Journal on Selected Areas in Communications, 2002, 20(8): 1489-1499.

[219] ZAHARIA M, CHOWDHURY M, FRANKLIN M J, et al. Spark: Cluster computing with working sets[J]. HotCloud, 2010, 10(10): 95.

[220] XIN R S, ROSEN J, ZAHARIA M, et al. Shark: SQL and rich analytics at scale[C]// Proceedings of 2013 ACM SIGMOD International Conference on Management of Data. New York, NY, USA: ACM, 2013: 13-24.

[221] IQBAL M H, SOOMRO T R. Big data analysis: Apache storm perspective[J]. International Journal of Computer Trends and Technology, 2015, 19(1): 9-14.

[222] BARGA R, JACKSON J, ARAUJO N, et al. The Trident scientific workflow workbench[C]// Proceedings of 2008 IEEE 4th International Conference on eScience. Indianapolis, Indiana, USA: IEEE, 2008: 317-318.

[223] STOUT L, MURPHY M A, GOASGUEN S. Kestrel: An XMPP-based framework for many task computing applications[C]// Proceedings of 2009 ACM 2nd Workshop on Many-Task Computing on Grids and Supercomputers. Portland, Oregon, USA: ACM, 2009: 1-6.

[224] ZAHARIA M, XIN R S, WENDELL P, et al. Apache Spark: A unified engine for big data processing[J]. Communications of the ACM, 2016, 59(11): 56-65.

[225] CASADO R. Lambdoop: A framework for easy development of big data applications[R]. NoSQL Matters, 2013.

[226] SANKARADAS M, COVIELLO G, CHAKRADHAR S, et al. LambdaLib: In-memory view management and query processing library for realizing portable, real-time big data applications: US20160300157A1[P/OL]. 2016. https://patents.google.com/patent/US20160300157A1/en/.

[227] BOYKIN O, RITCHIE S, O'CONNELL I, et al. Summingbird: A framework for integrating batch and online MapReduce computations[J]. Proceedings of the VLDB Endowment, 2014, 7(13): 1441-1451.

[228] LIU Z, MINGYU W. The application of Summingbird cloud computing platform in energy Internet[J]. Computer Science and Application, 2015, 5(12): 464-471.

[229] PATEL A B, BIRLA M, NAIR U. Addressing big data problem using Hadoop and MapReduce[C]//

Proceedings of 2012 IEEE Nirma University International Conference on Engineering. Ahmedabad, India: IEEE, 2012: 1-5.

[230] CHANDARANA P, VIJAYALAKSHMI M. Big data analytics frameworks[C]// Proceedings of 2014 International Conference on Circuits, Systems, Communication and Information Technology Applications. Mumbai, India: IEEE, 2014: 430-434.

[231] SIDDIQA A, HASHEM I A T, YAQOOB I, et al. A survey of big data management: Taxonomy and state-of-the-art[J]. Journal of Network and Computer Applications, 2016, 71: 151-166.

[232] TAN P N, STEINBACH M, KUMAR V. Introduction to data mining[M]. Chennai, India: Pearson Education India, 2016.

[233] BUZA K, NAGY G I, NANOPOULOS A. Storage-optimizing clustering algorithms for high-dimensional tick data[J]. Expert Systems with Applications, 2014, 41(9): 4148-4157.

[234] BUZA K, BUZA A, KIS P B. A distributed genetic algorithm for graph-based clustering[M]// Man-Machine Interactions 2. Advances in Intelligent and Soft Computing. Berlin, Heidelberg, Germany: Springer, 2011: 323-331.

[235] ZHAO W, MA H, HE Q. Parallel k-means clustering based on MapReduce[C]// Proceedings of 2009 International Conference on Cloud Computing. Beijing, China: Springer, 2009: 674-679.

[236] KARABOGA D, OZTURK C. A novel clustering approach: Artificial Bee Colony (ABC) algorithm[J]. Applied Soft Computing, 2011, 11(1): 652-657.

[237] AZEEM R, KHAN M I A. Techniques about data replication for mobile ad-hoc network databases[J]. International Journal Of Multidisciplinary Sciences And Engineering, 2012, 3(5): 53-57.

[238] SPAHO E, BAROLLI L, XHAFA F, et al. P2P data replication and trustworthiness for a JXTA-Overlay P2P system using fuzzy logic[J]. Applied Soft Computing, 2013, 13(1): 321-328.

[239] SUN D W, CHANG G R, GAO S, et al. Modeling a dynamic data replication strategy to increase system availability in cloud computing environments[J]. Journal of Computer Science and Technology, 2012, 27(2): 256-272.

[240] GANI A, SIDDIQA A, SHAMSHIRBAND S, et al. A survey on indexing techniques for big data: Taxonomy and performance evaluation[J]. Knowledge and Information Systems, 2016, 46(2): 241-284.

[241] WANG M, HOLUB V, MURPHY J, et al. High volumes of event stream indexing and efficient multi-keyword searching for cloud monitoring[J]. Future Generation Computer Systems, 2013, 29(8): 1943-1962.

[242] PAUL A, CHEN B W, BHARANITHARAN K, et al. Video search and indexing with reinforcement agent for interactive multimedia services[J]. ACM Transactions on Embedded Computing Systems, 2013, 12(2): 25.

[243] PARK H W, YEO I Y, LEE J R, et al. Study on big data center traffic management based on the separation of large-scale data stream[C]// Proceedings of 2013 IEEE 7th International Conference on Innovative Mobile and Internet Services in Ubiquitous Computing. Taichung, Taiwan, China: IEEE, 2013: 591-594.

[244] KACHRIS C, TOMKOS I. The rise of optical interconnects in data centre networks[C]// Proceedings of 2012 IEEE 14th International Conference on Transparent Optical Networks (ICTON). Coventry, UK: IEEE, 2012: 1-4.

[245] HAN J, KAMBER M, MINING D. Concepts and techniques[J]. Morgan Kaufmann, 2006, 340: 94104-3205.

[246] MALETIC J I, MARCUS A. Data cleansing: Beyond integrity analysis[C]// Proceedings of 2000

Conference on Information Quality (IQ). Cambridge, Massachusetts, USA: MIT, 2000: 200-209.

[247] ZHAO Z, NG W. A model-based approach for RFID data stream cleansing[C]// Proceedings of 2012 ACM 21st International Conference on Information and Knowledge Management. Maui, Hawaii, USA: ACM, 2012: 862-871.

[248] RUSSOM P. Big data analytics[J]. TDWI best practices report, fourth quarter, 2011, 19(4): 1-34.

[249] CANDELA L, CASTELLI D, PAGANO P. Managing big data through hybrid data infrastructures[J]. ERCIM News, 2012, 89: 37-38.

[250] ESTIVILL-CASTRO V. Why so many clustering algorithms: A position paper[J]. ACM SIGKDD explorations newsletter, 2002, 4(1): 65-75.

[251] CHEN J, CHEN Y, DU X, et al. Big data challenge: A data management perspective[J]. Frontiers of Computer Science, 2013, 7(2): 157-164.

[252] MICHAEL K, MILLER K W. Big data: New opportunities and new challenges [guest editors' introduction][J]. Computer, 2013, 46(6): 22-24.

[253] TALIA D. Clouds for scalable big data analytics[J]. Computer, 2013, 46(5): 98-101.

[254] BEGOLI E, HOREY J. Design principles for effective knowledge discovery from big data[C]// Proceedings of 2012 Joint Working IEEE/IFIP Conference on Software Architecture and European Conference on Software Architecture. Helsinki, Finland: IEEE, 2012: 215-218.

[255] O'LEARY D E. Artificial intelligence and big data[J]. IEEE Intelligent Systems, 2013, 28(2): 96-99.

[256] KARIM A, ALI SHAH S A, SALLEH R B, et al. Mobile botnet attacks-an emerging threat: Classification, review and open issues[J]. KSII Transactions on Internet and Information Systems, 2015, 9(4): 1471-1492.

[257] GREENWALD G. NSA collecting phone records of millions of Verizon customers daily[J]. The Guardian, 2013, 6(6): 1-5.

[258] GREENWALD G, MACASKILL E. NSA Prism program taps into user data of Apple, Google and others[J]. The Guardian, 2013, 7(6): 1-43.

[259] RUBINSTEIN I S. Big data: The end of privacy or a new beginning?[J]. International Data Privacy Law, 2013, 3(2): 74-87.

[260] TENE O, POLONETSKY J. Big data for all: Privacy and user control in the age of analytics[J]. Northwestern Journal of Technology and Intellectual Property, 2013, 11(5): 238-273.

[261] WRIGHT D, DE HERT P. Introduction to privacy impact assessment[M]// Privacy Impact Assessment. Dordrecht, Netherlands: Springer, 2012: 3-32.

[262] AGRAWAL D, AGGARWAL C C. On the design and quantification of privacy preserving data mining algorithms[C]// Proceedings of 2001 ACM 20th SIGMOD-SIGACT-SIGART Symposium on Principles of Database Systems. Santa Barbara, California, USA: ACM, 2001: 247-255.

[263] SQUICCIARINI A, SUNDARESWARAN S, LIN D. Preventing information leakage from indexing in the cloud[C]// Proceedings of 2010 IEEE 3rd International Conference on Cloud Computing. Miami, Florida, USA: IEEE, 2010: 188-195.

[264] ZHANG X, LIU C, NEPAL S, et al. Privacy-preserving layer over MapReduce on cloud[C]// Proceedings of 2012 IEEE 2nd International Conference on Cloud and Green Computing. Xiangtan, China: IEEE, 2012: 304-310.

[265] ZHANG X, LIU C, NEPAL S, et al. A privacy leakage upper bound constraint-based approach for cost-effective privacy preserving of intermediate data sets in cloud[J]. IEEE Transactions on Parallel and Distributed Systems, 2013, 24(6): 1192-1202.

[266] VAN DEN BROECK J, MACKAY M, MPONTSHANE N, et al. Maintaining data integrity in a rural clinical trial[J]. Clinical Trials, 2007, 4(5): 572-582.

[267] XU Q, LIU G. Configuring Clark-Wilson integrity model to enforce flexible protection[C]// Proceedings of 2009 IEEE International Conference on Computational Intelligence and Security: Vol. 2. Beijing, China: IEEE, 2009: 15-20.

[268] CLARK D D, WILSON D R. A comparison of commercial and military computer security policies[C]// Proceedings of 1987 IEEE Symposium on Security and Privacy. Oakland, California, USA: IEEE, 1987: 184-184.

[269] SANDHU R S. On five definitions of data integrity[C]// Proceedings of the IFIP WG11.3 Workshop on Database Security (DBSec). Lake Guntersville, Alabama, USA: International Federation for Information Processing, 1993: 257-267.

[270] COURTNEY R, WARE W. Some informal comments about integrity and the integrity workshop[C]// Proceedings of the Invitational Workshop on Data Integrity (Ruthberg, ZG and Polk, WT, editors), National Institute of Standards and Technology, Special Publication. Gaithersburg, Maryland, USA: NIST, 1989: SP500-168.

[271] SANDHU R S, JAJODIA S. Integrity mechanisms in database management systems[C]// Proceedings of 1990 13th NIST-NCSC National Computer Security Conference. Gaithersburg, Maryland, USA: NIST, 1990: 526-540.

[272] BACIC E M. The Canadian trusted computer product evaluation criteria[C]// Proceedings of 1990 IEEE 6th Annual Computer Security Applications Conference. Tucson, Arizona, USA: IEEE, 1990: 188-196.

[273] GEHRKE M, PFITZMANN A, RANNENBERG K. Information technology security evaluation criteria (ITSEC)-a contribution to vulnerability?[C]// Proceedings of 1992 IFIP 12th World Computer Congress on Education and Society—Informatioin Proccessing. Laxenburg, Austria: IFIP, 1992: 579-587.

[274] BIBA K J. Integrity considerations for secure computer systems[R]. MITRE CORP BEDFORD MA, 1977.

[275] ZHANG M. Strict integrity policy of Biba model with dynamic characteristics and its correctness[C]// Proceedings of 2009 IEEE International Conference on Computational Intelligence and Security: Vol. 1. Beijing, China: IEEE, 2009: 521-525.

[276] PRIYADHARSHINI B, PARVATHI P. Data integrity in cloud storage[C]// Proceedings of 2012 IEEE International conference on Advances in Engineering, Science and Management (ICAESM). Nagapattinam, India: IEEE, 2012: 261-265.

[277] XU L, SUN D, LIU D. Study on methods for data confidentiality and data integrity in relational database[C]// Proceedings of 2010 IEEE 3rd International Conference on Computer Science and Information Technology. Chengdu, China: IEEE, 2010: 292-295.

[278] SCHNEIER B, KELSEY J, WHITING D, et al. The Twofish encryption algorithm: A 128-bit block cipher[M]. Hoboken, New Jersey, USA: John Wiley & Sons, Inc., 1999.

[279] FLUHRER S, MANTIN I, SHAMIR A. Weaknesses in the key scheduling algorithm of RC4[C]// Proceedings of 2001 8th International Workshop on Selected Areas in Cryptography. Toronto, Ontario, Canada: Springer, 2001: 1-24.

[280] KNUDSEN L R, RIJMEN V, RIVEST R L, et al. On the design and security of RC2[C]// Proceedings of 1998 5th International Workshop on Fast Software Encryption. Paris, France: Springer, 1998: 206-221.

[281] ZHANG Y, LIU W, CAO S, et al. Digital image encryption algorithm based on chaos and improved DES[C]// Proceedings of 2009 IEEE International Conference on Systems, Man and Cybernetics. San Antonio, Texas, USA: IEEE, 2009: 474-479.

[282] STANDAERT F X, ROUVROY G, QUISQUATER J J. FPGA implementations of the DES and Triple-DES masked against power analysis attacks[C]// Proceedings of 2006 International Conference on Field Programmable Logic and Applications. Madrid, Spain: IEEE, 2006: 1-4.

[283] THAKUR J, KUMAR N. DES, AES and Blowfish: Symmetric key cryptography algorithms simulation based performance analysis[J]. International Journal of Emerging Technology and Advanced Engineering, 2011, 1(2): 6-12.

[284] KUMAR M A, KARTHIKEYAN S. Investigating the efficiency of Blowfish and Rejindael (AES) algorithms[J]. International Journal of Computer Network and Information Security, 2012, 4(2): 22.

[285] MEROUFEL B, BELALEM G. Managing data replication and placement based on availability[J]. AASRI Procedia, 2013, 5: 147-155.

[286] WU Y. Network big data: A literature survey on stream data mining[J]. Journal of Software, 2014, 9(9): 2427-2434.

[287] KARIM A, SHAH S A A, SALLEH R. Mobile botnet attacks: A thematic taxonomy[M]// New Perspectives in Information Systems and Technologies, Volume 2. Advances in Intelligent Systems and Computing. Cham, Switzerland: Springer, 2014: 153-164.

[288] KARIM A, SALLEH R B, SHIRAZ M, et al. Botnet detection techniques: Review, future trends, and issues[J]. Journal of Zhejiang University SCIENCE C, 2014, 15(11): 943-983.

[289] 施巍松, 张星洲, 王一帆, 等. 边缘计算: 现状与展望 [J]. 计算机研究与发展, 2019, 56(1): 69-89.

[290] TALEB T, SAMDANIS K, MADA B, et al. On multi-access edge computing: A survey of the emerging 5G network edge cloud architecture and orchestration[J]. IEEE Communications Surveys & Tutorials, 2017, 19(3): 1657-1681.

[291] 谢晓燕, 钱宇, 王丽. 一种基于云模型的组合服务选择方法 [J]. 西安邮电大学学报, 2016, 12(6): 114-117.

[292] 罗军舟, 何源, 张兰, 等. 云端融合的工业互联网体系结构及关键技术 [J]. 中国科学: 信息科学, 2020, 50(2): 195-220.

[293] ZHANG Y, CHEN X, LI J, et al. Ensuring attribute privacy protection and fast decryption for outsourced data security in mobile cloud computing[J]. Information Sciences, 2017, 379: 42-61.

[294] MORENO-VOZMEDIANO R, HUEDO E, MONTERO R S, et al. A disaggregated cloud architecture for edge computing[J]. IEEE Internet Computing, 2019, 23(3): 31-36.

[295] VARGHESE B, WANG N, BARBHUIYA S, et al. Challenges and opportunities in edge computing[C]// Proceedings of 2016 IEEE International Conference on Smart Cloud. New York, NY, USA: IEEE, 2016: 20-26.

[296] SATYANARAYANAN M. The emergence of edge computing[J]. Computer, 2017, 50(1): 30-39.

[297] AGIWAL M, ROY A, SAXENA N. Next generation 5G wireless networks: A comprehensive survey[J]. IEEE Communications Surveys & Tutorials, 2016, 18(3): 1617-1655.

[298] ANAND A, DE VECIANA G, SHAKKOTTAI S. Joint scheduling of URLLC and eMBB traffic in 5G wireless networks[J]. IEEE/ACM Transactions on Networking, 2020, 28(2): 477-490.

[299] ALAM M, ZHANG Q. Novel codebook-based MC-CDMA with compressive sensing multiuser detection for sporadic mMTC[C]// Proceedings of 2018 IEEE Globecom Workshops. Abu Dhabi, United Arab Emirates: IEEE, 2018: 1-6.

[300] RAO J, VRZIC S. Packet duplication for URLLC in 5G: Architectural enhancements and performance analysis[J]. IEEE Network, 2018, 32(2): 32-40.

[301] 冯怡, 李鑫, 江奎, 等. 物联网发展逻辑与商业模式创新 [J]. 通信企业管理, 2020, 397(5): 38-42.

[302] QIU T, CHI J, ZHOU X, et al. Edge computing in industrial Internet of Things: Architecture,

advances and challenges[J]. IEEE Communications Surveys & Tutorials, 2020, 22(4): 2462-2488.

[303] DAO N N, LEE Y, CHO S, et al. Multi-tier multi-access edge computing: The role for the fourth industrial revolution[C]// Proceedings of 2017 IEEE International Conference on Information and Communication Technology Convergence (ICTC). Jeju, South Korea: IEEE, 2017: 1280-1282.

[304] CHEN Q, XU X, JIANG H, et al. An energy-aware approach for Industrial Internet of Things in 5G pervasive edge computing environment[J]. IEEE Transactions on Industrial Informatics, 2020, 17(7): 5087-5097.

[305] LIANG F, YU W, LIU X, et al. Toward edge-based deep learning in Industrial Internet of Things[J]. IEEE Internet of Things Journal, 2020, 7(5): 4329-4341.

[306] GAO Y, CHEN Y, HU X, et al. Blockchain based IIoT data sharing framework for SDN-enabled pervasive edge computing[J]. IEEE Transactions on Industrial Informatics, 2020, 17(7): 5041-5049.

[307] 刘文强, 峦群, 王星. 从零起步到智能网联: 新中国 70 年汽车产业政策回顾与展望 [J]. 经济纵横, 2019, 10: 42-52.

[308] CUI L, CHEN Z, YANG S, et al. A blockchain-based containerized edge computing platform for the Internet of Vehicles[J]. IEEE Internet of Things Journal, 2020, 8(4): 2395-2408.

[309] WANG G, XU F, ZHAO C. QoS-enabled resource allocation algorithm in Internet of vehicles with mobile edge computing[J]. IET Communications, 2020, 14(14): 2326-2333.

[310] NING Z, ZHANG K, WANG X, et al. Intelligent edge computing in Internet of Vehicles: A joint computation offloading and caching solution[J]. IEEE Transactions on Intelligent Transportation Systems, 2020, 22(4): 2212-2225.

[311] FANG Z, XU X, DAI F, et al. Computation offloading and content caching with traffic flow prediction for Internet of Vehicles in edge computing[C]// Proceedings of 2020 IEEE 27th International Conference on Web Services (ICWS). Beijing, China: IEEE, 2020: 380-388.

[312] WAN S, GU R, UMER T, et al. Toward offloading Internet of Vehicles applications in 5G networks[J]. IEEE Transactions on Intelligent Transportation Systems, 2021, 22(7): 4151-4159.

[313] 赵梓铭, 刘芳, 蔡志平, 等. 边缘计算: 平台、应用与挑战 [J]. 计算机研究与发展, 2018, 55(2): 327-337.

[314] DALLA CIA M, MASON F, PERON D, et al. Using smart city data in 5G self-organizing networks[J]. IEEE Internet of Things Journal, 2017, 5(2): 645-654.

[315] RAO S K, PRASAD R. Impact of 5G technologies on smart city implementation[J]. Wireless Personal Communications, 2018, 100(1): 161-176.

[316] RAHMANI A M, GIA T N, NEGASH B, et al. Exploiting smart e-health gateways at the edge of healthcare Internet of Things: A fog computing approach[J]. Future Generation Computer Systems, 2018, 78: 641-658.

[317] QIAO X, REN P, DUSTDAR S, et al. A new era for web AR with mobile edge computing[J]. IEEE Internet Computing, 2018, 22(4): 46-55.

[318] ALNOMAN A, SHARMA S K, EJAZ W, et al. Emerging edge computing technologies for distributed IoT systems[J]. IEEE Network, 2019, 33(6): 140-147.

[319] TU Y, DONG Z, YANG H. Key technologies and application of edge computing[J]. ZTE Communications, 2017, 15(2): 26-34.

[320] YANG S, SON S, CHOI M J, et al. Performance improvement of apache storm using InfiniBand RDMA[J]. The Journal of Supercomputing, 2019, 75(10): 6804-6830.

[321] HAN K, LI S, TANG S, et al. Application-driven end-to-end slicing: When wireless network virtualization orchestrates with NFV-based mobile edge computing[J]. IEEE Access, 2018, 6: 26567-26577.

[322] ZHANG H, LIU N, CHU X, et al. Network slicing based 5G and future mobile networks: Mobility,

resource management, and challenges[J]. IEEE Communications Magazine, 2017, 55(8): 138-145.

[323] ROMAN R, LOPEZ J, MAMBO M. Mobile edge computing, fog: A survey and analysis of security threats and challenges[J]. Future Generation Computer Systems, 2018, 78: 680-698.

[324] DU M, WANG K, CHEN Y, et al. Big data privacy preserving in multi-access edge computing for heterogeneous Internet of Things[J]. IEEE Communications Magazine, 2018, 56(8): 62-67.

[325] TRAN T X, HAJISAMI A, PANDEY P, et al. Collaborative mobile edge computing in 5G networks: New paradigms, scenarios, and challenges[J]. IEEE Communications Magazine, 2017, 55(4): 54-61.

[326] 田小梦. 百度全力部署边缘计算应用推行 "ABC" 战略 [J]. 通信世界, 2019, 11: 46.

[327] MELO C, DANTAS J, OLIVEIRA A, et al. Availability models for hyper-converged cloud computing infrastructures[C]// Proceedings of 2018 Annual IEEE International Systems Conference. Vancouver, British Columbia, Canada: IEEE, 2018: 1-7.

[328] LIANG J, LIU F, LI S, et al. A comparative research on open source edge computing systems[C]// Proceedings of 2019 5th International Conference on Artificial Intelligence and Security (ICAIS). New York, NY, USA: Springer, 2019: 157-170.

[329] MEDEL V, TOLOSANA-CALASANZ R, BAÑARES J Á, et al. Characterising resource management performance in Kubernetes[J]. Computers & Electrical Engineering, 2018, 68: 286-297.

[330] XIONG Y, SUN Y, XING L, et al. Extend cloud to edge with KubeEdge[C]// Proceedings of 2018 IEEE/ACM Symposium on Edge Computing (SEC). Seattle, Washington, USA: IEEE, 2018: 373-377.

[331] YU Y. Mobile edge computing towards 5G: Vision, recent progress, and open challenges[J]. China Communications, 2016, 13(Supplement2): 89-99.

[332] LONG X, WU J, CHEN L. Energy-efficient offloading in mobile edge computing with edge-cloud collaboration[C]// Proceedings of 2018 18th International Conference on Algorithms and Architectures for Parallel Processing (ICA3PP). Guangzhou, China: Springer, 2018: 460-475.

[333] MASTORAKIS S, MTIBAA A. Towards service discovery and invocation in data-centric edge networks[C]// Proceedings of 2019 IEEE 27th International Conference on Network Protocols (ICNP). Chicago, Illinois, USA: IEEE, 2019: 1-6.

[334] MACH P, BECVAR Z. Mobile edge computing: A survey on architecture and computation offloading[J]. IEEE Communications Surveys & Tutorials, 2017, 19(3): 1628-1656.

[335] WANG Z, ZHAO Z, MIN G, et al. User mobility aware task assignment for mobile edge computing[J]. Future Generation Computer Systems, 2018, 85: 1-8.

[336] 施巍松, 孙辉, 曹杰, 等. 边缘计算: 万物互联时代新型计算模型 [J]. 计算机研究与发展, 2017, 54(5): 907-924.

[337] ZHANG J, WU Z, XIE W, et al. MEC architectures in 4G and 5G mobile networks[C]// Proceedings of 2018 IEEE 10th International Conference on Wireless Communications and Signal Processing (WCSP). Hangzhou, China: IEEE, 2018: 1-5.

[338] HOGLUND A, LIN X, LIBERG O, et al. Overview of 3GPP release 14 enhanced NB-IoT[J]. IEEE network, 2017, 31(6): 16-22.

[339] 吕华章, 陈丹, 范斌, 等. 边缘计算标准化进展与案例分析 [J]. 计算机研究与发展, 2018, 55(3): 487-511.

[340] VARGHESE B, AKGUN O, MIGUEL I, et al. Cloud benchmarking for maximising performance of scientific applications[J]. IEEE Transactions on Cloud Computing, 2016, 7(1): 170-182.

[341] ESPOSITO C, CASTIGLIONE A, POP F, et al. Challenges of connecting edge and cloud computing: A security and forensic perspective[J]. IEEE Cloud Computing, 2017, 4(2): 13-17.

[342] 邢苗, 张建刚. 五大发展理念下产业结构转型升级评价指标体系构建与测评 [J]. 中国市场, 2017, 32: 16-21.

[343] MADRIA S, KUMAR V, DALVI R. Sensor cloud: A cloud of virtual sensors[J]. IEEE Software, 2014, 31(2): 70-77.

[344] OLARIU S, WADA A, WILSON L, et al. Wireless sensor networks: Leveraging the virtual infrastructure[J]. IEEE Network, 2004, 18(4): 51-56.

[345] GAO C, TIAN Z, CHEN Y, et al. A cost-efficient virtual sensor management scheme for manufacturing network in smart factory[J]. Journal of Information Science & Engineering, 2019, 35(5): 1075-1097.

[346] STEVENS S S. On the theory of scales of measurement[J]. Science, 1946, 103(2684): 677-680.

[347] KIRCH W. Scale of measurement[M/OL]. Dordrecht: Springer Netherlands, 2008: 1279-1279. https://doi.org/10.1007/978-1-4020-5614-7_3099.

[348] KIRCH W. Level of measurement[M/OL]. Dordrecht: Springer Netherlands, 2008: 851-852. https://doi.org/10.1007/978-1-4020-5614-7_1971.

[349] KRUSKAL J B. On the shortest spanning subtree of a graph and the traveling salesman problem[J]. Proceedings of the American Mathematical Society, 1956, 7(1): 48-50.

[350] NESETRIL J, MILKOVA E, NESETRILOVA H. Otakar Boruvka on minimum spanning tree problem translation of both the 1926 papers, comments, history[J]. Discrete Mathematics, 2001, 233(1-3): 3-36.

[351] PRIM R C. Shortest connection networks and some generalizations[J]. The Bell System Technical Journal, 1957, 36(6): 1389-1401.

[352] NSNAM. NS3 Network Simulator[EB/OL]. https://www.nsnam.org. Online: latest 27-Sep-2023, accessed 10-Nov-2023.

[353] WANG J, ZUO L, SHEN J, et al. Multiple mobile sink-based routing algorithm for data dissemination in wireless sensor networks[J]. Concurrency and Computation: Practice and Experience, 2015, 27(10): 2656-2667.

[354] KIANI F. Animal behavior management by energy-efficient wireless sensor networks[J]. Computers and Electronics in Agriculture, 2018, 151: 478-484.

[355] KUMAR P, KUMARI S, SHARMA V, et al. A certificateless aggregate signature scheme for healthcare wireless sensor network[J]. Sustainable Computing: Informatics and Systems, 2018, 18: 80-89.

[356] AL-MOUSAWI A J, AL-HASSANI H K. A survey in wireless sensor network for explosives detection[J]. Computers & Electrical Engineering, 2017.

[357] LEE J, KIM L, KWON T. Flexicast: Energy-efficient software integrity checks to build secure industrial wireless active sensor networks[J]. IEEE Transactions on Industrial Informatics, 2016, 12(1): 6-14.

[358] JAISWAL K, ANAND V. EOMR: An energy-efficient optimal multi-path routing protocol to improve QoS in wireless sensor network for IoT applications[J]. Wireless Personal Communications, 2019, 111: 2493-2515.

[359] GERALDO FILHO P, VILLAS L A, FREITAS H, et al. ResiDI: Towards a smarter smart home system for decision-making using wireless sensors and actuators[J]. Computer Networks, 2018, 135: 54-69.

[360] AYADI A, GHORBEL O, OBEID A M, et al. Outlier detection approaches for wireless sensor networks: A survey[J]. Computer Networks, 2017, 129: 319-333.

[361] YANG Z, MERATNIA N, HAVINGA P. An online outlier detection technique for wireless sen-

sor networks using unsupervised quarter-sphere support vector machine[C]// Proceedings of 2008 IEEE 4th International Conference on Intelligent Sensors, Sensor Networks and Information Processing (ISSNIP). Sydney, New South Wales, Australia: IEEE, 2008: 151-156.

[362] CHANDOLA V, BANERJEE A, KUMAR V. Outlier detection: A survey[J]. ACM Computing Surveys (CSUR), 2009, 41(3): 1-83.

[363] LUO T, NAGARAJANY S G. Distributed anomaly detection using autoencoder neural networks in WSN for IoT[C]// Proceedings of 2018 IEEE International Conference on Communications (ICC). Kansas, Missouri, USA: IEEE, 2018: 1-6.

[364] ZHANG Y, MERATNIA N, HAVINGA P J. Outlier detection techniques for wireless sensor networks: A survey[J]. IEEE Communications Surveys and Tutorials, 2010, 12(2): 159-170.

[365] FERRARI P, RINALDI S, SISINNI E, et al. Performance evaluation of full-cloud and edge-cloud architectures for Industrial IoT anomaly detection based on deep learning[C]// Proceedings of 2019 IEEE 2nd Workshop on Metrology for Industry 4.0 and IoT (MetroInd 4.0 & IoT). Naples, Italy: IEEE, 2019: 420-425.

[366] SOBHANAYAK S, JAISWAL K, TURUK A K, et al. Container-based task scheduling for edge computing in IoT-cloud environment using improved HBF optimisation algorithm[J]. International Journal of Embedded Systems, 2020, 13(1): 85-100.

[367] WU Y, WU J, CHEN L, et al. Efficient task scheduling for servers with dynamic states in vehicular edge computing[J]. Computer Communications, 2020, 150: 245-253.

[368] YANG S, DONG Q, CUI L, et al. EC-MASS: Towards an efficient edge computing-based multi-video scheduling system[J]. Computer Communications, 2022, 193: 355-364.

[369] SAMIR A, PAHL C. Anomaly detection and analysis for clustered cloud computing reliability[C]// Proceedings of 2019 10th International Conference on Cloud Computing, GRIDs, and Virtualization. Venice, Italy: IARIA, 2019: 110-119.

[370] FENG H, LIANG L, LEI H. Distributed outlier detection algorithm based on credibility feedback in wireless sensor networks[J]. IET Communications, 2017, 11(8): 1291-1296.

[371] HUO W, WANG W, LI W. AnomalyDetect: An online distance-based anomaly detection algorithm[C]// Proceedings of 2019 26th International Conference on Web Services. San Diego, California, USA: Springer, 2019: 63-79.

[372] YAO Y, SHARMA A, GOLUBCHIK L, et al. Online anomaly detection for sensor systems: A simple and efficient approach[J]. Performance Evaluation, 2010, 67(11): 1059-1075.

[373] ANDRADE A, MONTEZ C, MORAES R, et al. Outlier detection using k-means clustering and lightweight methods for wireless sensor networks[C]// Proceedings of the IECON 2016-42nd Annual Conference of the IEEE Industrial Electronics Society. Florence, Italy: IEEE, 2016: 4683-4688.

[374] RAJASEGARAR S, LECKIE C, PALANISWAMI M. Hyperspherical cluster based distributed anomaly detection in wireless sensor networks[J]. Journal of Parallel and Distributed Computing, 2014, 74(1): 1833-1847.

[375] ABID A, KACHOURI A, MAHFOUDHI A. Outlier detection for wireless sensor networks using density-based clustering approach[J]. IET Wireless Sensor Systems, 2017, 7(4): 83-90.

[376] GAO J, WANG J, ZHONG P, et al. On threshold-free error detection for industrial wireless sensor networks[J]. IEEE Transactions on Industrial Informatics, 2018, 14(5): 2199-2209.

[377] ZAMRY N M, ZAINAL A, RASSAM M A. Unsupervised anomaly detection for unlabelled wireless sensor networks data[J]. International Journal of Advances in Soft Computing & Its Applications, 2018, 10(2).

[378] FENG Z, FU J, DU D, et al. A new approach of anomaly detection in wireless sensor networks using support vector data description[J]. International Journal of Distributed Sensor Networks, 2017, 13(1): 1-14.

[379] TITOUNA C, ALIOUAT M, GUEROUI M. Outlier detection approach using bayes classifiers in wireless sensor networks[J]. Wireless Personal Communications, 2015, 85(3): 1009-1023.

[380] RASSAM M A, MAAROF M A, ZAINAL A. A distributed anomaly detection model for wireless sensor networks based on the one-class principal component classifier[J]. International Journal of Sensor Networks, 2018, 27(3): 200-214.

[381] GIL P, MARTINS H, JANUÁRIO F. Outliers detection methods in wireless sensor networks[J]. Artificial Intelligence Review, 2019, 52(4): 2411-2436.

[382] XU X, LEI Y, ZHOU X. A LOF-based method for abnormal segment detection in machinery condition monitoring[C]// Proceedings of 2018 IEEE Prognostics and System Health Management Conference. Chongqing, China: IEEE, 2018: 125-128.

[383] XIE M, HU J, HAN S, et al. Scalable hypergrid k-NN-based online anomaly detection in wireless sensor networks[J]. IEEE Transactions on Parallel and Distributed Systems, 2013, 24(8): 1661-1670.

[384] BREUNIG M M, KRIEGEL H P, NG R T, et al. LOF: Identifying density-based local outliers[C]// Proceedings of 2000 ACM SIGMOD International Conference on Management of Data (ICMD). Dallas, Texas, USA: ACM, 2000: 93-104.

[385] XU S, HU C, WANG L, et al. Support vector machines based on K nearest neighbor algorithm for outlier detection in WSNs[C]// Proceedings of 2012 IEEE 8th International Conference on Wireless Communications, Networking and Mobile Computing. Shanghai, China: IEEE, 2012: 1-4.

[386] DING Z, DU D, FEI M. An isolation principle based distributed anomaly detection method in wireless sensor networks[J]. International Journal of Automation and Computing, 2015, 12(4): 402-412.

[387] SHI W, JIE C, QUAN Z, et al. Edge computing: Vision and challenges[J]. IEEE Internet of Things Journal, 2016, 3(5): 637-646.

[388] QI Z, YUPENG H, CUN J, et al. Edge computing application: Real-time anomaly detection algorithm for sensing data[J]. Journal of Computer Research and Development, 2018, 55(3): 524.

[389] CHEN Y, HU X, FAN W, et al. Fast density peak clustering for large scale data based on kNN[J]. Knowledge-Based Systems, 2020, 187: 104824.

[390] PHAM N, PAGH R. A near-linear time approximation algorithm for angle-based outlier detection in high-dimensional data[C]// Proceedings of 2012 ACM 18th SIGKDD International Conference on Knowledge Discovery and Data Mining (KDDM). Beijing China: ACM, 2012: 877-885.

[391] TAX D M, DUIN R P. Support vector domain description[J]. Pattern Recognition Letters, 1999, 20(11): 1191-1199.

[392] BODIK P, HONG W, GUESTRIN C, et al. Intel lab data[J]. Online dataset, 2004.

[393] WANG T, KE H, ZHENG X, et al. Big data cleaning based on mobile edge computing in industrial sensor-cloud[J]. IEEE Transactions on Industrial Informatics, 2019, 16 (2): 1321-1329.

[394] WANG Z, SONG G, GAO C. An isolation-based distributed outlier detection framework using nearest neighbor ensembles for wireless sensor networks[J]. IEEE Access, 2019, 7: 96319-96333.

[395] ZHENG H, YANG F, TIAN X, et al. Data gathering with compressive sensing in wireless sensor networks: A random walk based approach[J]. IEEE Transactions on Parallel and Distributed Systems, 2014, 26(1): 35-44.

[396] ZHANG P, WANG J, GUO K. Compressive sensing and random walk based data collection in wireless sensor networks[J]. Computer Communications, 2018, 129: 43-53.

[397] CHATFIELD C. The analysis of time series: Theory and practice[M]. New York, NY, USA: Springer, 2013.

[398] 高聪, 陈煜喆, 张擎, 等. 边缘计算: 发展与挑战 [J]. 西安邮电大学学报, 2021, 26(4): 7-19.

[399] MEHNAZ S, BERTINO E. Privacy-preserving real-time anomaly detection using edge computing[C]// Proceedings of 2020 IEEE 36th International Conference on Data Engineering (ICDE). Dallas, Texas, USA: IEEE, 2020: 469-480.

[400] ZHOU Z, WEN C, YANG C. Fault isolation based on k-nearest neighbor rule for industrial processes[J]. IEEE Transactions on Industrial Electronics, 2016, 63(4): 2578-2586.

[401] OZKAN H, OZKAN F, KOZAT S S. Online anomaly detection under Markov statistics with controllable type-I error[J]. IEEE Transactions on Signal Processing, 2015, 64(6): 1435-1445.

[402] WANG H, TANG M, PARK Y, et al. Locality statistics for anomaly detection in time series of graphs[J]. IEEE Transactions on Signal Processing, 2013, 62(3): 703-717.

[403] GOLDSTEIN M, DENGEL A. Histogram-based outlier score (hbos): A fast unsupervised anomaly detection algorithm[C]// Proceedings of 2012 35th Annual German Conference on Artificial Intelligence (KI-2012): Poster and Demo Track. Saarbrücken, Germany: Springer, 2012: 59-63.

[404] ROUSSEEUW P J, HUBERT M. Anomaly detection by robust statistics[J]. Wiley Interdisciplinary Reviews: Data Mining and Knowledge Discovery, 2018, 8(2): 1-14.

[405] ZONG B, SONG Q, MIN M R, et al. Deep autoencoding gaussian mixture model for unsupervised anomaly detection[C]// Proceedings of 2018 6th International Conference on Learning Representations (ICLR). Vancouver, British Columbia, Canada: OpenReview, 2018: 1-19.

[406] ZHANG T, RAMAKRISHNAN R, LIVNY M. BIRCH: An efficient data clustering method for very large databases[J]. ACM Sigmod Record, 1996, 25(2): 103-114.

[407] GUHA S, RASTOGI R, SHIM K. CURE: An efficient clustering algorithm for large databases[J]. ACM Sigmod record, 1998, 27(2): 73-84.

[408] BRYKSIN T, PETUKHOV V, SMIRENKO K, et al. Detecting anomalies in Kotlin code[C]// 2018 ACM Companion Proceedings for the ISSTA/ECOOP 2018 Workshops. Amsterdam, Netherlands: ACM, 2018: 10-12.

[409] SHI P, ZHAO Z, ZHONG H, et al. An improved agglomerative hierarchical clustering anomaly detection method for scientific data[J]. Concurrency and Computation: Practice and Experience, 2021, 33(6): e6077.

[410] DING F, WANG J, GE J, et al. Anomaly detection in large-scale trajectories using hybrid grid-based hierarchical clustering[J]. International Journal of Robotics and Automation, 2018, 33(5): 474-480.

[411] MAZARBHUIYA F A, ALZAHRANI M Y, GEORGIEVA L. Anomaly detection using agglomerative hierarchical clustering algorithm[C]// Proceedings of 2018 International Conference on Information Science and Applications. Hong Kong, China: Springer, 2018: 475-484.

[412] HARTIGAN J A, WONG M A. Algorithm AS 136: A k-means clustering algorithm[J]. Journal of the Royal Statistical Society. Series C (Applied Statistics), 1979, 28(1): 100-108.

[413] LEI D, ZHU Q, CHEN J, et al. Automatic PAM clustering algorithm for outlier detection[J]. Journal of Software, 2012, 7(5): 1045-1051.

[414] NIELSEN B, JOHANSEN S. Asymptotic theory of outlier detection algorithms for linear time series regression models: Rejoinder[J]. Scandinavian Journal of Statistics: Theory and Applications, 2016, 43(2): 1-13.

[415] VLACHOS M, YU P, CASTELLI V. On periodicity detection and structural periodic similarity[C]// Proceedings of 2005 SIAM 5th International Conference on Data Mining (ICDM). Philadelphi, Pennsylvania, USA: SIAM, 2005: 449-460.

[416] ARYA S, MOUNT D M, NETANYAHU N S, et al. An optimal algorithm for approximate nearest neighbor searching fixed dimensions[J]. Journal of the ACM, 1998, 45(6): 891-923.

[417] XU B, CHEN S, ZHANG H, et al. Incremental k-NN SVM method in intrusion detection[C]// Proceedings of 2017 IEEE 8th International Conference on Software Engineering and Service Science (ICSESS). Beijing, China: IEEE, 2017: 712-717.

[418] YING S, WANG B, WANG L, et al. An improved KNN-based efficient log anomaly detection method with automatically labeled samples[J]. ACM Transactions on Knowledge Discovery from Data (TKDD), 2021, 15(3): 1-22.

[419] DU B, ZHANG L. A discriminative metric learning based anomaly detection method[J]. IEEE Transactions on Geoscience and Remote Sensing, 2014, 52(11): 6844-6857.

[420] ZHANG L, LIN J, KARIM R. Adaptive kernel density-based anomaly detection for nonlinear systems[J]. Knowledge-Based Systems, 2018, 139: 50-63.

[421] TANG J, CHEN Z, FU A W C, et al. Enhancing effectiveness of outlier detections for low density patterns[C]// Proceedings of 2002 6th Pacific-Asia Conference on Knowledge Discovery and Data Mining (KDDM). Taipei, Taiwan, China: Springer, 2002: 535-548.

[422] WANG Q, LV W, DU B. Spatio-temporal anomaly detection in traffic data[C]// Proceedings of 2018 ACM 2nd International Symposium on Computer Science and Intelligent Control. Stockholm, Sweden, 2018: 1-5.

[423] YANG X, ZHOU W, SHU N, et al. A fast and efficient local outlier detection in data streams[C]// Proceedings of 2019 International Conference on Image, Video and Signal Processing. Shanghai, China: ACM, 2019: 111-116.

[424] EIRAS-FRANCO C, MARTINEZ-REGO D, GUIJARRO-BERDINAS B, et al. Large scale anomaly detection in mixed numerical and categorical input spaces[J]. Information Sciences, 2019, 487: 115-127.

[425] KWON D, NATARAJAN K, SUH S C, et al. An empirical study on network anomaly detection using convolutional neural networks[C]// Proceedings of 2018 IEEE 38th International Conference on Distributed Computing Systems (ICDCS). Vienna, Austria: IEEE, 2018: 1595-1598.

[426] NASEER S, SALEEM Y, KHALID S, et al. Enhanced network anomaly detection based on deep neural networks[J]. IEEE Access, 2018, 6: 48231-48246.

[427] TEOH T, CHIEW G, FRANCO E J, et al. Anomaly detection in cyber security attacks on networks using MLP deep learning[C]// Proceedings of 2018 International Conference on Smart Computing and Electronic Enterprise. Shah Alam, Malaysia: IEEE, 2018: 1-5.

[428] TRINH V V, TRAN K P, HUONG T T. Data driven hyperparameter optimization of one-class support vector machines for anomaly detection in wireless sensor networks[C]// Proceedings of 2017 IEEE International Conference on Advanced Technologies for Communications (ATC). Quy Nhon, Vietnam: IEEE, 2017: 6-10.

[429] ERFANI S M, RAJASEGARAR S, KARUNASEKERA S, et al. High-dimensional and large-scale anomaly detection using a linear one-class SVM with deep learning[J]. Pattern Recognition, 2016, 58: 121-134.

[430] TURKOZ M, KIM S, SON Y, et al. Generalized support vector data description for anomaly detection[J]. Pattern Recognition, 2020, 100: 107119.

[431] GAO C, SONG G, WANG Z, et al. A mobile edge-cloud collaboration outlier detection framework

in wireless sensor networks[J]. IET Communications, 2021, 15(15): 2007-2020.

[432] LIU F T, TING K M, ZHOU Z. Isolation forest[C]// Proceedings of 2008 IEEE 8th International Conference on Data Mining (ICDM). Pisa, Italy: IEEE, 2008: 413-422.

[433] XU D, TIAN Y. A comprehensive survey of clustering algorithms[J]. Annals of Data Science, 2015, 2(2): 165-193.

[434] ŠULC Z, ŘEZANKOVÁ H. Comparison of similarity measures for categorical data in hierarchical clustering[J]. Journal of Classification, 2019, 36(1): 58-72.

[435] TAHA A A, HANBURY A. An efficient algorithm for calculating the exact Hausdorff distance[J]. IEEE Transactions on Pattern Analysis and Machine Intelligence, 2015, 37(11): 2153-2163.

[436] YIN C, ZHANG S. Parallel implementing improved k-means applied for image retrieval and anomaly detection[J]. Multimedia Tools and Applications, 2017, 76(16): 16911-16927.

[437] SALEHI M, LECKIE C, BEZDEK J C, et al. Fast memory efficient local outlier detection in data streams[J]. IEEE Transactions on Knowledge and Data Engineering, 2016, 28(12): 3246-3260.

[438] DATAR M, IMMORLICA N, INDYK P, et al. Locality-sensitive hashing scheme based on p-stable distributions[C]// Proceedings of 2004 ACM 20th Annual Symposium on Computational Geometry (SCG). Brooklyn, New York, USA: ACM, 2004: 253-262.

[439] GAO C, YANG P, CHEN Y, et al. An edge-cloud collaboration architecture for pattern anomaly detection of time series in wireless sensor networks[J]. Complex & Intelligent Systems, 2021, 7(5): 2453-2468.

[440] KRAFFT M F. The Debian system: Concepts and techniques[M]. San Francisco, California, USA: No Starch Press, 2005.

[441] GUAN F, PENG L, PERNEEL L, et al. Open source FreeRTOS as a case study in real-time operating system evolution[J]. Journal of Systems and Software, 2016, 118: 19-35.

[442] FIELDING R T, KAISER G. The Apache HTTP server project[J]. IEEE Internet Computing, 1997, 1(4): 88-90.

[443] MADDEN S. Intel Lab Data Online Dataset[EB/OL]. http://db.csail.mit.edu/labdata/labdata.html. Online: 02-Jun-2004, accessed 10-Nov-2023.

[444] TAVALLAEE M, BAGHERI E, LU W, et al. A detailed analysis of the KDD CUP 99 data set[C]// Proceedings of 2009 IEEE Symposium on Computational Intelligence for Security and Defense Applications. Ottawa, Ontario, Canada: IEEE, 2009: 1-6.

[445] FOROUSHANI Z A, LI Y. Intrusion detection system by using hybrid algorithm of data mining technique[C]// Proceedings of 2018 ACM 7th International Conference on Software and Computer Applications. Kuantan, Malaysia: ACM, 2018: 119-123.

[446] ZHANG M, XU B, GONG J. An anomaly detection model based on one-class SVM to detect network intrusions[C]// Proceedings of 2015 IEEE 11th International Conference on Mobile Ad-hoc and Sensor Networks. Shenzhen, China: IEEE, 2015: 102-107.

[447] HOQUE N, BHATTACHARYYA D K, KALITA J K. KNN-DK: A modified k-NN classifier with dynamic k nearest neighbors[M]. Singapore: Springer, 2021: 21-34.

[448] PERI N, GUPTA N, HUANG W R, et al. Deep k-NN defense against clean-label data poisoning attacks[C]// Proceedings of 2020 European Conference on Computer Vision (ECCV). Glasgow, UK: Springer, 2020: 55-70.

[449] WU G, ZHAO Z, FU G, et al. A fast kNN-based approach for time sensitive anomaly detection over data streams[C]// Proceedings of 2019 19th International Conference on Computational Science. Faro, Portugal: Springer, 2019: 59-74.

[450] ALAM S, DE D. Bio-inspired smog sensing model for wireless sensor networks based on intracel-

lular signalling[J]. Information Fusion, 2019, 49: 100-119.

[451] CHEN S, ZHANG S, ZHENG X, et al. Layered adaptive compression design for efficient data collection in industrial wireless sensor networks[J]. Journal of Network and Computer Applications, 2019, 129: 37-45.

[452] TARANNUM S, FARHEEN S. Wireless sensor networks for healthcare monitoring: A review[C]// Proceedings of 2019 International Conference on Inventive Computation Technologies. Coimbatore, Tamil Nadu, India: Springer, 2019: 669-676.

[453] THOMAS D, SHANKARAN R, ORGUN M, et al. Energy-efficient military surveillance: Coverage meets connectivity[J]. IEEE Sensors Journal, 2019, 19(10): 3902-3911.

[454] SHAHID N, NAQVI I H, QAISAR S B. Characteristics and classification of outlier detection techniques for wireless sensor networks in harsh environments: A survey[J]. Artificial Intelligence Review, 2015, 43(2): 193-228.

[455] TAYEH G B, MAKHOUL A, LAIYMANI D, et al. A distributed real-time data prediction and adaptive sensing approach for wireless sensor networks[J]. Pervasive and Mobile Computing, 2018, 49: 62-75.

[456] HABEEB R A A, NASARUDDIN F, GANI A, et al. Real-time big data processing for anomaly detection: A survey[J]. International Journal of Information Management, 2019, 45: 289-307.

[457] YIN C, ZHANG S, WANG J, et al. Anomaly detection based on convolutional recurrent autoencoder for IoT time series[J]. IEEE Transactions on Systems, Man, and Cybernetics: Systems, 2022, 52(1): 112-122.

[458] COOK A, MISIRLI G, FAN Z. Anomaly detection for IoT time-series data: A survey[J]. IEEE Internet of Things Journal, 2019, 7(7): 6481-6494.

[459] BAO Y, TANG Z, LI H, et al. Computer vision and deep learning-based data anomaly detection method for structural health monitoring[J]. Structural Health Monitoring, 2019, 18(2): 401-421.

[460] TANG Z, CHEN Z, BAO Y, et al. Convolutional neural network-based data anomaly detection method using multiple information for structural health monitoring[J]. Structural Control and Health Monitoring, 2019, 26(1): 1-22.

[461] YEUNG J F A, WEI Z K, CHAN K Y, et al. Jump detection in financial time series using machine learning algorithms[J]. Soft Computing, 2020, 24(3): 1789-1801.

[462] LEE R S. Time series chaotic neural oscillatory networks for financial prediction[M]. Singapore: Springer, 2020: 301-337.

[463] MESHRAM A, HAAS C. Anomaly detection in industrial networks using machine learning: A roadmap[M]// Machine Learning for Cyber Physical Systems. Berlin, Heidelberg, Germany: Springer Vieweg, 2017: 65-72.

[464] SUSTO G A, TERZI M, BEGHI A. Anomaly detection approaches for semiconductor manufacturing[J]. Procedia Manufacturing, 2017, 11: 2018-2024.

[465] KENGO T, YASUHIRO I, RYOICHI K, et al. A study on machine learning based anomaly detection for a large network with cooperative edge-cloud computing[J]. IEICE Tech. Rep. SR2018-46, 2018, 118(126): 119-120.

[466] SHENGJIE X, YI Q, ROSE QINGYANG H. Data-driven edge intelligence for robust network anomaly detection[J]. IEEE Transactions on Network Science and Engineering, 2020, 7(3): 1481-1492.

[467] CHRISTOPH P, STEPHAN W, NICOLAI H, et al. Edge powered industrial control: Concept for combining cloud and automation technologies[C]// Proceedings of 2018 IEEE International Conference on Edge Computing. San Francisco, California, USA: IEEE, 2018: 130-134.

[468]　REN H, LIU M, LI Z, et al. A piecewise aggregate pattern representation approach for anomaly detection in time series[J]. Knowledge-based Systems, 2017, 135: 29-39.

[469]　CAUTERUCCIO F, FORTINO G, GUERRIERI A, et al. Short-long term anomaly detection in wireless sensor networks based on machine learning and multi-parameterized edit distance[J]. Information Fusion, 2019, 52: 13-30.

[470]　REN H, XU B, WANG Y, et al. Time-series anomaly detection service at Microsoft[C]// Proceedings of 2019 ACM 25th SIGKDD International Conference on Knowledge Discovery & Data Mining. Anchorage, Alaska, USA: ACM, 2019: 3009-3017.

[471]　LI J, PEDRYCZ W, JAMAL I. Multivariate time series anomaly detection: A framework of Hidden Markov Models[J]. Applied Soft Computing, 2017, 60: 229-240.

[472]　TALAGALA P D, HYNDMAN R J, SMITH-MILES K, et al. Anomaly detection in streaming nonstationary temporal data[J]. Journal of Computational and Graphical Statistics, 2020, 29(1): 13-27.

[473]　WU M, TAN L. An adaptive distributed parameter estimation approach in incremental cooperative wireless sensor networks[J]. AEU-International Journal of Electronics and Communications, 2017, 79: 307-316.

[474]　LIU M, HUANG M, TANG W. A hybrid algorithm for mining local outliers in categorical data[J]. International Journal of Wireless and Mobile Computing, 2017, 13(1): 78-85.

[475]　CHANDEL K, KUNWAR V, SABITHA S, et al. A comparative study on thyroid disease detection using K-nearest neighbor and naive Bayes classification techniques[J]. CSI Transactions on ICT, 2016, 4(2): 313-319.

[476]　ZHANG C, SONG D, CHEN Y, et al. A deep neural network for unsupervised anomaly detection and diagnosis in multivariate time series data[C]// Proceedings of 2019 AAAI 33rd Conference on Artificial Intelligence and 31st Innovative Applications of Artificial Intelligence Conference and AAAI 9th Symposium on Educational Advances in Artificial Intelligence. Honolulu, Hawaii, USA: AAAI, 2019: 1409-1416.

[477]　JIA W, SHUKLA R M, SENGUPTA S. Anomaly detection using supervised learning and multiple statistical methods[C]// Proceedings of 2019 IEEE 18th International Conference on Machine Learning and Applications. Boca Raton, Florida, USA: IEEE, 2019: 1291-1297.

[478]　RAMIREZ E, WIMMER M, ATZMUELLER M. A computational framework for interpretable anomaly detection and classification of multivariate time series with application to human gait data analysis[M]// Artificial Intelligence in Medicine: Knowledge Representation and Transparent and Explainable Systems. Cham, Switzerland: Springer, 2019: 132-147.

[479]　KIERSZTYN A, KARCZMAREK P. Fuzzy approach for detection of anomalies in time series[C]// Proceedings of 2019 18th International Conference on Artificial Intelligence and Soft Computing. Zakopane, Poland: Springer, 2019: 397-406.

[480]　KARUNASINGHA D S K, LIONG S Y. Enhancement of chaotic hydrological time series prediction with real-time noise reduction using Extended Kalman Filter[J]. Journal of Hydrology, 2018, 565: 737-746.

[481]　FEREMANS L, VERCRUYSSEN V, CULE B, et al. Pattern-based anomaly detection in mixed-type time series[C]// Proceedings of 2019 Joint European Conference on Machine Learning and Knowledge Discovery in Databases. Würzburg, Germany: Springer, 2019: 240-256.

[482]　SHI W, SUN H, CAO J, et al. Edge computing-An emerging computing model for the Internet of Everything era[J]. Journal of Computer Research and Development, 2017, 54(5): 907-924.

[483]　ZHANG Q, HU Y, JI C, et al. Edge computing application: Real-time anomaly detection algorithm

for sensing data[J]. Journal of Computer Research and Development, 2018, 55(3): 524-536.

[484]　ABID A, KACHOURI A, MAHFOUDHI A. Anomaly detection through outlier and neighborhood data in wireless sensor networks[C]// Proceedings of 2016 IEEE 2nd International Conference on Advanced Technologies for Signal and Image Processing. Monastir, Tunisia: IEEE, 2016: 26-30.

[485]　ZHANG M, PI D. A novel method for fast and accurate similarity measure in time series field[C]// Proceedings of 2017 IEEE International Conference on Data Mining Workshops (ICDMW). New Orleans, Louisiana, USA: IEEE, 2017: 569-576.

[486]　WALDEN A T, LEONG Z. Tapering promotes propriety for Fourier transforms of real-valued time series[J]. IEEE Transactions on Signal Processing, 2018, 66(17): 4585-4597.

[487]　XIA Y, HE Y, WANG K, et al. A complex least squares enhanced smart DFT technique for power system frequency estimation[J]. IEEE Transactions on Power Delivery, 2015, 32(3): 1270-1278.

[488]　倪明涛, 赵波, 吴福生, 等. CREBAD: 基于芯片辐射的物联网设备异常检测方案 [J]. 计算机研究与发展, 2018, 55(7): 1451-1461.

[489]　ZHONG J, HUANG Y. Time-frequency representation based on an adaptive short-time Fourier transform[J]. IEEE Transactions on Signal Processing, 2010, 58(10): 5118-5128.

[490]　DU K, ZHAO Y, LEI J. The incorrect usage of singular spectral analysis and discrete wavelet transform in hybrid models to predict hydrological time series[J]. Journal of Hydrology, 2017, 552: 44-51.

[491]　PANNAKKONG W, SRIBOONCHITTA S, HUYNH V N. An ensemble model of ARIMA and ANN with restricted Boltzmann machine based on decomposition of discrete wavelet transform for time series forecasting[J]. Journal of Systems Science and Systems Engineering, 2018, 27(5): 690-708.

[492]　WALDEN A T, CRISTAN A C. Matching pursuit by undecimated discrete wavelet transform for non-stationary time series of arbitrary length[J]. Statistics and Computing, 1998, 8(3): 205-219.

[493]　MOONTAHA S, GALKA A, SINIATCHKIN M, et al. SVD square-root iterated extended Kalman filter for modeling of epileptic seizure count time series with external inputs[C]// Proceedings of 2019 IEEE 41st Annual International Conference of the IEEE Engineering in Medicine and Biology Society. Berlin, Germany: IEEE, 2019: 616-619.

[494]　XU P, RUAN W, SHENG Q Z, et al. Interpolating the missing values for multi-dimensional spatial-temporal sensor data: A tensor SVD approach[C]// Proceedings of 2017 ACM 14th EAI International Conference on Mobile and Ubiquitous Systems: Computing, Networking and Services. Melbourne, Victoria, Australia: ACM, 2017: 442-451.

[495]　MÁRQUEZ-GRAJALES A, ACOSTA-MESA H G, MEZURA-MONTES E, et al. A multi-breakpoints approach for symbolic discretization of time series[J]. Knowledge and Information Systems, 2020, 62(7): 2795-2834.

[496]　LE NGUYEN T, GSPONER S, ILIE I, et al. Interpretable time series classification using linear models and multi-resolution multi-domain symbolic representations[J]. Data Mining and Knowledge Discovery, 2019, 33(4): 1183-1222.

[497]　VIRANI N, JHA D K, RAY A, et al. Sequential hypothesis tests for streaming data via symbolic time-series analysis[J]. Engineering Applications of Artificial Intelligence, 2019, 81: 234-246.

[498]　LIN J, KEOGH E, LONARDI S, et al. A symbolic representation of time series, with implications for streaming algorithms[C]// Proceedings of 2003 ACM 8th SIGMOD workshop on research issues in Data Mining and Knowledge Discovery. San Diego, California, USA: ACM, 2003: 2-11.

[499]　LKHAGVA B, SUZUKI Y, KAWAGOE K. New time series data representation ESAX for financial applications[C]// Proceedings of 2006 IEEE 22nd International Conference on Data Engineering

Workshops. Atlanta, Georgia, USA: IEEE, 2006: 17-22.

[500] ZAN C T, YAMANA H. An improved symbolic aggregate approximation distance measure based on its statistical features[C]// Proceedings of 2016 ACM 18th International Conference on Information Integration and Web-based Applications and Services. Singapore: ACM, 2016: 72-80.

[501] CHEN H, DU J, ZHANG W, et al. An iterative end point fitting based trend segmentation representation of time series and its distance measure[J]. Multimedia Tools and Applications, 2020, 79(19): 13481-13499.

[502] LUO G, YI K, CHENG S W, et al. Piecewise linear approximation of streaming time series data with max-error guarantees[C]// Proceedings of 2015 IEEE 31st International Conference on Data Engineering (ICDE). Seoul, South Korea: IEEE, 2015: 173-184.

[503] HUANG G, ZHOU X. A piecewise linear representation method of hydrological time series based on curve feature[C]// Proceedings of 2016 IEEE 8th International Conference on Intelligent Human-Machine Systems and Cybernetics. Hangzhou, China: IEEE, 2016: 203-207.

[504] WANG J, YUAN H, WU Q, et al. A piecewise linear representation based on compression ratio[C]// Proceedings of 2015 IEEE Prognostics and System Health Management Conference. Beijing, China: IEEE, 2015: 1-5.

[505] SUN J, LOU Y, YE F. Research on anomaly pattern detection in hydrological time series[C]// Proceedings of 2017 IEEE 14th Web Information Systems and Applications Conference. Liuzhou, China: IEEE, 2017: 38-43.

[506] VAN HOAN M, THE HUY D, CHI MAI L. Pattern discovery in the financial time series based on local trend[C]// Proceedings of 2016 International Conference on Advances in Information and Communication Technology. Thai Nguyen, Vietnam: Springer, 2016: 442-451.

[507] HUANG F, SAVA A, ADJALLAH K H, et al. Bearings degradation monitoring indicator based on segmented hotelling T square and piecewise linear representation[C]// Proceedings of 2018 IEEE International Conference on Mechatronics and Automation (ICMA). Changchun, China: IEEE, 2018: 1389-1394.

[508] HU Y, JI C, JING M, et al. A continuous segmentation algorithm for streaming time series[C]// Proceedings of 2016 12th International Conference on Collaborative Computing: Networking, Applications and Worksharing. Beijing, China: Springer, 2016: 140-151.

[509] SUN Y, LI Z. Clustering algorithm for time series based on locally extreme point[J]. Computer Engineering, 2015, 41(5): 33-37.

[510] JI C, LIU S, YANG C, et al. A piecewise linear representation method based on importance data points for time series data[C]// Proceedings of 2016 IEEE 20th International Conference on Computer Supported Cooperative Work in Design. Nanchang, China: IEEE, 2016: 111-116.

[511] MA C, WENG X, SHAN Z. Early classification of multivariate time series based on piecewise aggregate approximation[C]// Proceedings of 2017 6th International Conference on Health Information Science (HIS). Moscow, Russia: Springer, 2017: 81-88.

[512] DING X, YU S, WANG M, et al. Anomaly detection on industrial time series based on correlation analysis[J]. Journal of Software, 2020, 32(3): 726-747.

[513] HASNA O L, POTOLEA R. Time series—A taxonomy based survey[C]// Proceedings of 2017 IEEE 13th International Conference on Intelligent Computer Communication and Processing (ICCP). Cluj-Napoca, Romania: IEEE, 2017: 231-238.

[514] MCLEOD A I, HIPEL K W. Preservation of the rescaled adjusted range: A reassessment of the Hurst Phenomenon[J]. Water Resources Research, 1978, 14(3): 491-508.

[515] CHEN Y, YANG P, GAO C, et al. A skeleton pattern representation method for anomaly detection

in wireless sensor networks[C]// Proceedings of 2019 IEEE 21st International Conference on High Performance Computing and Communications; IEEE 17th International Conference on Smart City; IEEE 5th International Conference on Data Science and Systems (HPCC/SmartCity/DSS). Zhangjiajie, China: IEEE, 2019: 1833-1838.

[516] DAU H A, BAGNALL A, KAMGAR K, et al. The UCR time series archive[J]. IEEE/CAA Journal of Automatica Sinica, 2019, 6(6): 1293-1305.

[517] JÄNCKE L, KÜHNIS J, ROGENMOSER L, et al. Time course of EEG oscillations during repeated listening of a well-known aria[J]. Frontiers in Human Neuroscience, 2015, 9: 1-18.

[518] TREVIZAN R D, BRETAS A S, ROSSONI A. Nontechnical losses detection: A discrete cosine transform and optimum-path forest based approach[C]// Proceedings of 2015 IEEE North American Power Symposium (NAPS). Charlotte, North Carolina, USA: IEEE, 2015: 1-6.

[519] RAJESH K N, DHULI R. Classification of ECG heartbeats using nonlinear decomposition methods and support vector machine[J]. Computers in biology and medicine, 2017, 87: 271-284.

[520] HU M, JI Z, YAN K, et al. Detecting anomalies in time series data via a meta-feature based approach[J]. IEEE Access, 2018, 6: 27760-27776.

[521] UCR. UCR Time Series Classification Archive[EB/OL]. http://www.cs.ucr.edu/~eamonn/time_ series_data/. Online: latest 22-Jul-2015, accessed 10-Nov-2023.

[522] UCI. UC Irvine Machine Learning Repository[EB/OL]. https://archive.ics.uci.edu/ml/datasets/ Air+Quality/. Online: latest 06-May-2023, accessed 10-Nov-2023.

[523] HUANG H, LIU X, BRIERLEY G J, et al. Hydrology of the Yellow River source zone[M]. Cham, Switzerland: Springer, 2016: 79-99.

[524] UCI. UC Irvine Machine Learning Repository[EB/OL]. https://archive.ics.uci.edu/ml/datasets/ Individual+household+electric+power+consumption/. Online: latest 06-May-2023, accessed 10-Nov-2023.

[525] NRD. National Road Database[EB/OL]. https://www.vegvesen.no/en/professional/roads/ national-road-database/. Online: 03-Dec-2019, accessed 20-Aug-2020.

[526] JIMÉNEZ-VALVERDE A. Insights into the area under the receiver operating characteristic curve (AUC) as a discrimination measure in species distribution modelling[J]. Global Ecology and Biogeography, 2012, 21(4): 498-507.

[527] KEOGH E, CHAKRABARTI K, PAZZANI M, et al. Dimensionality reduction for fast similarity search in large time series databases[J]. Knowledge and information Systems, 2001, 3(3): 263-286.

[528] HUNG N Q V, ANH D T. An improvement of PAA for dimensionality reduction in large time series databases[C]// Proceedings of 2008 10th Pacific Rim International Conference on Artificial Intelligence. Hanoi, Vietnam: Springer, 2008: 698-707.

[529] IBRAHIM F A, HEMAYED E E. Trusted cloud computing architectures for infrastructure as a service: Survey and systematic literature review[J]. Computers & Security, 2019, 82: 196-226.

[530] ABBAS N, ZHANG Y, TAHERKORDI A, et al. Mobile edge computing: A survey[J]. IEEE Internet of Things Journal, 2018, 5(1): 450-465.

[531] WU X. Context-aware cloud service selection model for mobile cloud computing environments[J]. Wireless Communications and Mobile Computing, 2018, 2018: 1-14.

[532] KHANOUCHE M E, GADOUCHE H, FARAH Z, et al. Flexible QoS-aware services composition for service computing environments[J]. Computer Networks, 2020, 166: 106982.

[533] HUO Y, QIU P, ZHAI J, et al. Multi-objective service composition model based on cost-effective optimization[J]. Applied Intelligence, 2018, 48(3): 651-669.

[534] WANG S, ZHAO Y, HUANG L, et al. QoS prediction for service recommendations in mobile edge

computing[J]. Journal of Parallel and Distributed Computing, 2019, 127: 134-144.

[535] LI S, WEN J, WANG X. From reputation perspective: A hybrid matrix factorization for QoS prediction in location-aware mobile service recommendation system[J]. Mobile Information Systems, 2019, 2019: 1-12.

[536] ZHANG P, ZHANG Y, DONG H, et al. Mobility and dependence-aware QoS monitoring in mobile edge computing[J]. IEEE Transactions on Cloud Computing, 2021, 9(3): 1143-1157.

[537] KITANOV S, SHUMINOSKI T, JANEVSKI T. QoS for 5G mobile services based on intelligent multi-access edge computing[M]. Cham, Switzerland: Springer, 2021: 55-77.

[538] CHEN Z, SHEN L, LI F, et al. Web service QoS prediction: When collaborative filtering meets data fluctuating in big-range[J]. World Wide Web, 2020, 23(3): 1715-1740.

[539] HU Y, PENG Q, HU X, et al. Web service recommendation based on time series forecasting and collaborative filtering[C]// Proceedings of 2015 IEEE International Conference on Web Services (ICWS). New York, NY, USA: IEEE, 2015: 233-240.

[540] DING S, LI Y, WU D, et al. Time-aware cloud service recommendation using similarity-enhanced collaborative filtering and ARIMA model[J]. Decision Support Systems, 2018, 107: 103-115.

[541] SUN X, WANG S, XIA Y, et al. Predictive-trend-aware composition of web services with time-varying quality-of-service[J]. IEEE Access, 2019, 8: 1910-1921.

[542] WU H, YUE K, LI B, et al. Collaborative QoS prediction with context-sensitive matrix factorization[J]. Future Generation Computer Systems, 2018, 82: 669-678.

[543] ZOU G, CHEN J, HE Q, et al. NDMF: Neighborhood-integrated deep matrix factorization for service QoS prediction[J]. IEEE Transactions on Network and Service Management, 2020, 17(4): 2717-2730.

[544] ZHU X, JING X Y, WU D, et al. Similarity-maintaining privacy preservation and location-aware low-rank matrix factorization for QoS prediction based web service recommendation[J]. IEEE Transactions on Services Computing, 2021, 14(3): 889-902.

[545] WANG S, MA Y, CHENG B, et al. Multi-dimensional QoS prediction for service recommendations[J]. IEEE Transactions on Services Computing, 2019, 12(1): 47-57.

[546] WANG Q, CHEN M, SHANG M, et al. A momentum-incorporated latent factorization of tensors model for temporal-aware QoS missing data prediction[J]. Neurocomputing, 2019, 367: 299-307.

[547] GUO L, MU D, CAI X, et al. Personalized QoS prediction for service recommendation with a service-oriented tensor model[J]. IEEE Access, 2019, 7: 55721-55731.

[548] AFIFY Y M, MOAWAD I F, BADR N L, et al. Enhanced similarity measure for personalized cloud services recommendation[J]. Concurrency and Computation: Practice and Experience, 2017, 29(8): 1-13.

[549] CHEN Z, SHEN L, LI F. Exploiting Web service geographical neighborhood for collaborative QoS prediction[J]. Future Generation Computer Systems, 2017, 68: 248-259.

[550] FAYALA M, MEZNI H. Web service recommendation based on time-aware users clustering and multi-valued QoS prediction[J]. Concurrency and Computation: Practice and Experience, 2020, 32(9): 1-20.

[551] WANG H, WANG L, YU Q, et al. Online reliability prediction via motifs-based dynamic Bayesian networks for service-oriented systems[J]. IEEE Transactions on Software Engineering, 2017, 43(6): 556-579.

[552] YIN Y, CAO Z, XU Y, et al. QoS prediction for service recommendation with features learning in mobile edge computing environment[J]. IEEE Transactions on Cognitive Communications and Networking, 2020, 6(4): 1136-1145.

[553] SONG Q, GE H, CAVERLEE J, et al. Tensor completion algorithms in big data analytics[J]. ACM Transactions on Knowledge Discovery from Data (TKDD), 2019, 13(1): 1-48.

[554] ZHANG W, SUN H, LIU X, et al. Temporal QoS-aware web service recommendation via non-negative tensor factorization[C]// Proceedings of 2014 ACM 23rd International Conference on World Wide Web (WWW). Seoul, South Korea: ACM, 2014: 585-596.

[555] YU H F, RAO N, DHILLON I S. Temporal regularized matrix factorization for high-dimensional time series prediction[C]// Proceedings of 2016 ACM 30th International Conference on Neural Information Processing Systems (NIPS). Barcelona, Spain: ACM, 2016: 847-855.

[556] SYU Y, WANG C M. QoS time series modeling and forecasting for web services: A comprehensive survey[J]. IEEE Transactions on Network and Service Management, 2021, 18(1): 926-944.

[557] CHUN B, CULLER D, ROSCOE T, et al. Planetlab: An overlay testbed for broad-coverage services[J]. ACM SIGCOMM Computer Communication Review, 2003, 33(3): 3-12.

[558] ZHANG Y, ZHENG Z, LYU M R. WSPred: A time-aware personalized QoS prediction framework for Web services[C]// Proceedings of 2011 IEEE 22nd International Symposium on Software Reliability Engineering. Hiroshima, Japan: IEEE, 2011: 210-219.

[559] SHAO L, ZHANG J, WEI Y, et al. Personalized QoS prediction for web services via collaborative filtering[C]// Proceedings of 2007 IEEE International Conference on Web Services (ICWS). Salt Lake, Utah, USA: IEEE, 2007: 439-446.

[560] CHUNG K Y, LEE D, KIM K J. Categorization for grouping associative items mining in item-based collaborative filtering[C]// Proceedings of 2011 IEEE International Conference on Information Science and Applications. Jeju, South Korea: IEEE, 2011: 1-6.

[561] ZHENG Z, MA H, LYU M R, et al. QoS-aware web service recommendation by collaborative filtering[J]. IEEE Transactions on Services Computing, 2011, 4(2): 140-152.

[562] MNIH A, SALAKHUTDINOV R R. Probabilistic matrix factorization[J]. Proceedings of 2007 ACM 20th International Conference on Advances Neural Information Processing Systems (NIPS), 2007: 1257-1264.

[563] SILIC M, DELAC G, SRBLJIC S. Prediction of atomic web services reliability for QoS-aware recommendation[J]. IEEE Transactions on Services Computing, 2015, 8(3): 425-438.

[564] ZHU J, HE P, ZHENG Z, et al. Online QoS prediction for runtime service adaptation via adaptive matrix factorization[J]. IEEE Transactions on Parallel and Distributed Systems, 2017, 28(10): 2911-2924.

[565] JIN Y, GUO W, ZHANG Y. A time-aware dynamic service quality prediction approach for services[J]. Tsinghua Science and Technology, 2020, 25(2): 227-238.

[566] BREQUE M, DE NUL L, PETRIDIS A. Industry 5.0: Towards a sustainable, human-centric and resilient European industry[M]. Brussel, Belgium: Luxembourg, LU: European Commission, Directorate-General for Research and Innovation, 2021.

[567] XU X, LU Y, VOGEL-HEUSER B, et al. Industry 4.0 and Industry 5.0—Inception, conception and perception[J]. Journal of Manufacturing Systems, 2021, 61: 530-535.

[568] LU Y, ADRADOS J S, CHAND S S, et al. Humans are not machines-anthropocentric human-machine symbiosis for ultra-flexible smart manufacturing[J]. Engineering, 2021, 7(6): 734-737.

[569] MÜLLER J. Enabling technologies for Industry 5.0—Results of a workshop with Europe's technology leaders[M]. Luxembourg, LU: European Commission, Directorate-General for Research and Innovation, 2020.

[570] DEGUCHI A, HIRAI C, MATSUOKA H, et al. What is society 5.0[J]. Society, 2020, 5: 1-23.

[571] DEGUCHI A, KAMIMURA O. Society 5.0—A people-centric super-smart society[M]. Singapore:

Springer, 2020.

[572] HUANG S, WANG B, LI X, et al. Industry 5.0 and Society 5.0—Comparison, complementation and co-evolution[J]. Journal of Manufacturing Systems, 2022, 64: 424-428.

[573] MADDIKUNTA P K R, PHAM Q V, PRABADEVI B, et al. Industry 5.0: A survey on enabling technologies and potential applications[J]. Journal of Industrial Information Integration, 2022, 26: 1-19.

[574] PORAMBAGE P, GÜR G, OSORIO D P M, et al. The roadmap to 6G security and privacy[J]. IEEE Open Journal of the Communications Society, 2021, 2: 1094-1122.

[575] LIYANAGE M, BRAEKEN A, KUMAR P, et al. IoT security: Advances in authentication[M]. Hoboken, New Jersey, USA: John Wiley & Sons, 2020.

[576] XU X. From cloud computing to cloud manufacturing[J]. Robotics and computer-integrated manufacturing, 2012, 28(1): 75-86.

[577] TAHIR B, JOLFAEI A, TARIQ M. Experience driven attack design and federated learning based intrusion detection in Industry 4.0[J]. IEEE Transactions on Industrial Informatics, 2021, 18(9): 6398-6405.

[578] ZUO Y. Making smart manufacturing smarter—A survey on blockchain technology in Industry 4.0[J]. Enterprise Information Systems, 2021, 15(10): 1323-1353.

[579] ASIF M, SEARCY C, CASTKA P. Exploring the role of Industry 4.0 in enhancing supplier audit authenticity, efficacy, and cost effectiveness[J]. Journal of Cleaner Production, 2022, 331: 1-11.

[580] ALAO B B, GBOLAGADE O L. An assessment of how Industry 4.0 technology is transforming audit landscape and business models[J]. International Journal of Academic Accounting, Finance & Management Research, 2019, 3(10): 15-20.

[581] ESPOSITO C, CASTIGLIONE A, MARTINI B, et al. Cloud manufacturing: Security, privacy, and forensic concerns[J]. IEEE Cloud Computing, 2016, 3(4): 16-22.

[582] VELLIANGIRI S, MANOHARN R, RAMACHANDRAN S, et al. An efficient lightweight privacy-preserving mechanism for Industry 4.0 based on elliptic curve cryptography[J]. IEEE Transactions on Industrial Informatics, 2021, 18(9): 6494-6502.

[583] SAURA J R, RIBEIRO-SORIANO D, PALACIOS-MARQUES D. Evaluating security and privacy issues of social networks based information systems in Industry 4.0[J]. Enterprise Information Systems, 2022, 16(10): 1694-1710.

[584] WELLS L J, CAMELIO J A, WILLIAMS C B, et al. Cyber-physical security challenges in manufacturing systems[J]. Manufacturing Letters, 2014, 2(2): 74-77.

[585] HEWA T, BRAEKEN A, LIYANAGE M, et al. Fog computing and blockchain-based security service architecture for 5G industrial IoT-enabled cloud manufacturing[J]. IEEE Transactions on Industrial Informatics, 2022, 18(10): 7174-7185.

[586] ZHANG K, XIA T, WANG D, et al. Privacy-preserving and sensor-fused framework for prognostic & health management in leased manufacturing system[J]. Mechanical Systems and Signal Processing, 2023, 184: 1-18.

[587] SHERIDAN T B. Human-robot interaction: Status and challenges[J]. Human Factors, 2016, 58(4): 525-532.

[588] SELVAGGIO M, COGNETTI M, NIKOLAIDIS S, et al. Autonomy in physical human-robot interaction: A brief survey[J]. IEEE Robotics and Automation Letters, 2021, 6(4): 7989-7996.

[589] TIAN L, OVIATT S. A taxonomy of social errors in human-robot interaction[J]. ACM Transactions on Human-Robot Interaction, 2021, 10(2): 1-32.

[590] SHARMA I, GARG I, KIRAN D. Industry 5.0 and smart cities: A futuristic approach[J]. European

Journal of Molecular & Clinical Medicine, 2020, 7(8): 2515-8260.

[591] PASCHEK D, MOCAN A, DRAGHICI A. Industry 5.0—The expected impact of next industrial revolution[C]// Thriving on Future Education, Industry, Business, and Society, Proceedings of the MakeLearn and TIIM International Conference. ToKnowPress, 2019: 125-132.

[592] SANGHI S, SUBBIAH M, REDDY R M, et al. Preparing a globally competitive skilled workforce for Indian economy: Emerging trends and challenges[J]. Vikalpa, 2012, 37(3): 87-128.

[593] DOYLE-KENT M, KOPACEK P. Adoption of collaborative robotics in Industry 5.0: An Irish industry case study[J]. IFAC-PapersOnLine, 2021, 54(13): 413-418.

[594] SAGAR S, GARG V, RASTOGI R. Employee wellness without stress and strain: Application of yoga and meditation in management with an Industry 5.0 perspective[M]. Hershey, Pennsylvania, USA: IGI Global, 2022: 204-221.

[595] LIMA F, DE CARVALHO C N, ACARDI M B, et al. Digital manufacturing tools in the simulation of collaborative robots: Towards Industry 4.0[J]. Brazilian Journal of Operations & Production Management, 2019, 16(2): 261-280.

[596] DEMIR K A, DÖVEN G, SEZEN B. Industry 5.0 and human-robot co-working[J]. Procedia Computer Science, 2019, 158: 688-695.

[597] ELANGOVAN U. Industry 5.0: The future of the industrial economy[M]. Boca Raton, Florida, USA: CRC Press, 2022.